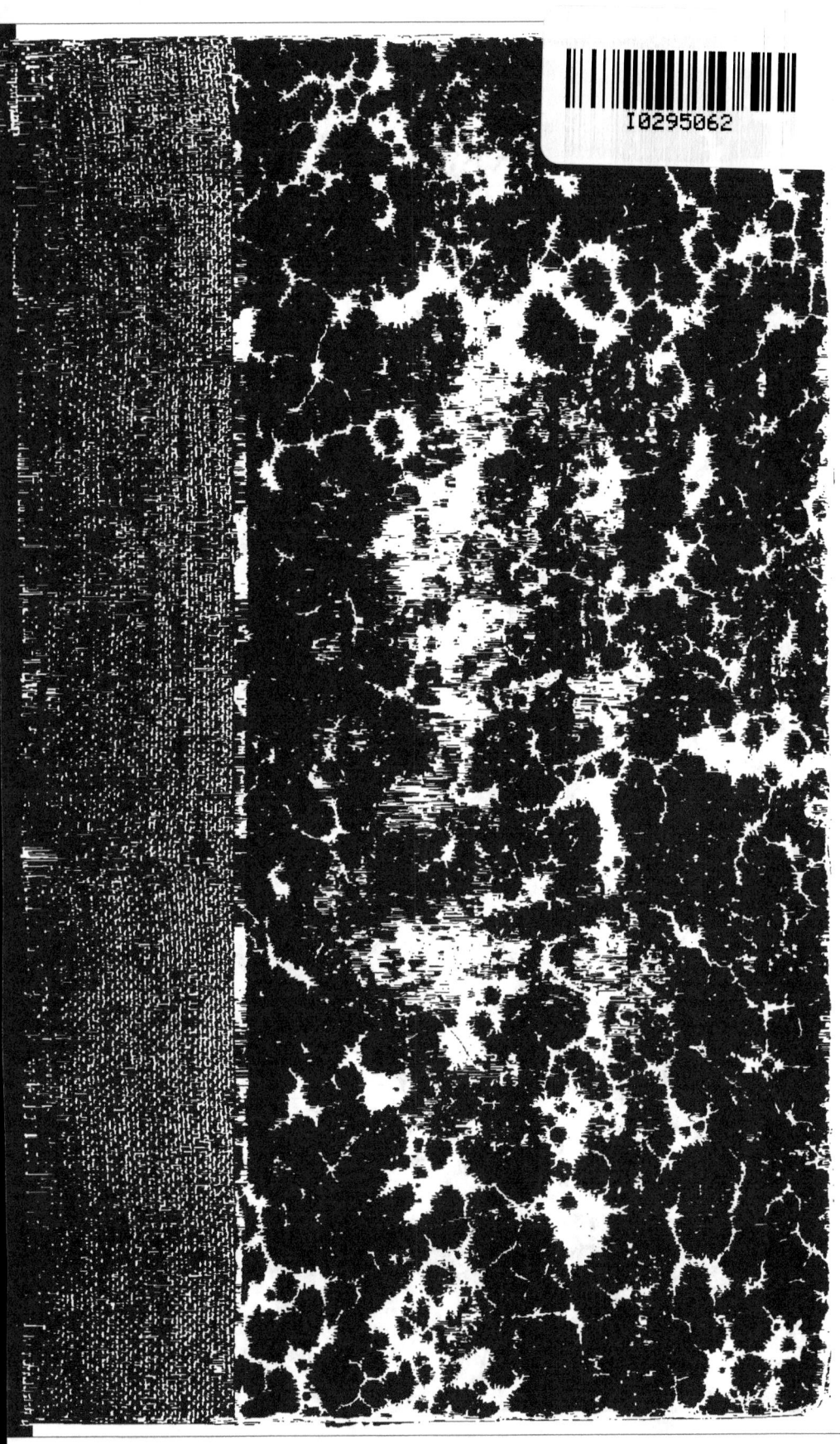

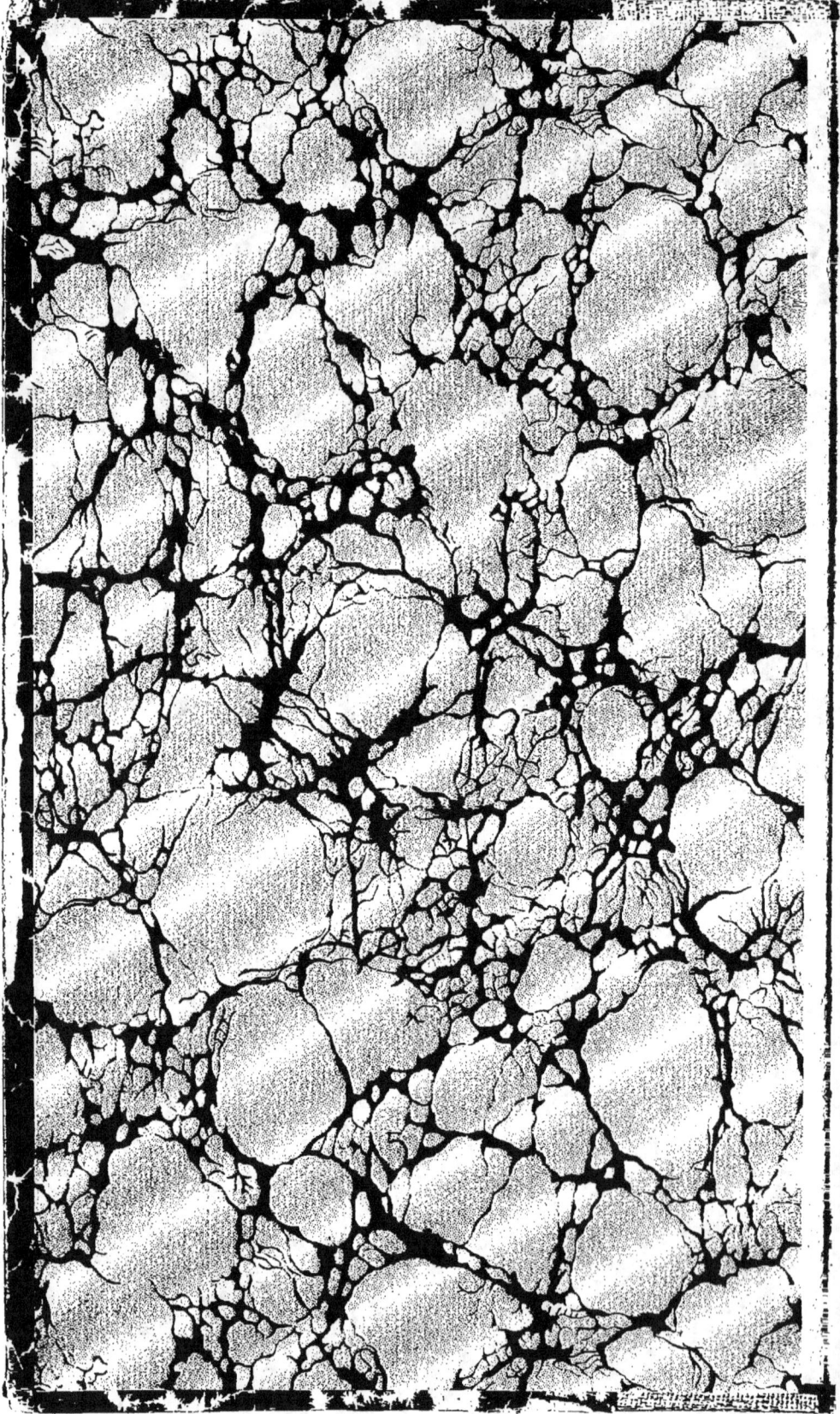

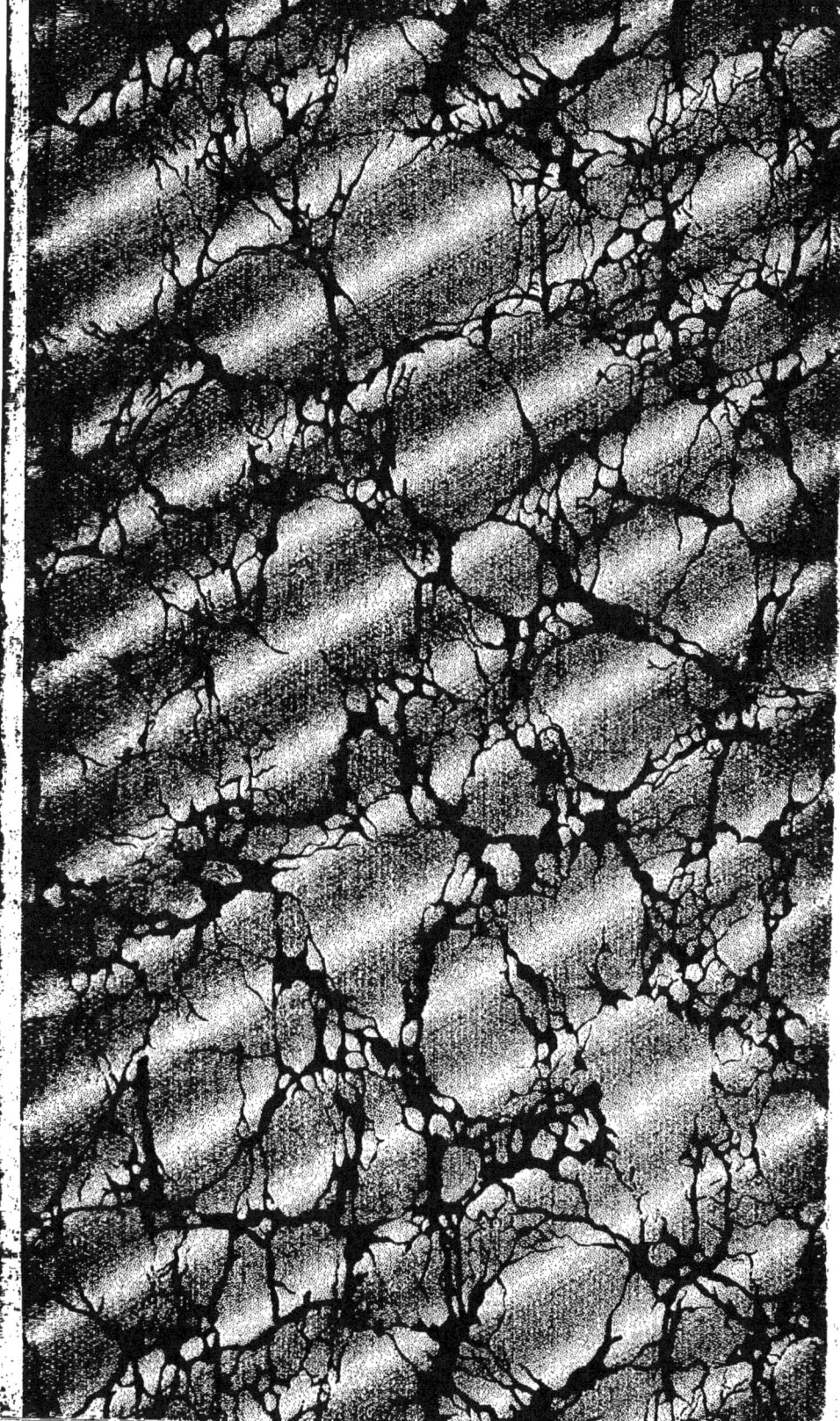

A. PÉRIVIER

NAPOLÉON JOURNALISTE

« Napoléon écrivain, épistolier, narrateur et mémorialiste, sans parler du journaliste assurément le plus vibrant que j'aie rencontré. »

Frédéric MASSON.

Avec deux fac-similés

PARIS
LIBRAIRIE PLON
PLON-NOURRIT ET Cie, IMPRIMEURS-ÉDITEURS
8, RUE GARANCIÈRE — 6e
—
1918
Tous droits réservés

NAPOLÉON JOURNALISTE

Ce volume a été déposé au ministère de l'intérieur en 1918.

A. PÉRIVIER

NAPOLÉON

JOURNALISTE

> « Napoléon écrivain, épistolier, narrateur et mémorialiste, sans parler du journaliste assurément le plus vibrant que j'aie rencontré. »
>
> Frédéric MASSON.

PARIS
LIBRAIRIE PLON
PLON-NOURRIT ET Cie, IMPRIMEURS-ÉDITEURS
8, RUE GARANCIÈRE — 6e
—
1918
Tous droits réservés

Copyright 1918 by Plon-Nourrit et Cie.

Droits de reproduction et de traduction
réservés pour tous pays.

AVANT-PROPOS

L'existence de Napoléon est la plus extraordinaire que jamais homme ait vécue. Elle est la plus dramatique, la plus étrange, la plus féconde en singularités, en surprises, en contrastes. C'est toute une humanité renfermée dans un seul homme.

De là l'intérêt inépuisable qu'elle offre à la postérité.

C'est, jusqu'à notre grande guerre libératrice, le plus beau sujet de l'histoire.

La vie politique de Napoléon ressemble à un roman. Voici, au début, un petit officier, presque étranger, sans un sou, sans relations, sans aucun attrait physique ; en un temps très court, il devient le mari d'une femme influente et jolie, puis général en chef, premier consul, empereur, maître de l'Europe, riche de plusieurs centaines de millions. Et voilà qu'en un tour de roue de la fortune, ayant tout perdu, il s'en va mourir en prison, au bout du monde, mis hors la loi comme un vulgaire brigand, finissant dans la gêne et l'abandon.

Quel romancier aurait osé imaginer un conte aussi surprenant !

Sa vie intellectuelle nous offre des contrastes non moins frappants.

Homme d'action par excellence, il a écrit et parlé plus qu'aucun homme de son siècle.

Il a laissé la matière de plus de trente volumes, véritable encyclopédie où sont traités, dans un langage magnifique, les sujets les plus variés : guerre, diplomatie, administration, histoire, philosophie, religion, art militaire, critique théâtrale, critique littéraire, psychologie, finance, géographie, voire l'amour !

Il a été lui-même le sujet de milliers et de milliers de livres écrits dans toutes les langues du globe. Il n'est pas un instant de sa vie, pas un geste, pas un mot, qui n'aient donné lieu à des commentaires infinis.

Et pourtant, il est un domaine où les historiens ont à peine signalé son activité, bien qu'elle eût été publique et permanente.

C'est celui du journalisme.

Napoléon journaliste? Oui, il le fut dans toute l'acception du mot. Après Thiers et bien d'autres, Frédéric Masson a pu dire avec raison :

« C'est le journaliste assurément le plus vibrant que j'aie rencontré. »

En effet, Napoléon a écrit de sa propre main des articles de journal qui le placent au premier rang des polémistes.

Il a fondé et dirigé des journaux, sans compter le *Moniteur* où il collaborait régulièrement et qu'il surveillait jalousement. Chacun de ses numéros était attendu avec curiosité et anxiété par la France et par l'Europe, car on savait y trouver ses idées, ses avertissements et, parfois, ses menaces.

C'est le journaliste et le polémiste que nous avons voulu envisager dans ce livre, laissant de côté l'homme de guerre et l'homme d'État. Aucune considération politique n'est entrée dans notre esprit. La nouveauté du sujet, ainsi que son attrait, seuls, nous ont séduit.

Journaliste nous-même, c'est uniquement au point de vue professionnel que nous avons essayé de faire revivre la figure du plus illustre et du plus redoutable de nos confrères.

A. Périvier,
Ancien directeur du *Figaro*.

1918.

PREMIÈRE PARTIE

AVANT

BRUMAIRE

CHAPITRE PREMIER

NAPOLÉON ÉCRIVAIN

Avant d'aborder Napoléon journaliste, il n'est pas hors de propos d'établir qu'il fut un grand écrivain, un maître dans l'art d'exprimer sa pensée, sans quoi il n'eût point été un vrai journaliste.

Les contemporains ne paraissent pas s'en être clairement rendu compte. Éblouis par ses succès militaires, assourdis par le bruit de ses batailles, ils ont laissé à la postérité le soin de rendre justice à son génie littéraire.

Aujourd'hui, il n'est pas un lettré qui ne reconnaisse que, chez Napoléon, la parole est aussi admirable que l'action.

A mesure que se dérouleront les siècles, et que s'accumuleront les annales de l'humanité, les prodiges des champs de bataille ne formeront plus dans l'histoire que des points lumineux et lointains, tels que le sont devenues les victoires d'Alexandre, d'Annibal et de César. Leurs effets ayant disparu depuis longtemps, elles ont perdu un peu de leur éclat, comme les planètes refroidies qui errent dans l'espace.

Déjà, à l'heure même où nous écrivons, les fameuses

campagnes du Consulat et de l'Empire s'éclipsent devant les formidables rencontres de la Marne, de l'Aisne, de l'Yser, de la Vistule et de Verdun.

Rivoli, Marengo, Austerlitz, Iéna commencent à pâlir dans le recul des temps. Les grognards de la légende sont dépassés de cent coudées par nos poilus.

Et qu'étaient-ce que les retranchements de Torres-Vedras auprès des tranchées qui se font face sur un front de plusieurs centaines de kilomètres?

Il faut donc convenir que les victoires de Napoléon passent au second plan et ne seront plus désormais qu'un sujet d'études pour les historiens et les critiques militaires.

Bien au contraire, certains mots de Napoléon, certaines phrases, certaines pages, certaines conversations, certaines correspondances demeureront aussi longtemps que vivra la langue française.

Car il est vrai de dire que les Commentaires écrits par les Césars contribuent à leur immortalité autant que leurs conquêtes; ils la prolongent à travers les siècles, et, souvent, la beauté de la forme rallie à leur mémoire ceux-là même qui maudissent leurs actions.

Moins de dix ans après la mort de Napoléon, son génie d'écrivain fut proclamé pour la première fois par celui qui devait être le plus illustre de ses historiens, par Thiers, alors simple journaliste.

Ce fut l'objet d'un article paru sous sa signature dans le *National* du 24 juin 1830.

« On ne connaît, dit-il, qu'une partie de Napoléon quand on ne connaît que ses actions. Napoléon écrivain est aussi grand que Napoléon homme d'État ou capitaine. Le jour où il remporta sa première victoire, il écrivit l'une de ses plus belles pages : c'est la proclamation qu'il adressa à ses soldats, lorsque, vainqueur des Piémontais à Montenotte, il se jeta sur l'Italie à la suite des Autrichiens. Il fut grand capitaine et grand écrivain au même instant, par l'effet des mêmes facultés.

« C'est l'intelligence supérieure qui sert à agir grandement et à écrire grandement. Aussi le génie qui a écrit les *Commentaires* de César, certaines parties des œuvres de Frédéric, les *Mémoires* de Napoléon est le même qui a servi à remporter les batailles de Pharsale, de Leuthen et d'Austerlitz.

« Agir ou écrire à un certain degré, c'est bien comprendre. Aussi il n'est pas un grand homme d'action qui n'ait été un grand écrivain.

« Il y a dans le grand homme d'action la principale chose qui fait grandement écrire, la pensée ; et il y a aussi ce qui fait écrire avec sublimité, l'âme. Elle jaillit dans ses paroles comme dans ses actions.

« Égal, peut-être même supérieur par la pensée aux plus grands hommes, Napoléon avait plus qu'eux tous l'âme passionnée ; c'est là ce qui l'a porté sur un arc du globe si étendu, du mont Thabor au Borysthène en passant par Madrid, Paris, Vienne, Berlin et Moscou. C'est cette ardeur qui l'a fait écrivain si éloquent, si passionné, en même temps qu'il était écrivain si profond.

« Nous connaissons dans le *Moniteur* de 1800 à 1803 des articles écrits par lui-même pour répondre aux attaques des journaux étrangers, qui sont des chefs-d'œuvre de raison, d'éloquence et de style.

« Une qualité est surtout remarquable dans les *Mémoires* de Napoléon, c'est le style. Il est moins brillant que lorsque Napoléon descendait en Italie, écrivait au pied des Pyramides ou des bords du Jourdain ; mais il est plus serré, plus concis, plus correct surtout.

« Chose étrange, qu'auront peine à croire ceux qui n'ont pas lu les *Mémoires* de Napoléon, ce style est, sous le rapport du métier, l'un des plus parfaits qui existent. Bon goût, simplicité, pureté, correction, propriété de langage, s'y trouvent au plus haut degré. Sa phrase est construite avec un soin extraordinaire. Il y a ce souci de la forme et de la belle forme, qui dénote l'homme qui aime l'art pour lui-même et qui s'en inquiète. On sait qu'il parlait belles-lettres avec une sûreté de goût remarquable ; mais nous n'aurions jamais imaginé, si nous ne l'avions lu, qu'il écrivît avec cette profonde habileté.

« Son style est le modèle du style savant, réfléchi, éminemment propre à notre âge. Nous ne pouvons plus revoir cette grandeur tout à la fois sublime et naïve qui appartenait à Bossuet et à Pascal, et qui appartenait autant à leur siècle qu'à eux ; nous ne pouvons plus même avoir cette finesse, cette grâce, ce naturel exquis de Voltaire. Les temps sont passés ; mais un style simple, vrai, calculé, un style savant, travaillé, voilà ce qu'il nous est permis de produire. C'est encore un beau lot, quand avec cela on a d'importantes vérités à dire. Le style de Laplace dans l'*Exposition du système du monde*, celui de Napoléon dans ses *Mémoires*, voilà les modèles du langage simple et réfléchi propre à notre âge.

« Ce que nous allons dire paraîtra étrange à ceux qui ne connaissent pas les volumes écrits à Sainte-Hélène. Napoléon est le plus grand homme de son siècle, on en convient, mais il en est aussi le plus grand écrivain.

« A. Thiers. »

Plus tard, en pleine maturité, l'historien du Consulat et de l'Empire confirmait le jugement prononcé au temps de sa jeunesse enthousiaste :

« Le siècle avait un écrivain immortel, immortel comme César ; c'était le souverain lui-même, grand écrivain parce qu'il était grand esprit ; orateur inspiré dans ses proclamations, chantre de ses propres exploits dans ses bulletins, démonstrateur puissant dans une multitude de notes émanées de lui, d'articles insérés au *Moniteur*, de lettres écrites à ses agents qui sans doute paraîtront un jour et qui surprendront le monde autant que l'ont surpris ses actions.

« Coloré quand il peignait, clair, précis, véhément, impérieux quand il démontrait, il était toujours simple comme le comportait le rôle sérieux qu'il tenait de la Providence, mais quelquefois un peu déclamateur par un reste d'habitude particulière à tous les enfants de la Révolution française. Singulière destinée de cet homme prodigieux d'être le plus grand écrivain de son temps, tandis qu'il en était le plus grand capitaine, le plus grand législateur, le plus grand administrateur. »

Un des collaborateurs de Thiers au *National*, Armand Carrel, journaliste de premier rang, estimait aussi que Napoléon n'était pas moins grand comme écrivain que comme homme d'action. Voici ce qu'il dit :

« Les *Commentaires* de César ont rencontré, au bout de deux mille ans, un homme dont la vie avait été encore plus active, la destinée encore plus extraordinaire que celle de César et à qui il était permis, non pas d'étendre et d'orner César, mais de le réduire et d'être encore plus dramatique, plus instructif et plus clair que lui-même en l'abrégeant.

« Bien écrire, savoir raconter vivement, clairement, logiquement ce qu'on a fait avec vigueur, méthode, raison et génie, cela paraissait si naturel à Napoléon qu'il ne s'est pas inquiété un instant de la comparaison qu'on pourrait être tenté de faire de son style à celui de César.

« Toutes les pensées de Napoléon sont le fruit de l'expérience sans égale qu'il acquit pendant vingt ans, en faisant les affaires de la France dans le Conseil et sur les champs de bataille. Tout ce qu'a laissé après elle cette grande intelligence est une propriété nationale. Il en coûte cher à une nation pour former un écrivain tel que César ou Napoléon ; mais quand, au prix du sang et des larmes des générations, le gouvernement, la guerre et les affaires ont développé ces demi-dieux parmi les hommes, rien de ce qu'ils ont dit ou pensé ne doit être perdu pour la postérité.

« Armand CARREL. »

Ces jugements de l'historien et du journaliste ont été confirmés par les critiques les plus éminents, par les connaisseurs les plus accrédités.

Celui qu'on a surnommé « le Prince des critiques », Sainte-Beuve, le plus fin des experts littéraires et aussi le plus exigeant de tous, n'a pas hésité à comparer Napoléon écrivain à Pascal lui-même.

« C'est, dit-il, l'écrivain moderne duquel se rapproche le plus, pour la trempe, la pensée de Napoléon, quand celui-ci est tout entier lui-même.

« Le propre des conversations de Napoléon comme de celles de Pascal, était de se graver, bon gré mal gré, dans les esprits qui l'écoutaient, de nous arriver reconnaissables même à travers les témoins les plus ordinaires, et l'on est tout surpris, quand on les retrouve rapportées quelque part, de l'éclat soudain qu'elles jettent sur les pages insignifiantes d'à côté.

« Napoléon est simple et nu. Son style militaire offre un digne pendant aux styles les plus parfaits de l'antiquité en ce genre, à Xénophon et à César.

« En général, la volonté se marque dans son style. Pascal, dans les immortelles *Pensées*, qu'on a trouvées chez lui, à l'état de notes, et qu'il écrivait sous cette forme pour lui seul, rappelle souvent, par la brusquerie même, par cet accent despotique, le caractère des dictées et des lettres de Napoléon. Leur parole, à tous deux, est gravée à la pointe du compas, et certes, l'imagination non plus n'y fait pas défaut.

« Du vivant de Napoléon, l'action couvrait tout ; on ne se doutait pas qu'il y aurait là, plus tard, matière à admirer la parole même. Aujourd'hui que l'action est plus éloignée et que la parole reste, celle-ci se montre avec ses qualités propres et en même temps le souvenir de l'action y projette un reflet et comme un rayon.

« Napoléon, quand il écrit, est la simplicité même. C'est plaisir de voir celui qui a été le sujet de tant de phrases en faire si peu. »

Un autre juge, qui fait autorité dans la critique littéraire, excellent écrivain lui-même, Villemain, exprime la même opinion que Sainte-Beuve.
Il dit :

« C'est Napoléon lui-même qu'il faut lire, qu'il faut entendre.

« C'est lui seul qui, dans les tristesses de sa relégation du monde, dans le travail de ses dictées sur les mêmes sujets, a élevé le plus durable monument à sa mémoire et doublé son immortalité de monarque et de guerrier par ses tableaux de grand peintre et de penseur profond.

« D'un esprit plus vaste et moins sage que Frédéric, Napoléon n'aura pas, comme lui, gardé ses conquêtes et affermi sur la paix un État créé par la guerre. Il aura passé, comme son gigantesque empire, il n'aura rien fondé qu'un souvenir immortel. Mais sa gloire, moins intacte, moins égale, sera bien plus grande en étendue et en durée sans doute. Il parlera lui-même à la dernière postérité.

« A part tout ce qu'on peut rassembler et décrire des incidents de son élévation et de son règne, le travail de sa captivité, cette histoire dictée près de son tombeau et laissée incomplète par sa mort, ne cessera pas d'être lue, comme un des monuments du génie français, et les bas-reliefs qu'il a gravés lui-même de la campagne d'Italie, de l'expédition d'Égypte, de la prise de pouvoir au 18 Brumaire, de la journée de Marengo, et d'une partie des guerres d'Allemagne, expliqueront à jamais, et directement par l'empreinte de l'historien, la domination du héros et le long éblouissement des hommes. »

Et Villemain dit autre part :

« Napoléon, qui n'aimait pas Tacite par instinct de despote, s'en approche quelquefois pour la majesté du style historique. »

Après Villemain, Balzac.
Il avait lu, la plume à la main, les *Mémoires* de Napoléon, les dictées de Sainte-Hélène, le premier recueil de la *Correspondance;* émerveillé, il avait résolu d'en extraire les principaux passages, ce qu'il appelait les *Maximes et Pensées* de Napoléon.

« C'eût été, dit-il, le plus beau livre du monde.
« Aux yeux des masses, ce livre sera comme une apparition. L'âme de l'Empereur passera devant elles. Mais, pour quelques esprits choisis, il sera son histoire sous une forme algébrique. On y verra l'homme abstrait, l'idée au lieu du fait. Cette œuvre sera à Napoléon ce que l'*Évangile* est à Jésus-Christ. »

Plus tard, un écrivain qui fut un éminent professeur de littérature, Désiré Nisard, apporte un témoignage identique à ceux de Thiers, Carrel, Villemain et Sainte-Beuve :

« Je n'apprendrai rien à personne en disant que, dans ces belles dépêches de la campagne d'Italie, le général Bonaparte est déjà un grand écrivain. C'est d'ailleurs un trait commun à tous les grands capitaines. Il y a d'autres styles excellents. Il n'y en a pas de meilleur que celui des gens qui font de grandes choses et qui écrivent ce qu'ils font. Dans le style des lettrés, la pensée s'exprime par plus de nuances, et l'art en écarte les fautes. Dans le style des grands capitaines, c'est l'action qui s'exprime elle-même par de grands traits, et les négligences même de l'écrivain ajoutent au crédit du narrateur. Je ne sais pas de meilleurs maîtres de l'art d'écrire que ces hommes qui ont écrit sans art, ou qui, très versés, comme César, dans toutes les adresses du langage, en ont fait consister la perfection à s'en passer.

« Les dépêches de Bonaparte ne sont pas plus ornées que les *Mémoires* de César. Sur un point, elles sont plus nues encore, c'est dans la description.

« Cependant, pour les descriptions, il en fera quelque jour dans les tristes loisirs de Sainte-Hélène, et il y surpassera César.

« Quant aux esprits qui sont touchés de la beauté du langage, ils y rencontrent à chaque instant quelque mot de génie, dans une langue grande comme la fortune que le Premier Consul faisait à la France.

« Sans être expert en finances, on peut apprécier les lettres où le Premier Consul enseigne à ses ministres les principes de la matière, dans un langage qui est demeuré comme la langue classique des finances.

« NISARD. »

L'un des historiens les plus éminents du dix-neuvième siècle, Sorel, a dit du style de Napoléon :

« Le style est formé : laconique, tout en relief, relevé de grandes images qui se colorent devant les yeux, se gravent dans les mémoires, frappent les imaginations populaires parce qu'elles sont vraies, et enchantent les esprits cultivés parce qu'elles renouvellent l'antiquité classique dont ils sont nourris. Ses phrases sont des inscriptions toutes prêtes pour les stèles, ses métaphores entrent dans le langage. On avait eu, au temps de la Gironde, la déformation ampoulée ; au temps de Robespierre, le pastiche sophistiqué, souvent la parodie de l'éloquence antique : ici, c'est Rome même qui ressuscite et qui parle.

« SOREL. »

Le plus grand des poètes modernes, le nom le plus illustre du siècle, après celui de Napoléon, a remarqué, lui aussi, comme Sainte-Beuve, l'analogie du style de Napoléon avec celui de Pascal ; il trace, quelque part dans *les Misérables*, un portrait de Napoléon, où il dit :

« Il faisait des codes comme Justinien, il dictait comme César. Sa causerie mêlait l'éclair de Pascal au coup de foudre de Tacite ; il faisait l'histoire et il l'écrivait. Ses bulletins sont des Iliades.

« Victor Hugo. »

Un historien de valeur secondaire, mais dont le témoignage acquiert quelque prix du fait qu'il émane d'un détracteur, Lanfrey, a dit au sujet du talent d'écrivain de Napoléon :

« Napoléon ne se perfectionna que très tard dans l'étude de la langue française dont il ne connut même jamais très bien quelques-uns des éléments les plus essentiels, bien qu'il l'ait, plus d'une fois, maniée en écrivain supérieur. »

Et, cependant, parmi les maîtres de la littérature, il y en a un qui a osé contester à Napoléon la qualité de grand écrivain.

On le devine ; cet esprit difficultueux, c'est l'homme qui, avec un orgueil voisin du ridicule, s'est posé devant la postérité en émule et presque en rival de Napoléon : c'est Chateaubriand.

« Je m'y connais, a-t-il dit dans ses *Mémoires*; je n'ai trouvé que dans un méchant autographe laissé à l'île d'Elbe, des pensées qui ressemblent à la nature du grand insulaire. »

Et il cite ces pensées, au nombre de quatre :

« Mon cœur se refuse aux joies communes comme à la douleur ordinaire. »

« Ne m'étant pas donné la vie, je ne me l'ôterai pas non plus, tant qu'elle voudra bien de moi. »

« Mon mauvais génie m'apparut et m'annonça ma fin, que j'ai trouvée à Leipzig. »

« J'ai conjuré le terrible esprit de nouveauté qui parcourait le monde. »

Chateaubriand ajoute :

« Quant aux nombreux volumes publiés sous le titre de *Mémoires de Sainte-Hélène, Napoléon dans l'exil*, etc., etc., ces documents recueillis de la bouche de Bonaparte ou dictés par lui à différentes personnes, ont quelques beaux passages sur les actions de guerre, quelques appréciations remarquables de certains hommes, mais, en définitive, Napoléon n'est occupé qu'à faire son apologie, etc. »

Il est vrai que Chateaubriand conclut magnifiquement :

« Qu'importe après tout que sa parole fût fautive ! Il donnait le mot d'ordre à l'univers. Ses bulletins ont l'éloquence de la victoire ! »

Et maintenant, pourquoi ne demanderions-nous pas à Napoléon lui-même s'il pensait avoir quelques-unes des qualités de l'écrivain? Assurément, personne n'est juge en sa propre cause, mais on accordera bien que l'homme de génie doit avoir conscience de sa valeur et qu'il est capable de discerner en lui-même les dons qu'il a reçus de la nature.

A Sainte-Hélène, Napoléon parlait de soi comme d'un mort, souvent avec sincérité, parfois avec une légitime coquetterie. Il eut un jour l'occasion de parler de son talent d'écrivain. C'était au cours d'une discussion avec Montholon; l'un et l'autre ne s'entendaient pas sur la valeur d'un mot.

Napoléon s'emporta, disant à Montholon qu'il modifiait tellement ses dictées qu'il ne s'y reconnaissait plus; il se plaignait qu'il gâtât complètement son style, que tout le monde s'accordait à trouver original.

— Mais, Sire, lui dit Montholon, où pouvons-nous trouver votre style? Oserai-je vous demander ce que vous avez écrit, pour que nous en jugions?

Napoléon répliqua vivement :

— Voyez mes proclamations et mes articles dans le *Moniteur!*

Napoléon se réclamant de sa qualité de journaliste, cela ne justifie-t-il pas, sans compter les autres témoignages, le titre que nous lui avons donné en tête de ce livre?

Il avait, comme tout écrivain, son amour-propre professionnel, il ne supportait pas qu'on vînt dire qu'il écrivait mal :

« Empêchez qu'on ne mette dans les journaux de Paris ce que M. Lebrun fait imprimer à Gênes, entre autres des lettres supposées de moi, dans lesquelles on me fait parler comme un savetier. »

Dernier témoignage.

En 1816, à Sainte-Hélène, Napoléon reçut une

caisse de livres dans laquelle devait se trouver la collection du *Moniteur* qu'il avait tant désirée.

Il prit lui-même le ciseau et le marteau, ouvrit la caisse, s'empara de la collection, et n'en quitta plus la lecture jusqu'à la fin du jour.

Le journaliste y relisait ses propres articles.

Il en paraissait ému de plaisir et d'orgueil :

« Et ils ont osé dire, s'écria-t-il, que je ne savais pas écrire ! »

CHAPITRE II

QUELLE SORTE DE JOURNALISTE FUT NAPOLÉON

Il y a deux sortes de journalistes.

Les uns, comme les Bertin pour les *Débats*, Villemessant pour le *Figaro*, Millaud pour le *Petit Journal*, Bennett pour le *Herald*, fondent un journal, lui impriment un cachet politique ou littéraire, choisissent les collaborateurs, inspirent la rédaction, mais ils n'écrivent pas.

Les autres, comme Armand Carrel, Girardin, Veuillot, Rochefort, tout en dirigeant leur journal, écrivent des articles et commentent à leur façon les événements que leur présente au jour le jour l'actualité.

Napoléon journaliste appartient à ces deux catégories.

Il a réellement fondé et dirigé plusieurs journaux :

Deux en Italie :

La France vue de l'armée d'Italie, journal de politique, d'administration et de littérature française et étrangère.

Et :

Le Courrier de l'armée d'Italie.

Plus tard, pendant l'expédition d'Égypte, il fonda un troisième journal, sous ce titre :

Le Courrier d'Égypte.

Ces trois journaux, Bonaparte les fonda avec ses moyens personnels, les entretint, les dirigea d'une manière effective, leur inspira ses idées, leur confia même quelques-uns de ses desseins d'avenir, à tel point que, pour connaître à fond par quels moyens s'opéra son avènement au pouvoir, il faudrait avoir lu ces journaux, révélation première de son génie politique. Le dominateur futur de la France et de l'Europe s'y révèle fréquemment, et comme par échappées.

Non seulement Napoléon fut, en Italie et en Égypte, fondateur et directeur de journaux ; il fut encore, et pendant toute sa carrière de général, de consul et d'empereur, à intervalles inégaux, un véritable écrivain-journaliste, un rédacteur d'articles. Général en chef de l'armée d'Italie, il écrivit des articles de polémique ; on les lira dans ce livre. Il prit plusieurs fois la plume pour répondre aux insultes que lui prodiguaient les royalistes, les Clichiens. Premier Consul, il fit du *Moniteur* son confident, son porte-voix, pour parler directement à la France, à l'Europe et surtout à l'Angleterre.

Thiers a pu dire en toute vérité :

« Nous connaissons dans le *Moniteur* de 1800 à 1803 des articles écrits par Bonaparte lui-même pour répondre aux attaques des journaux étrangers, qui sont des chefs-d'œuvre de raison, d'éloquence et de style. »

Devenu empereur, le temps lui manquant, il collabora moins directement et moins souvent au *Moniteur*, mais il l'inspira toujours, il dicta fréquemment des notes, il surveilla constamment la composition des numéros, la mise en page et, parfois, jusqu'au choix des rubriques.

Enfin, dans toute sa carrière, depuis la campagne d'Italie jusqu'aux Cent-Jours, il ne cessa de s'occuper de la presse, des journalistes, des polémistes ; il les poursuivit de sa curiosité attentive et hostile jusqu'à Londres où les émigrés l'invectivaient odieusement, lui, sa femme et sa famille ; il alla jusqu'à faire un procès de presse au plus vil d'entre eux, à un certain Peltier, rédacteur de l'*Ambigu*.

C'est lui qui donnait personnellement le mot d'ordre aux rares journaux français qu'il laissa vivre au lendemain de Brumaire. C'est dans les rangs de la presse qu'il prit quelques-uns de ses meilleurs collaborateurs, Maret, Rœderer, Regnault Saint-Jean-d'Angély.

Il eut des querelles de presse. C'est pour un article de journal qu'il se brouilla avec Chateaubriand.

Le *Journal des Débats* était son cauchemar. Il en est perpétuellement question dans la *Correspondance*, et avec quelle aigreur ! Les Bertin lui donnaient presque autant de soucis que Pitt ou Metternich.

Enfin, sa *Correspondance*, cette immense et magnifique collection où éclate son génie, comprend des centaines de lettres relatives aux journaux et aux journalistes, car, tout en paraissant les mépriser, il les guettait et les craignait. Ce conquérant brutal mettait au-dessus de tout l'opinion des gens d'esprit et il se désespérait de ne pouvoir les rallier ; moins heureux en cela que Frédéric II, qui, ayant lui aussi grand souci de l'opinion, sut capter tout au moins celle des philosophes et des gens de lettres, la seule qui comptât alors en Europe.

Napoléon a pu dire parfois, en manière de boutade, qu'il méprisait l'opinion, « cette maîtresse d'erreur, cette fourbe », comme l'appelle Pascal.

Mais, en réalité, il s'en inquiétait, il la recherchait, il la courtisait, il souffrait de ne pouvoir la conquérir tout entière, car il savait trop bien, comme l'a dit aussi Pascal, « qu'elle dispense la réputation, qu'elle donne le respect et la vénération aux personnes, aux ouvrages, aux grands, qu'elle dispose de tout, qu'elle fait la justice et le bonheur, ce qui est le tout du monde. »

N'a-t-il pas dit lui-même, lui le symbole de la force, l'homme de la conquête :

« Il ne faut laisser à l'ennemi aucun avantage, même d'opinion. »

C'est pourquoi, en même temps qu'il poursuivait de son épée les ennemis de la France, il maniait contre eux, avec non moins de vigueur, sa plume de journaliste.

Il comprit le premier que, depuis l'avènement de la presse, il est nécessaire d'introduire dans la guerre et dans le gouvernement ce qu'on pourrait appeler la manœuvre morale, destinée à agir sur l'esprit des soldats et sur celui des peuples. Elle doit servir aussi à intimider l'ennemi, à le tromper, à lui susciter des inimitiés, à lui tendre des pièges. Sur ce terrain, comme sur celui de la guerre, il se montra un stratégiste de premier ordre ; il fut un journaliste incomparable comme il fut un capitaine prodigieux.

C'est dans ce but qu'il créa le *Moniteur;* c'est pour cela que, partout où il allait, il faisait manœuvrer ses journaux dans le même sens que ses bataillons ; pour cela que, sans trêve, d'un bout à l'autre de sa carrière, il s'occupe de la presse et des journalistes autant que de politique et de guerre.

A tous ces titres, dont ce livre apportera la justification, Napoléon ne mérite-t-il pas l'épithète de journaliste?

Nous ne connaissons dans l'histoire qu'un homme d'État qui ait pratiqué, avant Napoléon, l'art d'utiliser la publicité au profit de ses idées. Et encore ne put-il le faire que d'une manière extrêmement restreinte, en raison de l'état rudimentaire de la presse à son époque.

C'est Richelieu.

Il aimait à prévenir l'opinion en disant ce qu'il comptait faire. Il écrivit lui-même, au dire de Victor Duruy, beaucoup de manifestes, d'exposés de sa conduite, même de ce que nous appelons aujourd'hui des articles, et il les faisait insérer dans le *Mercure de France*, le plus ancien des journaux, l'ancêtre de la *Gazette de France*, qui compte aujourd'hui près de trois siècles.

Après Richelieu, après Napoléon, un homme d'État se montra également supérieur dans l'art de manier la presse : ce fut Bismarck.

CHAPITRE III

JOURNALISTE ET PAMPHLÉTAIRE

Le journalisme français, comme Bonaparte lui-même, est un enfant de la Révolution. Il est issu directement de 89.

Depuis cette année jusqu'à 1800, de l'Assemblée nationale au 18 Brumaire, la presse fut reine et souveraine maîtresse.

Ce fut un débordement de journaux et de pamphlets, immense, varié, assourdissant, unique dans l'histoire des peuples. Toutes les causes eurent leur organe, pour l'attaque comme pour la défense. Il y avait plus de deux mille gazettes dans toute la France ; et toutes étaient lues, dévorées ; jamais la France ne lut avec tant d'avidité. Les événements inouïs qui se succédaient si rapidement frappaient les imaginations et provoquaient une curiosité intense. C'est à peine si le torrent des publications parvenait à satisfaire cette soif de nouvelles et de discussions.

Ce débordement fabuleux de la presse, ces milliers de clameurs ne purent manquer de frapper l'esprit du jeune Bonaparte ; elles durent avoir un écho dans ce puissant cerveau qui déjà observait tout, retenait tout.

Malgré la réserve que lui imposait sa situation militaire, il prit part, dès l'origine, à ce formidable concert de publications. Il a, lui aussi, son mot à dire, pareillement à tous les autres, en attendant qu'il le dise tout seul.

En 89, Bonaparte a vingt ans. Il est sous-lieutenant d'artillerie, sans le sou, sans relations, sans notoriété, seul avec ses livres, ses seuls amis. Voilà déjà près de quatre ans qu'il est sorti des écoles. Il a tenu garnison à Valence et à Auxonne; c'est à Auxonne qu'il voit éclore la Révolution. Il est déjà un homme fait. Des études solitaires et acharnées, des soucis de famille, des intrigues, des luttes politiques en Corse, lui ont donné une maturité précoce à laquelle vient s'ajouter, à son insu, le mystérieux génie qu'il a reçu de la nature.

Il est passionné pour la politique. Il disait en 91 :

« Il y a bien longtemps que je me suis occupé par goût des affaires publiques. »

Il a, pour le moment, deux passions dominantes, Jean-Jacques Rousseau et la Corse.

Dès le lendemain de la Révolution, il affiche un ardent républicanisme ; dans son petit coin de garnison, il tient haut le drapeau révolutionnaire. Quand viendra la Convention, il sera conventionnel, jacobin, presque terroriste. Il admirera Robespierre. Le destin, qui en fera un César, aurait tout aussi bien pu en faire un Catilina, car, disait-il, les révolutions sont un bon temps pour les militaires.

Il dit plus tard à Metternich :

« Jeune, j'ai été révolutionnaire par ignorance et par ambition. »

Tous les militaires, à cette époque, faisaient de la politique par ambition.

Murat, futur roi, alors capitaine de cavalerie, se faisait appeler Marat.

Mais comment se faire entendre au milieu de ces milliers de voix assourdissantes qui hurlent par le journal et le pamphlet?

La tâche est plus difficile pour lui que pour tout autre, car le français n'est point sa langue maternelle. Il ne l'a guère parlé que depuis l'âge de dix ans. C'est une première et grosse difficulté à vaincre.

Il a donc fallu qu'il s'initiât lentement, péniblement, à l'art d'écrire. Pour cela, il a lu tous les livres à sa portée; il a pris des notes sur tous les sujets; et il continuera ainsi à se documenter, jusqu'au jour où l'action l'appellera sur la scène du monde et ne lui laissera plus le temps d'étudier.

Déjà en 91, à vingt et un ans, il se sent en état de manier la langue française. N'ayant point de journal à sa disposition, il écrit un pamphlet. C'est la mode du jour. Le pamphlétaire est un journaliste; il est de la même race. Ce premier essai de Bonaparte est la *Lettre à Buttafuoco*, du 23 janvier 1791. Déclamation, rhétorique, prosopopées, virulence de mots, boursouflure de style; en un mot, c'est du mauvais Jean-Jacques Rousseau, car, ainsi que cela arrive ordinairement, on imite ses auteurs favoris par les mauvais côtés; mais, tout de même, il y a là du tempérament; c'est loin du commun et de la banalité.

Le lieutenant Bonaparte avait modestement commandé cent exemplaires seulement de cette brochure, destinée à la Corse.

Passionné comme toujours pour tout ce qu'il faisait, il allait lui-même d'Auxonne à Dôle pour corriger les épreuves. A 4 heures du matin, accompagné de Louis, il partait à pied pour Dôle, corrigeait ses épreuves, déjeunait frugalement chez Joly l'imprimeur, et rentrait avant midi à sa garnison, ayant fait huit lieues à pied, nous raconte Stendhal.

En cette année 91 il est à Auxonne. Il se signale dans cette modeste garnison par ses bruyantes adhésions au mouvement révolutionnaire. Il donnait l'impression d'un jeune bavard, s'enfournant à tout propos dans des discussions interminables et voulant sans cesse tout réformer dans l'État. Il est le premier à l'arrivée de la diligence qui apporte les gazettes de Paris. Il les dévore et les commente fiévreusement.

« Le sang méridional, écrivait-il à cette époque, coule dans mes veines avec la rapidité du Rhône. »

Aussi, ne pouvant maîtriser le torrent de ses pensées, il griffonne plutôt qu'il n'écrit ; déjà son écriture est presque illisible.

Il veut, comme tout le monde, refaire la société.

L'année suivante, en 92, il écrit son *Discours sur le bonheur*, destiné à l'Académie de Lyon. Ce lieutenant réformateur et philosophe a vingt-deux ans ; le discours qu'il vient de composer, au milieu d'études acharnées, est déjà bien supérieur, au point de vue de la forme, à son premier pamphlet. C'est rempli d'idées neuves et originales ; le style est plus correct ; il y a même là quelques maîtresses pages qui feraient bonne figure dans le glorieux recueil des écrits de Napoléon.

On sent qu'il commence à se libérer des idéalistes, de Rousseau et de Raynal. Son génie littéraire prend une tournure réaliste ; il ne se préoccupe que du fait. Aussi le style va-t-il se modifier ; il acquiert de la précision ; il se dépouille des superfluités ; il rejette la phraséologie qui affaiblit et amollit l'idée. Son tempérament personnel prend enfin le dessus ; il se dégage définitivement de l'influence philosophique du siècle. Déjà, il trouve le mot propre à la chose, et il l'invente là où l'usage de la langue ne l'a point créé. Dans ses conceptions, tout est clair et précis.

Cette évolution est à peine sensible dans le *Discours sur le bonheur* qui est de 92 ; mais elle se termine soudain en 93, à vingt-quatre ans, sans transition, comme par un jet soudain, par une éruption irrésistible de son vrai génie.

Cette première étincelle jaillit dans un court pamphlet : *le Souper de Beaucaire*.

Là se place la manifestation imprévue, la révélation de son génie littéraire et de sa forme personnelle. C'est déjà la langue de Napoléon, de l'homme qui sera un grand écrivain, un brillant polémiste et un journaliste de premier ordre.

Langage bref, concis, ferme ; un mot pour une idée ; dédain de l'adjectif et de l'adverbe, ces auxiliaires encombrants ; tel un corps sans graisse, tout en muscles.

C'est déjà le style de ses lettres, de ses rapports, de ses proclamations, de ses bulletins, de ses mémoires.

En sorte que chez Bonaparte, en cette année 93,

l'écrivain se révèle juste au moment où l'homme de guerre va se produire devant l'histoire.

Le Souper de Beaucaire précède de quelques semaines à peine le siège de Toulon. La brochure est datée d'Avignon, le 29 juillet 93. Cinq mois plus tard, Bonaparte entre dans Toulon.

Cette petite brochure contribua à la fortune de Bonaparte. Elle était dans le goût des puissants du jour. Elle plut aux conventionnels, à Robespierre jeune en particulier ; leur protection lui procura un rapide avancement. On fit fête au jeune officier ; on l'autorisa à publier sa brochure aux frais du trésor public. Bonne aubaine pour le jeune pamphlétaire, dont le gousset était mal garni.

On sait que *le Souper de Beaucaire* est le récit d'une conversation qui se serait tenue entre un militaire et plusieurs négociants du pays, dans une auberge de Beaucaire. Bonaparte, promu capitaine depuis avril 92 et commandant d'artillerie, faisait partie de l'expédition envoyée par la Convention, sous les ordres de Carteaux, contre les fédéralistes marseillais qui s'étaient emparés d'Avignon.

Le militaire qui, dans le pamphlet, donne la réplique aux commerçants, est Bonaparte. On le reconnaît à son langage net, précis, impérieux.

Ce pamphlet est un manifeste en faveur de la Convention, écrit par un ardent patriote ; c'est un plaidoyer fort éloquent pour l'unité de la patrie, menacée par les fédéralistes. Il révèle un homme fort au courant des événements, capable d'en saisir la synthèse, doué des plus éminentes qualités de clarté, de netteté, de bon sens.

Nous y trouvons déjà quelques-unes de ces formules lapidaires, de ces sentences énergiques, frappées en relief, qui caractérisent la manière napoléonienne.

En voici quelques exemples :

« Il n'appartient qu'à de vieilles troupes de résister aux incertitudes d'un siège. »

« Le génie de la République était avec vous tandis qu'il vous abandonne aujourd'hui. »

« Le brave bataillon de la Côte-d'Or qui a vu cent fois la victoire le précéder dans les combats... »

« C'est un axiome dans l'art militaire que celui qui reste dans ses retranchements est battu. »

« Vous allez compromettre l'élite de votre jeunesse accoutumée à tenir la balance commerciale de la Méditerranée et à vous enrichir par leur économie et leur spéculation, contre de vieux soldats cent fois teints de sang du furibond aristocrate ou du féroce Prussien. »

« Laissez les pays pauvres se battre jusqu'à la dernière extrémité ; l'habitant du Vivarais, des Cévennes, de la Corse, s'expose sans crainte à l'issue d'un combat : s'il le gagne, il a rempli son but ; s'il perd, il se trouve comme auparavant dans le cas de faire la paix et dans la même position. »

« Nous étions de bonne foi et vous aviez le renard sous les aisselles. »

« Le centre d'unité est la Convention. C'est le vrai souverain, surtout lorsque le peuple se trouve partagé. »

« La Montagne a-t-elle jamais parlé d'appeler les ennemis ? Ne savez-vous pas que c'est un combat à mort que celui des patriotes et des despotes de l'Europe ? »

« L'armée ira sous les murs de Perpignan faire danser la *Carmagnole* à l'Espagnol enorgueilli de quelques succès, et Marseille sera toujours le centre de gravité de la Liberté. »

Comme on le voit, ce jeune écrivain de vingt-quatre ans a les sentiments exaltés du montagnard, du jacobin. C'est à peine si le sang français coule dans ses veines et cependant il trouve dans son patriotisme de fraîche date des accents comparables à ceux d'un Danton ou d'un Saint-Just.

Le capitaine Bonaparte était très fier de sa brochure, comme l'est un auteur de son premier livre. Sans doute, elle ne se vendit guère ; mais cela ne pouvait gêner Bonaparte, puisqu'elle fut imprimée gratuitement par l'imprimeur de l'armée. Bonaparte fit alors comme les écrivains qui ne se vendent pas. Il distribua l'ouvrage à ses amis ; à défaut du public payant, c'est une bonne réclame.

Après avoir quitté Avignon, Bonaparte alla occuper un poste à l'armée devant Toulon.

Il y arrive le 12 septembre 93 ; son bagage personnel est mince, bagage de petit officier minable. Il apporte avec lui un gros ballot de papiers. Ce sont les invendus, ce que nous appelons aujourd'hui le « bouillon » de sa brochure.

Voyez se promener dans le camp, comme nous l'ont dépeint les contemporains, cet officier au teint hâve, aux traits tirés, à l'aspect fiévreux, dont un disait qu'il ressemble étonnamment à Marat. Il va trouver

Barras, qui commandait en qualité de commissaire aux armées, et il lui demande modestement la permission de distribuer sa brochure aux officiers et même aux simples soldats de l'armée républicaine.

Un gros ballot sous le bras, il fait lui-même sa distribution, disant à chacun :

« On peut voir si je suis patriote. Peut-on être assez fort en révolution ! Marat et Robespierre, voilà mes saints ! »

Le jeune officier ne parlait pas autrement que le militaire du *Souper de Beaucaire*. Il prêchait ardemment pour la Convention, pour la Révolution, pour l'exaltation républicaine. C'était alors le seul moyen de parvenir. Les frères de Bonaparte jouaient le même jeu. En ce moment-là même, Lucien tenait un rôle analogue à Saint-Maximin, dans le Var, sous le sobriquet de Marathon. Mais Lucien exagérait, comme font les comédiens de second ordre. Beaucoup plus révolutionnaire que Bonaparte, le futur prince de Canino poussait jusqu'à l'athéisme et au communisme.

Quelques années plus tard, devenu le premier consul, Bonaparte se vit présenter une facture de sa brochure par la veuve de l'imprimeur d'Avignon. Une seconde édition avait été tirée, paraît-il, et demeurée impayée. Bonaparte, riche alors, solda la facture et comme s'il avait voulu faire disparaître une erreur de jeunesse, il offrit à la veuve une somme importante pour retirer de la circulation tous les exemplaires que l'on pourrait trouver.

Il est, heureusement, très difficile de faire disparaître complètement les cadavres d'imprimés quand ils ont quelque valeur. *Le Souper de Beaucaire* fut sauvé. Il figure aujourd'hui, très justement d'ailleurs et en bonne place, parmi les œuvres littéraires de Napoléon.

CHAPITRE IV

GÉNÉRAL ET POLITICIEN

De Toulon à la campagne d'Italie.

Pendant les deux années qui suivent *le Souper de Beaucaire*, de juillet 93 à mars 96, il n'y a rien, dans la vie de Napoléon, qui se rapporte directement au journalisme.

Cependant on peut supposer qu'il fut loin d'être indifférent au spectacle que présenta la presse pendant cette sinistre période de notre histoire.

Avant Thermidor, la Terreur plane sur la tête de tous ceux qui se mêlent d'écrire ; décret de mort contre ceux qui attaquent la représentation nationale ; l'échafaud pour le journaliste qui ose en appeler à la liberté de la presse et à la clémence ; un seul journal circule librement, *le Père Duchesne*, subventionné par le ministre de la guerre et distribué gratuitement dans les armées ; les autres journalistes, traqués, poursuivis comme des bêtes fauves.

Après Thermidor, c'est Robespierre abattu à son tour, ce Robespierre dont se réclamait le capitaine Bonaparte, et qu'il admirait sincèrement parce que, disait-il, « c'est le seul gouvernement fort que nous ayions eu depuis Richelieu »; puis c'est un débordement inouï de liberté, un cri unanime dans toute la France contre la servitude. Les lois contre la presse sont maudites à l'égal de la guillotine.

Quant à Bonaparte, il assiste de loin à ce spectacle. Il voit les journaux, libres maintenant, se lancer à l'assaut de ce Directoire corrompu, dont ils ont découvert la faiblesse. Il constate les effets de cette licence, de cette impunité : le gouvernement impuissant devant cette meute d'aboyeurs.

C'est une leçon qu'il retiendra.

En attendant, il est tout entier à son service militaire.

Le siège de Toulon l'a mis en évidence. Non pas que sur le moment l'événement eût provoqué autant d'enthousiasme qu'on pourrait le croire aujourd'hui, mais le nom de Bonaparte est bien coté au Comité de salut public, et c'est beaucoup.

Puis, il met en défense la côte de Marseille à Nice. Besogne quotidienne, absorbante, qui ne laisse guère de place à l'étude, non plus qu'à la littérature. Le nom de Napoléon ne dépasse pas encore une moyenne notoriété. Il observe, il guette, il interroge l'horizon.

Enfin, l'occasion tant désirée se présente. Il l'empoigne vigoureusement. C'est Vendémiaire (octobre 95).

Le militaire du *Souper de Beaucaire* qui a écrit : « Le centre d'unité est la Convention, » est devenu le sauveur de la Convention.

Le voilà installé à Paris, occupé sans relâche de politique, en relations suivies avec ceux qui détiennent le pouvoir, sachant faire profit de tout ce qu'il voit et entend.

Il est devenu un personnage. On l'appelle couramment le général Vendémiaire. C'est un soldat politicien, dévoué à la Convention, à la République. Il est la bête noire des royalistes qu'il vient d'écraser, et cette haine le poursuivra jusqu'à la fin de son règne. Le public ne voit en lui, à l'heure présente, qu'un arriviste à tous crins, une créature de l'immonde Barras.

Il se marie avec Joséphine, l'amie de ce dernier. Ce n'est pas pour le hausser dans l'estime publique, mais peu lui importe. Il a le pied à l'étrier. Il va se mettre en selle avec l'aplomb du cavalier sûr de sa monture, sûr de lui-même. Et, de fait, le voilà nommé, grâce à Barras, général en chef de l'armée d'Italie, à vingt-six ans !

Cette position n'a point seulement pour Bonaparte une importance militaire. Grâce aux mœurs nouvelles et à la corruption du Directoire, elle a une valeur pécuniaire et politique : pécuniaire, car les généraux sont devenus les trésoriers de la nation ; ils envoient l'argent des réquisitions au gouvernement, et il leur en reste entre les doigts ; politique, parce que ces distributions d'argent mettent le gouvernement sous la dépendance des généraux, en vertu de cet axiome italien que Bonaparte aimait à citer :

« La main qui donne est dessus de celle qui reçoit. »

Voilà donc Bonaparte nommé au commandement en chef de l'armée d'Italie.

Notre affaire n'est point de le suivre à travers les étapes qu'il va parcourir aux yeux émerveillés de la France et de l'Europe ; étapes aux noms sonores : Montenotte, Millesimo, Dego, Mondovi, Cherasco, Lodi, Verone, Mantoue, Lonato, Castiglione, Roveredo, Bassano, Caldiero, Arcole, Rivoli, Leoben, Campo-Formio.

Notre sujet consiste à rechercher uniquement dans la glorieuse existence du général les rapports qu'il eut avec le journalisme et dans quelle mesure il exerça lui-même à cette époque la profession de journaliste.

Il savait déjà fort bien le parti qu'un homme public peut tirer de la presse : dès son début dans les affaires, il a, sur ce point, des idées fort nettes. Il s'entend merveilleusement à la réclame.

Depuis Vendémiaire, il a fait son éducation comme agent de publicité, si j'ose dire, et, en cela comme dans le reste, il s'est montré incomparablement supérieur.

Aussi, en quelques semaines, a-t-il ramassé une clientèle ardente et compacte.

Jamais lancement ne fut mieux organisé. Tout le monde y poussait, flairant une grande aventure : d'abord les banquiers et leurs maîtresses, les gros fournisseurs, les frères de Bonaparte, tous gens fort délurés, et enfin l'aimable Joséphine dont le sourire attirait et retenait une société très mêlée d'aventuriers et d'arrivistes.

Entre Vendémiaire et la campagne d'Italie, l'affaire fut menée avec l'argent des autres. Mais bientôt la victoire mettra à la disposition de Bonaparte les millions des contributions de guerre et c'est lui qui enverra par delà les Alpes les subsides, à pleines mains.

S'il faut en croire Mme de Rémusat, mauvaise langue, mais témoin bien placé, toujours aux écoutes, Bonaparte, au moment de partir pour l'Italie, dit à un de ses amis :

« Songez, dans vos récits de nos victoires, à ne parler que de moi, toujours de moi, entendez-vous. »

Aux orateurs, aux romanciers, aux poètes, aux peintres, rencontrés dans la société parisienne où il s'était lancé depuis Vendémiaire, il disait :

« Ne citez que moi, ne chantez, ne louez, ne peignez que moi. Je vous achèterai tout ce que vous voudrez, mais il faut que vous soyez tous vendus. »

Dit-il ces choses en termes aussi crus ? Ce n'est point sûr ; en tout cas, il fit comme s'il l'avait dit.

On verra, dans la suite de cette étude, qu'en effet Bonaparte, et, plus tard, Napoléon, rapporta à son unique personne et à son profit exclusif toute la publicité dont il disposait.

Nous le montrerons continuellement, et presque journellement, préoccupé des journaux, soit pour en tirer gloire et profit, soit pour attaquer ses ennemis et se venger de ses détracteurs, car il fut toujours et en tout temps obligé de se défendre.

Il eut toujours une meute à ses trousses, ardente, acharnée, hurlante, malgré le silence superficiel du

Consulat et de l'Empire. Et nul, autant que cet homme d'apparence impassible, ne fut plus sensible aux piqûres des journalistes. Les plus petits, les plus insignifiants d'entre eux firent bien des fois pousser à ce lion des rugissements de colère.

CHAPITRE V

JOURNALISTE ET POLÉMISTE

Le général de l'armée d'Italie s'occupa de la presse, pour la première fois, le 26 août 1796.

Depuis quatre mois, il s'est couvert de gloire. Le général Vendémiaire n'est plus. C'est le vainqueur de Lodi.

« Ce jour-là, à Lodi, a-t-il dit plus tard, je me regardai pour la première fois, non comme un simple général, mais comme un homme appelé à influer sur le sort du peuple. »

Il a déjà pleine conscience de sa valeur. Aussi prend-il le ton d'un maître. Il ose donner des conseils à son gouvernement, à propos des journalistes qui le gênent :

« Milan, 26 août 1796.

« Au Directoire.

« Il serait bon que les journalistes voulussent bien ne pas publier sur le compte du roi de Sardaigne des absurdités comme celles que l'on publie tous les jours. Il est des coups de plume écrits sur des ouï-dire et sans mauvaise intention qui nous font plus de mal, plus d'ennemis, qu'une contribution dont nous tirerions avantage. Peut-être serait-il utile qu'un journal officiel insérât un article qui démentît ces bruits absurdes et ridicules.

« Bonaparte. »

Un journal officiel ! le *Moniteur !* voilà qu'apparaît tout de suite l'idée maîtresse de Napoléon, en matière de presse : un journal pour communiquer directement avec l'opinion publique.

Nous verrons quel instrument formidable ce sera plus tard entre ses mains.

Pour le moment, le Directoire n'avait à son service qu'un pauvre journal dédaigné, à peine regardé ; le *Rédacteur,* seul en face de la troupe hurlante des journaux d'opposition.

Il souhaitait l'établissement d'un journal officiel. Les Cinq-Cents y consentirent, les Anciens s'y opposèrent.

Voici maintenant le premier article sorti de la plume du général journaliste. Il fut envoyé du quartier général de Mantoue, le 6 mars 1797, pour être inséré au journal du Directoire.

A cette époque, la presse révolutionnaire d'un côté, la presse royaliste de l'autre, faisaient rage à Paris contre l'ennemi commun, le Directoire, et aussi contre le général ardemment républicain qui triomphait trop bruyamment à leur gré.

Cet article est rédigé sous la forme d'une semonce adressée aux énergumènes de droite et de gauche ; il est dans la forme ampoulée et pompeuse de l'époque. Ce n'est point encore le pur style napoléonien :

« Comment pourra-t-on espérer la liberté sans révolution, selon le juste désir de Bonaparte, si ceux qui sont chargés de l'établir trahissent impunément ses intérêts ? Nous avons déjà des Cazalis, des Maury, qui bravent le juste ressentiment des patriotes indignés de lire, au lieu des actes majestueux de l'Assemblée libératrice de l'Italie, les subtilités, les sophismes d'avocats payés pour soutenir la *prepotenza* de quelques individus et perpétuer l'avilissement du plus grand nombre.

« Ils veulent nous enchaîner une seconde fois pour prix de leur avoir confié l'auguste mission de fonder une seule nation de plusieurs peuples comprimés par la tyrannie et à qui la fortune présente la liberté. »

A mesure que se déroule cette première campagne d'Italie, nous voyons le général mener de front ses occupations politiques ou militaires, sans que les unes lui fassent négliger les autres. Ses regards ardents sont fixés sur Paris, autant que sur Vienne.

A ses ennemis de l'intérieur, comme à ceux de l'étranger, il riposte vigoureusement. Les royalistes le harcèlent de calomnies, de brocards, d'insultes de toute sorte. On raille ses victoires ; on rabaisse ses succès ; on vilipende son caractère ; on attaque son administration ; on jette des soupçons sur ses convictions républicaines et déjà on l'accuse de préparer un coup d'État.

Tel était le thème habituel développé souvent avec talent, toujours avec acharnement, par la presse royaliste.

Les journaux de Paris arrivaient à l'armée d'Italie et parvenaient jusqu'au cabinet de Bonaparte qui s'en faisait faire la lecture chaque matin par son secrétaire, Bourrienne. Dans sa gloire naissante, il aurait pu se consoler aisément de ces attaques ; malheureusement pour lui, il était infiniment sensible à ces taquineries de plume et il en souffrait cruellement au lieu de les dédaigner. Tel, a dit Walter Scott, un noble pur sang dans la prairie s'irrite contre les piqûres d'insectes qui, par comparaison avec lui, sont non seulement impuissants, mais, pour ainsi dire, invisibles.

Cette nervosité commence à percer après les préliminaires de Leoben en avril 1797. Elle s'accuse plus vivement à la fin de juin, pendant son séjour à Mombello.

Il n'avait point encore de journal à lui.

Comment donc répondre aux insultes, aux accusations, de manière à se faire entendre à Paris aussi bien qu'en Italie? Ses soldats étaient tous jeunes comme lui, ardents républicains comme lui, amoureux des belles Italiennes comme il l'était lui-même de Joséphine, et toute cette charmante jeunesse faisait de la politique entre deux coups de fusil, l'oreille tendue vers Paris, les yeux fixés sur les journaux de Paris.

Cet état d'esprit n'était point une nouveauté dans

l'armée française. On y a toujours fait de la politique.

Bonaparte imagina un procédé de défense, aussi ingénieux qu'efficace. Ce qu'il avait à répondre aux royalistes, il l'écrirait directement au Directoire, s'assurant ainsi une sorte de publicité officielle ; et, pour que ses soldats en eussent aussi connaissance, il le ferait imprimer sur des feuillets qui seraient distribués par milliers dans les régiments.

C'était déjà, en quelque sorte, du journalisme, en attendant le véritable journal qui ne tardera pas à paraître. Ces communications de Bonaparte au Directoire ont la forme de véritables articles. On va en juger.

Au mois de juin 97, un certain Dumolard avait fait, au Conseil des Cinq-Cents, une motion d'ordre par laquelle il mettait en doute les assertions envoyées d'Italie par Bonaparte, relativement aux massacres de soldats français par les Vénitiens et à la sanglante répression qui suivit.

Cette motion coïncidait avec les attaques furibondes des journaux royalistes et du club de Clichy.

Bonaparte se crut tenu de répondre. Sa réplique n'est point dans le ton d'une communication de général à gouvernement. Elle a l'allure d'un manifeste, et le ton impérieux d'un homme conscient de sa valeur. Elle est du 30 juin 1797, datée de Mombello :

« Après avoir mérité, dit Bonaparte, un décret d'avoir bien mérité de la patrie, je n'avais pas le droit de m'entendre accuser d'une mesure aussi absurde qu'atroce. Je n'avais pas le droit d'attendre qu'un manifeste inspiré par un émigré et soldé par l'Angleterre acquît au Conseil des Cinq-Cents plus de créance que le témoignage de quatre-vingt mille hommes, que le mien.

« Eh quoi ! Nous avons été assassinés par des traîtres, plus de quatre cents hommes ont péri, et, dans la première magistrature de la République, on s'excuse de l'avoir cru un moment.

« L'on a traîné dans la boue et autour d'une grande ville plus de quatre cents Français ; on est venu les assassiner à la vue des gardes du fort, on les a percés de mille coups de stylets pareils à celui que je vous envoie ; et les représentants du peuple français font imprimer que, s'ils crurent ceci un instant, ils étaient excusables !

« Que les hommes lâches, et qui sont morts au sentiment de l'amour de la patrie et de la gloire, l'aient dit, je ne m'en plaindrai pas, je n'y eusse pas fait attention ; je sais bien qu'il y a des sociétés où l'on dit : « Ce sang est-il si pur ? » Mais j'ai le droit de me plaindre de l'avilissement dans lequel les premiers magistrats de la République traînent ceux qui ont agrandi, après tout, la gloire du nom français.

« Je vous réitère, citoyens directeurs, la demande que je vous ai faite de m'accorder ma démission. J'ai besoin de vivre tranquille, si les poignards de Clichy veulent me laisser vivre ! »

Pour juger de l'effet produit par ces pages brûlantes, il faut se rappeler ce qu'était cette armée d'Italie, à laquelle elles étaient distribuées, par milliers d'exemplaires.

Cette armée se distinguait par une extrême jeunesse. L'aîné de tous était Bonaparte qui n'avait que vingt-six ans et demi. Presque tous étaient des Méridionaux, pleins de bravoure et de gaieté ; ils aimaient à parler politique, à discuter les affaires publiques. Tous poussaient le républicanisme jusqu'à l'exaltation. Ils se battaient contre les rois autant que contre les Autrichiens. Aucune religion, si ce n'est celle du patriotisme le plus ardent. Cette armée était pareille à un club dont les séances auraient eu lieu entre deux batailles, insubordonnée, sauf au feu.

Ces jeunes soldats se considéraient comme solidaires de Bonaparte, depuis les généraux jusqu'au dernier des tambours. L'insulter, c'était faire injure à l'armée tout entière.

Quant à lui, sa nervosité n'était pas seulement l'effet d'un tempérament maladif ; il était agité par deux passions également violentes : l'amour le plus vif pour sa femme exalté par la jalousie, et la haine contre le gouvernement aussi plat qu'ingrat du Directoire. Une fièvre continuelle minait son corps étique.

Et comment n'aurait-il pas eu les nerfs tendus à se rompre, au milieu de tant d'affaires politiques et militaires, ce jeune homme, fou d'amour autant que de gloire, qui écrivait le 17 juillet 96 à sa femme :

« Les charmes de l'incomparable Joséphine allument sans cesse une flamme vive et brûlante dans mon cœur et mes sens. Les larmes m'ôtent ma raison, brûlent mon sang ! »

Le château de Mombello, situé à trois lieues de

Milan, était devenu le quartier général de Bonaparte. Il y tenait une véritable cour, embellie par la présence de sa femme qui s'était enfin décidée à le rejoindre, après bien des supplications. Autour de lui se pressaient les officiers supérieurs de l'armée, les délégués de toutes les villes d'Italie, les plénipotentiaires autrichiens. Comment ne pas se sentir soulevé par la fortune dans un tel milieu, et comment ne pas parler en maître à son gouvernement et même à la France tout entière?

Fouché, dans ses *Mémoires*, plus ou moins authentiques, mais en tout cas écrits par un confident autorisé, décrit assez justement la conduite du général en chef de l'armée d'Italie.

« C'est alors, dit-il, qu'on vit Bonaparte, conquérant de la Lombardie et vainqueur de l'Autriche, former dans chacune des divisions de son armée un club, faire délibérer ses soldats, leur signaler les deux Conseils comme des traîtres vendus aux ennemis de la France et, après avoir fait jurer à son armée, sur l'autel de la patrie, d'exterminer les *brigands modérés*, envoyer des adresses menaçantes en profusion dans tous les départements et dans la capitale. »

L'activité politique du général se manifeste dans une seconde note, écrite presque le même jour que la précédente et datée aussi de Mombello. Elle se rapporte aux événements de Venise, à propos desquels il est fortement attaqué par la presse de Paris. Il explique son rôle, avec quelle énergie et quelle maîtrise !

« Lorsque Bonaparte était dans le cœur de l'Allemagne, les Vénitiens assassinent plus de quatre cents Français, chassent ceux qui étaient dans Venise, assassinent l'infortuné Laugier et offrent l'exemple d'un peuple fanatisé et en armes.

« Il revient en Italie, et à son aspect, à peu près comme les vents de Virgile à l'aspect de Neptune, toute l'Italie, qui s'agite, qui était en armes, rentre dans l'ordre et reconnaît la voix du vainqueur redouté ! »

La note se termine par ces paroles comminatoires dans lesquelles on entend gronder le 18 Brumaire :

« Des avocats ignorants et bavards ont demandé dans le club de Clichy pourquoi nous occupons le territoire de Venise ! Messieurs les orateurs, apprenez donc la géographie, et vous saurez que l'Adige, la Brenta, le Tagliamento, sur lesquels nous nous battons depuis deux ans, sont des États de Venise. Ah ! certes, nous voyons bien votre idée ! Vous reprochez à l'armée d'Italie d'avoir surmonté tous les obstacles et d'avoir traversé l'Italie, deux fois les Alpes et de s'être jetée sur Vienne obligée à reconnaître cette République que vous, Messieurs de Clichy, vous voulez détruire. Vous mettez en accusation Bonaparte, je le vois bien, pour avoir fait faire la paix.

« Mais je vous prédis, et je parle au nom de quatre-vingt mille soldats : le temps où de lâches avocats et de misérables bavards faisaient guillotiner les soldats est passé ; et, si vous y obligez, les soldats d'Italie viendront à la barre de Clichy avec leur général ; mais malheur à vous ! »

N'est-ce point là le langage d'un général de pronunciamiento?

Enfin l'ère des batailles est terminée ; les préliminaires de paix ont été signés. Nous allons voir maintenant Bonaparte partagé entre les négociations et la politique. Sur le terrain politique, il va se signaler à l'attention de la France par des articles de polémique et par la création de deux journaux.

Il est mûr pour ce rôle de général politicien. Il recevait, de tous les côtés, les invitations les plus pressantes à monter sur la scène et à jouer le premier rôle dans le gouvernement.

C'est ainsi que son attention fut attirée, vers le mois de mai 97, par un article significatif, paru dans le *Spectateur du Nord*, journal allemand publié à Hambourg. Bonaparte s'occupait beaucoup, à ce moment, des gazettes allemandes. Le matin, pendant qu'il s'habillait, Bourrienne, qui savait l'allemand et l'anglais, lui traduisait ce qui pouvait l'intéresser. C'était la première occupation de la journée.

Or, vers le milieu de mai, une lettre parvint à Bonaparte, à Milan, lettre bien curieuse et qui dut faire une impression profonde sur l'esprit ambitieux du général. Elle émanait d'un certain Sabatier de Castres, littérateur médiocre qui résidait à Leipzig.

Sabatier disait à Bonaparte qu'il lui était, non seulement possible, mais très facile, de donner une direction nouvelle et irrésistible à l'esprit social de la France. C'était le flatter dans son instinct secret, et peut-être devancer ses desseins. Sabatier lui disait :

« J'ignore si vous recevez le journal qui a pour titre : le *Spectateur du Nord*. C'est le mieux écrit et le plus intéressant des ouvrages périodiques qui me sont connus. Il y a dans le dernier numéro deux lettres assez longues qui vous concernent. Certain que Dumouriez et Rivarol les ont faites, j'ai pensé que vous seriez curieux de voir comment ils s'expriment sur votre compte. »

Ces deux lettres, dont Sabatier donnait des extraits, décrivaient avec une étonnante précision le caractère héroïque de Bonaparte et lui prédisaient un avenir merveilleux.

Sûrement Bonaparte se sentit deviné. Qu'a-t-il d'ailleurs besoin de dissimuler, au point où il en est? Aussi va-t-il élever le ton dans les communications qu'il adresse au Directoire. N'ayant plus à se battre, il va se livrer tout entier aux luttes politiques, aux batailles de la polémique.

Il va se faire journaliste et, sur ce terrain, il déploiera le même tempérament, la même fougue, les mêmes qualités d'offensive que sur le terrain militaire.

L'adversaire qu'il a choisi pour son début de polémiste serait parfaitement inconnu, si son nom n'était à jamais préservé de l'oubli pour avoir été cité un jour par Napoléon. Il est désigné sous le nom de M. Dunan. C'était, en réalité, Duverne de Presles, un journaliste fortement engagé dans le parti royaliste. M. Dunan s'était permis de blâmer vertement la conduite et les plans militaires de Bonaparte. C'était bien téméraire. Le général daigna lui administrer une leçon exemplaire dans deux notes qui sont des modèles de polémique et de logique.

Ces deux notes sont certainement de la main de Bonaparte. Elles sont authentiquées par la correspondance impériale aux numéros 1975 et 1976.

D'ailleurs elles n'ont point besoin de ce certificat ; elles portent le cachet de la pensée et du style de Bonaparte.

Pour donner plus d'ampleur à la manifestation de sa pensée, il fit imprimer ces notes à des milliers d'exemplaires pour être distribués dans toute l'armée.

Bourrienne nous dit qu'il tint la plume sous la dictée de Bonaparte. Il était son chef de cabinet.

1er juillet 97.

Réponse à M. Dunan (Duverne de Presles).

« Mombello, 13 messidor an V.

« M. Dunan trouve donc que l'armée d'Italie n'a pas assez fait. Elle devait sortir des champs clos de l'Italie. Peste ! il paraît que M. Dunan a une carte d'une échelle bien petite ! Il devait laisser (M. Dunan parle de Bonaparte) le château de Milan assiégé, le blocus de Mantoue ; laisser derrière lui le roi de Naples, le Pape, cet immense pays qu'il venait de conquérir, et s'avancer, comme une branche de compas, en Allemagne ! Voyons, raisonnons, monsieur Dunan ; cherchons d'abord à nous entendre.

« On a eu tort, dites-vous, de concentrer toute

l'armée pour assiéger Mantoue! Cela est une histoire de fait : vous êtes mal instruit. On n'a pas mis pour assiéger Mantoue un homme de plus qu'il ne faut pour la bloquer. On l'a assiégée avec de l'artillerie prise dans les places du Modénais, circonvoisines de Mantoue. L'armée d'observation a pris la meilleure ligne pour couvrir le blocus. Quelques fortes colonnes ont été envoyées à Bologne, Ferrare, Livourne, ont menacé, et ont fait faire la paix à des puissances et chassé les Anglais de Livourne, et par contre-coup de la Méditerranée. Revenant avec cette promptitude qui caractérise l'armée d'Italie, elles se sont trouvées à temps sur l'Adige pour recevoir Wurmser et sa grande armée.

« Que vouliez-vous que l'on fît de mieux? Devait-on entrer en Allemagne? Mais c'était alors abandonner l'Italie et exposer cette belle contrée à une insurrection, à une heureuse sortie de Mantoue, aux coups des ennemis du Frioul. Devait-on seulement traverser le Tyrol et revenir après? Sans doute.

« Le Tyrol, qui, sur votre carte, n'a que trois ou quatre pouces, est un pays extrêmement montagneux, habité par un peuple belliqueux et qui a quarante lieues de défilés impraticables, au milieu desquels passe la continuation de la grande chaîne des Alpes, qui sépare véritablement l'Allemagne de l'Italie.

« Moreau était encore au delà du Rhin et Jourdan sur la Sieg. Mais je suis bien bon à chercher à vous entendre; vous ne vous entendez pas vous-même. Cet article, comme le reste de votre ouvrage, est un assemblage d'idées fausses et mal conçues. Cela n'est pas étonnant; vous parlez d'un métier que vous n'entendez pas. Le professeur de philosophie qui, dans je ne sais plus quelle ville, parla longtemps devant Annibal, se prétendait aussi un grand militaire.

« Vous pensez donc que si César, Turenne, Montecuculli, le grand Frédéric, ressuscitaient sur la terre, ils seraient vos écoliers. La perfection ou le système de la guerre moderne consiste, prétendez-vous, à jeter un corps d'armée, l'un à droite, l'autre à gauche, laisser l'ennemi au centre et même se mettre derrière une lisière de places fortes. Si ces principes étaient enseignés à la jeunesse, ils reculeraient la science militaire de quatre cents ans ; et toutes les fois qu'on se dirigera ainsi, et que l'on aura affaire avec un ennemi actif et qui ait tant soit peu de connaissance des embûches de la guerre, il battra un de vos corps et coupera la retraite à l'autre.

« La retraite de Moreau n'est tant admirée par les connaisseurs justement qu'à cause de la défectuosité du plan de campagne.

« Que l'on fasse l'honneur d'accorder à Bonaparte quelque vaillance et la fougue de trente ans, qu'on le fasse spadassin, joueur de cartes ou écolier, sa gloire est dans la postérité, dans l'estime de ses frères d'armes, de ses ennemis même, et dans les grands résultats qu'il a obtenus, et enfin dans la prévoyance qui lui fit blâmer, dès le premier jour, tout le plan des opérations du Rhin, comme l'expédition d'Irlande.

« L'armée d'Italie a, dans cette campagne, culbuté l'armée sarde, aguerrie par quatre ans de combats ; l'armée de Beaulieu tellement forte que la cour de

Vienne ne doutait pas de reprendre le comté de Nice.

« L'armée de Wurmser arriva du Rhin avec vingt mille hommes d'élite, ce qui seul permit à Moreau de repasser le Rhin et à Hoche de s'avancer sur le Mein ; Wurmser fût-il renforcé, il ne fut pas plus fort, et, par une marche aussi hardie que savante, qui seule rendrait cette brave armée immortelle, il se trouva strictement bloqué avec son quartier général dans Mantoue.

« Alvinzi, renforcé de toutes les divisions de la Pologne, de la Silésie, de la Hongrie, ainsi que d'un détachement du Rhin, se présente de nouveau. Après plusieurs jours de manœuvres, il succombe à Arcole. Notre retraite du Rhin permit à l'ennemi d'envoyer de nouveaux renforts au Tyrol. La Hongrie, Vienne, fanatisées par la noblesse, les prêtres et leurs partisans, envoient-elles volontairement leurs recrues doubler les forces de nos ennemis, que les champs de bataille de Rivoli et de la Favorite, que, quelques jours après, la prise de Mantoue, de Bergame et de Trévise, ne firent qu'accroître les lauriers des braves soldats de l'armée d'Italie. »

Seconde note faisant suite à la précédente.

Peu de jours après, dit Bourrienne, Bonaparte me dicta cette seconde note, toujours exaspéré par les sottises que l'on débitait à Paris.

« Quelle est la chose ridicule et improbable que l'on ne fasse pas croire aux habitants d'une grande ville ; ou plutôt quel intérêt peuvent avoir des hommes d'esprit à chercher, avec autant de mauvaise foi, à obscurcir la gloire nationale?

« L'on dit et l'on redit partout que l'armée d'Italie était perdue, et que Bonaparte même allait augmenter les prisonniers d'Olmütz, si, par bonheur, il n'eût conclu la paix !

« Bonaparte entre en Allemagne par trois côtés à la fois, par le Tyrol, la Carinthie et la Carniole. En partageant ainsi ses forces, il n'avait pas craint d'être partout trop faible, parce que telle était la manière dont l'ennemi s'était lui-même placé. Il était d'ailleurs obligé d'attaquer ainsi, pour se réserver une retraite et être sûr de pouvoir couvrir ses magasins et ses dépôts.

« Mais, lorsque l'ennemi, partout en fuite, lui eut livré ses magasins, vingt-quatre mille prisonniers, soixante pièces de canon, qu'il eut Trieste, Goritz, Klagenfurth, Brixen, il sentit qu'il pouvait être à son tour attaqué ; que l'ennemi, qui avait fui loin derrière les montagnes pour se rallier, pouvait lui dérober ses mouvements, tomber sur ses différentes divisions et les battre en détail. Il se garda bien de faire marcher ses divisions du Tyrol à Innsprück, mais il les fit venir en Carinthie. Il fit également venir en Carinthie la division qui était en Carniole, au lieu, comme l'aurait pu un général moins habile, de l'envoyer en Istrie. Au lieu de tout cela, il fit armer Klagenfurt et y plaça ses dépôts.

« Par ce moyen, au lieu de trois communications, il n'en avait qu'une ; au lieu d'avoir à contenir les peuples naturellement revêches et remuants du Tyrol, il les abandonnait et n'avait plus rien à craindre d'eux, et, au lieu que l'armée d'Italie occupât une ligne de quatre-vingts lieues, il la ramassa sur un seul point, qui menaçait à la fois Vienne, la Hongrie et la Bavière.

« Le général Kerpen, qui avait réuni à Innsprück sa division tant de fois battue, croyant que le général Joubert avait intention de marcher contre lui, ne sut pas plus tôt que ce général se rendait en Carinthie par la Drave, qu'il rentra dans le Tyrol.

« Le général Quasdanovitch, qui était accouru pour défendre la Hongrie, sachant que l'armée française s'était réunie en Carinthie, accourut sur Trieste.

« Ainsi, tandis que Bonaparte avait réuni toute son armée sur un seul point, dans le cœur des États héréditaires, pouvant se porter partout, le prince Charles a le corps de son armée divisé entre Salzbourg et Vienne et affaibli par les détachements qu'il a fournis dans le Tyrol et dans la Carniole. C'est dans ces circonstances qu'on lui demande un armistice.

« Quelques jours après, les préliminaires de la paix furent signés. Les préliminaires ont sauvé Vienne, et peut-être l'existence de la Maison d'Autriche.

« La révolte des Vénitiens était impuissante et réprimée avant la rentrée de l'armée d'Italie. En effet, le général Kilmaine avait, pour conserver l'Italie, de nombreuses garnisons dans toutes les places fortes et dans tous les châteaux, deux légions polonaises, deux légions lombardes et la division du général Victor, qui venait de Rome, en entier. Tous les châteaux de Vérone, Porto Legnago, Peschiera, Palmanova, étaient au pouvoir de l'armée et en état de défense ; une partie des États vénitiens était en révolte.

« L'ennemi, dit-on, pouvait, par le Tyrol, attaquer l'Italie ; comme si on pouvait attaquer Peschiera, Mantoue et l'Italie, où il y avait des forces assez considérables, par des détachements.

« L'ennemi pouvait prendre Trieste ; cela nécessitait encore de nouveaux détachements et Trieste offrait si peu d'intérêt à garder, que le général n'y a jamais tenu que cent hommes de cavalerie et avait donné ordre au général Friant, auquel il avait laissé un régiment de hussards et douze cents hommes d'infanterie, de se retirer en cas d'attaque sur Goritz et Palmanova dont il devait renforcer la garnison, et de venir le rejoindre, de sa personne, à Klagenfurt.

« On peut dire que le prince Charles a constamment donné dans tous les pièges qui lui ont été constamment tendus par le général Bonaparte ; et, depuis la bataille de Tagliamento, jusqu'à la conduite du général Landon en Tyrol, et du général Quasdanovitch, en Carniole, ce n'a été de sa part qu'une série de fautes et de mouvements mal combinés ou conformes aux pièges que lui tendait son ennemi.

« L'art de la guerre consiste, avec une armée inférieure, à avoir toujours plus de forces que son ennemi sur le point que l'on attaque ou sur le point qui est attaqué ; mais cet art ne s'apprend ni dans les livres, ni par l'habitude ; c'est un tact de conduite qui a proprement constitué le génie de la guerre ! »

En s'adressant à M. Dunan, Bonaparte entendait répondre en même temps aux attaques de toute sorte qui lui parvenaient à chaque courrier de Paris.

Une véritable campagne de presse était organisée contre lui par les royalistes. Il en était exaspéré. Sa sensibilité naturelle était accrue par les fatigues de la guerre, la fièvre et le brûlant été de la Lombardie. Sans doute d'autres journaux le couvraient de louanges, lui prédisaient une glorieuse carrière, mais il semble qu'il ne prêtait attention qu'à la censure agaçante des journaux royalistes et qu'il demeurait insensible aux consolations que les autres auraient dû lui procurer. Lui, si dissimulé par nature, il ne cachait pas son ressentiment.

Il se plaint vivement au Directoire le 15 juillet 97.

« L'armée reçoit une grande partie des journaux qu'on imprime à Paris, surtout les plus mauvais ; mais cela produit un effet tout contraire à celui qu'ils se promettent ; l'indignation est à son comble dans l'armée. Le soldat demande à grands cris si, pour prix de ses fatigues et de six ans de guerre, il doit être, à son retour dans ses foyers, assassiné comme sont menacés de l'être tous les patriotes. Les circonstances s'aggravent tous les jours et je crois, citoyen directeur, qu'il est imminent que vous preniez un parti.

« Il n'y a pas un seul homme ici qui n'aime mieux périr les armes à la main que de se faire assassiner dans un cul-de-sac de Paris.

« Quant à moi, je suis habitué à une abdication totale de mes intérêts ; cependant je ne puis pas être insensible aux outrages, aux calomnies que quatre-vingts journaux répandent tous les jours et à toute occasion, sans qu'il y ait un seul qui les démente. Je ne puis pas être insensible à la perfidie et au tas d'atrocités contenues dans cette motion d'ordre imprimée par ordre du Conseil des Cinq-Cents.

« Je vois que le club de Clichy veut marcher sur mon cadavre pour arriver à la destruction de la République.

« Vous pouvez d'un seul coup sauver la République, deux cent mille têtes peut-être qui sont attachées à son sort et conclure la paix en vingt-quatre heures : faites arrêter les émigrés, détruisez l'influence des étrangers. Si vous avez besoin de force, appelez les armées. Faites briser les presses des journaux vendus à l'Angleterre, plus sanguinaires que ne fut jamais Marat. »

Et, deux jours après, il répète ces conseils irrités à Clarke qui était chargé des négociations de paix avec l'empereur d'Autriche.

« Je l'ai dit positivement au gouvernement, il me semble qu'il est aisé de fermer le club de Clichy, de briser trois ou quatre presses et de faire arrêter une douzaine d'émigrés : cela seul pourrait nous assurer la paix. »

Ces menaces reviennent, comme un *leitmotiv*, dans une nouvelle lettre au Directoire, le 17 juillet.

« Voulez-vous épargner cinquante mille hommes de l'élite de la nation qui vont périr dans cette nouvelle campagne? (On parlait en effet de la reprise des hostilités contre l'Autriche.) Faites briser avec quelque appareil les presses du *Thé*, du *Mémorial* et de la *Quotidienne*, faites fermer le club de Clichy et faites faire cinq ou six bons journaux constitutionnels.

« Il est bien malheureux que, lorsque nous commandons à l'Europe, nous ne puissions pas commander à un journal de Louis XVIII et qui lui est évidemment vendu. »

En même temps il chargeait Berthier de prendre des mesures pour qu'aucun de ces journaux ne pénétrât dans l'armée.

Les stipendiés de l'étranger! L'or de Pitt! Nous voyons apparaître pour la première fois ces accusations contre la presse vénale ; il les répétera inlassablement pendant le Consulat et l'Empire.

« Qu'importe, écrit-il au Directoire le 12 septembre, que nous remportions des victoires, si nous sommes honnis dans notre patrie? On peut dire de Paris ce que Cassius disait de Rome : qu'importe qu'on l'appelle reine, lorsqu'elle est, sur les bords de la Seine, esclave de l'or de Pitt! »

Qu'était-ce donc que ces attaques de presse qui venaient troubler son âme et empoisonner sa gloire, au milieu du concert de louanges et d'admiration qui l'entourait depuis ses débuts!

Chose curieuse, il ne s'agissait point des grands organes dirigés par les journalistes les plus distingués de l'époque. Non! Bonaparte ne s'affectait que de ce que nous appelons aujourd'hui la petite presse.

Il faut citer en première ligne, le *Thé*, fondé par Bertin d'Antilly, royaliste notoire. C'était un journal satirique ; il faisait une guerre acharnée au Directoire. Voici ce qu'il disait du vainqueur de Rivoli :

« Que la chance tourne, que la République française disparaisse, qu'elle passe en d'autres mains, qu'elle change de système, qu'elle subisse la moindre altération dans son gouvernement, Bonaparte ne sera plus que l'Attila de la Lombardie ! »

Et, plus loin, ces lignes qui trahissent les illusions des royalistes sur le caractère de Bonaparte :

« A l'âge de l'ambition, serait-il étonnant qu'après avoir été proclamé le premier homme de la République française, il aspirât à devenir le premier homme de la monarchie. Le titre de connétable, des dignités respectées chez tous les peuples, une fortune immense, des titres flatteurs pour l'orgueil, des hommages solennels, voilà ce que la renommée lui promet déjà, et quel cœur peut répondre de ne pas se laisser aller aux caresses de la fortune ? »

Ces avances flatteuses montraient à Bonaparte quel prix on attachait à sa personne, et ce n'était point là ce qui lui déplaisait. Mais, son amour-propre était piqué au vif par les plaisanteries du *Thé*, se moquant assez spirituellement des proclamations de Bonaparte, lesquelles entraînaient les proclamations des généraux, celles des colonels, celles des capitaines, etc. : « Le dernier caporal, disait le *Thé*, s'est cru dans l'obligation de haranguer les tambours. »

Il est de fait que les proclamations à jamais immortelles de Bonaparte dégénérèrent souvent, chez ses imitateurs, généraux ou colonels, en hâbleries ridicules. Ces jeunes soldats de l'armée d'Italie se laissant aller facilement à la vantardise méridionale.

Après le *Thé* venait le *Menteur*, journal également satirique. Celui-ci donnait à ses plaisanteries une forme originale. Il voilait ses sarcasmes sous le déguisement de la louange la plus exagérée.

C'est ainsi qu'il écrivait :

« Bonaparte a passé comme un torrent dans le nord de l'Italie. Il a tout pris, tout subjugué, renversé tous les obstacles, vaincu tous les ennemis. Eh bien ! qu'on me donne un grand courage, de grands talents militaires, de grands desseins, de grands moyens d'exécution et je ferai tout cela.

« Il a été humain après la victoire ; il a respecté le malheur ; il a été modéré avec le faible ; il a ménagé les opinions, les erreurs même. Eh bien ! qu'on me donne de la modération, de la politique, de l'art, de l'ordre, du sang-froid, de la prudence, du génie d'ensemble, de l'esprit de détail et je ferai tout cela. Vous voyez, cher lecteur, que tout cela n'est pas bien sorcier. »

A côté du *Thé* et du *Menteur*, il faut placer les *Nouveaux Actes des Apôtres*. C'est la note violente.

« Bonaparte n'est pas seulement général ; il est président du Comité révolutionnaire et serait, au besoin, exécuteur de la haute justice. Si ce républicain terminait sa carrière, je ne verrais que Samson qui pût le remplacer. Au reste, que Bonaparte soit César ou Samson, on assure qu'il vient d'écrire au Directoire : *Veni, vidi, fugi.* »

Un autre journal, les *Tableaux de la France et de l'Europe*, fait allusion aux menaces adressées par Bonaparte aux royalistes du club de Clichy :

« Bonaparte, sur lequel on avait compté à cause de son âme ardente et de son génie entreprenant, s'est borné à faire de loin une rodomontade peu digne de sa gloire.
« Le résultat de toute cette effervescence excitée dans l'armée d'Italie, de tant de menaces foudroyantes, de tant d'adresses séditieuses, a été d'envoyer Augereau à Paris. Cet homme, que Bonaparte pourrait appeler son Ajax, s'est fait une loi de subordonner entièrement ses projets et ses actions à celles de Bonaparte. »

Voici le *Miroir*, royaliste comme les précédents :

« De Bonaparte n'ayez peur.
« Tout le monde nous fait peur de Bonaparte. Bonaparte va venir. Pauvres Parisiens, cachez-vous dans vos caves. Bonaparte est là. Il n'y a pas jusqu'aux nourrices de nos petits enfants qui, par parenthèse, sont passablement royalistes, qui n'emploient comme un moyen de terreur le nom célèbre de Bonaparte.
« *A buona parte, libera nos, Domine.* »

Puis, il fait du général un éloge à double tranchant, aimable et perfide à la fois, car en le distinguant des Jacobins avec lesquels il marchait en ce moment, on le rendait suspect au gouvernement. La tactique est habile ; qu'on en juge :

« Les Jacobins comptent sur le secours de Bonaparte. Or, il ne peut les servir ni par sympathie, ni par intérêt, et, dans le fait, il ne les sert pas. Il ne peut les servir par sympathie ; Bonaparte est un homme bien élevé, qui a les manières distinguées et tous les dehors qui caractérisent un homme de bonne compagnie et de bon ton ; et les Jacobins sont de misérables goujats qui ne savent que hurler, voler et assassiner. Il ne peut les suivre par intérêt, car cette secte infernale est ennemie de toute autorité et finit toujours par exterminer les chefs qu'elle s'est elle-même donnés, comme ceux du parti qu'elle renverse. »

En face de ces attaques ou de ces insinuations qui nous paraissent en somme assez méprisables, nous pourrions montrer le somptueux cortège des éloges, des admirations, des enthousiasmes, des flatteries, que lui prodiguaient d'autres journaux, aussi bien à l'étranger qu'en France. Et l'on s'étonnerait qu'au lieu d'être grisé par cet encens, Bonaparte n'ait paru prendre garde qu'aux piqûres des moustiques de la petite presse !

Il est vrai que les journaux amis étaient subventionnés et stylés par les frères de Bonaparte et par Joséphine, tous assez pourvus d'argent, Joseph surtout, sans compter les sommes que le conquérant de l'Italie envoyait à cet effet.

L'encens qu'ils lui prodiguaient était donc frelaté ; il perdait ainsi beaucoup de son prix aux yeux de Bonaparte, car il est naturel que l'on prenne peu garde aux louanges qu'on a payées.

La famille de Bonaparte, frères, femme, belle-fille, menait une propagande fort active, très ingénieuse.

Ils flairaient déjà la belle proie, la toison d'or que le général était en train de conquérir. Ils pontaient sur cette chance imprévue, grandiose.

Aussi leurs journaux s'extasiaient, s'enflammaient, ossianisaient, selon l'expression de Michelet, qui connut les dessous de cette campagne de réclame par son père, alors imprimeur de ces mêmes journaux.

On imaginait, pour allumer et entretenir l'intérêt, quelque moyen infaillible, une blessure, une chute de cheval, un danger couru ; alors on s'attendrissait sur le héros, on s'inquiétait, car il paraissait être le seul sur la scène, être l'homme indispensable.

Bonaparte ne pouvait que sourire, *in petto*, en lisant les commentaires d'accidents supposés.

Écoutons tout de même, malgré son origine suspecte, le concert de la flatterie, car il retentissait pour le moins autant que celui de l'invective.

C'est d'abord le *Courrier universel :*

« Cesse de vaincre ou je cesse d'écrire.

« On peut appliquer ce vers à Bonaparte. La plume haletante du journaliste peut à peine suivre la marche impétueuse du général qui en moins de quinze jours a conquis, etc... »

L'*Ami des lois :*

« Ce jeune homme qui réunit la prudence d'Ulysse à la sagesse de Nestor et au courage d'Achille.

« Ce jeune et intrépide héros, qui fait la barbe aux vieilles têtes à perruque allemandes, qui dégotterait Annibal lui-même, s'il vivait de nos jours. Sacrés royalistes, frémissez au bruit de ses triomphes. »

Le *Correspondant :*

« Bonaparte est impénétrable; cette qualité nécessaire chez un général ajoute encore à l'admiration dont il est entouré. »

Le *Nouvelliste politique*, au sujet d'un portrait de Bonaparte, placardé sur tous les murs de Paris :

« Quel est ce jeune homme qui, vainqueur sur terre, vainqueur sur mer, fixe l'attention des peuples et des rois? Qui me dira son secret?

« Quel homme! Mais que veut-il? demande-t-on. Pourquoi cet enthousiasme, pourquoi ces affiches si nombreuses et ces lecteurs si avides? Est-ce Monck qui menace la liberté? Erreur sans doute. Mais n'est-il pas imprudent d'élever un homme si haut qu'on ne puisse plus le fixer sans danger pour ses yeux ! »

Voici enfin les *Nouveaux Actes des Apôtres*, dont le directeur était Barruel de Beauvert, ami de Rivarol, disciple de Rousseau :

« Les succès de Bonaparte enivrent les troupes qui font toute sa gloire, au point que les soldats disent publiquement : il sera notre roi. Si cette fantaisie prenait un caractère sérieux dans un gouvernement devenu militaire, je ne vois plus ce que deviendrait la Constitution de l'an III, et les deux Consuls, et le Directoire, et les prétentions de... »

On le comparait à César. Déjà on lui demandait d'écrire les *Commentaires* de sa merveilleuse campagne. Et l'on faisait cette réflexion à laquelle un prochain avenir donnera un ironique démenti :

« Bonaparte a du moins sur César un grand avantage : l'un charge de fers sa patrie, et l'autre a donné la liberté aux peuples même qu'il a vaincus. »

La flatterie montait jusqu'à l'épouse du général. On l'appelait couramment, dans la presse : *Notre Dame des Victoires.*

CHAPITRE VI

LES DEUX JOURNAUX DE BONAPARTE EN ITALIE

Les invectives de Bonaparte, à l'adresse des journaux royalistes de Paris, ne pouvaient avoir d'autre résultat que de satisfaire sa bile.

Esprit pratique, il s'en aperçoit bien vite. Il comprend qu'il faut se forger pour lui-même une arme semblable à celle dont se servent ses ennemis. Il connaît déjà la valeur de l'instrument et il saura le manier avec une adresse consommée.

Il décide donc de fonder un journal à lui, à lui seul ; ce sera l'organe officiel du général en chef, et, en même temps, celui de l'armée d'Italie.

Le titre l'indique clairement : *le Courrier de l'armée d'Italie* ou *le Patriote français à Milan, par une société de républicains.*

Ce journal parut à Milan en 1797. Jullien de Paris était chargé de la rédaction. Il écrivait sous l'inspiration directe et, souvent aussi, sur les notes émanées de Bonaparte.

La lecture de ce journal serait bien intéressante ; on y trouverait sûrement en germe les idées et les desseins politiques du futur consul et empereur. Malheureusement la collection est introuvable.

Hatin, l'historien de la presse française, n'a pu en voir un seul exemplaire.

Le *Courrier de l'armée d'Italie* eut une carrière assez longue, puisqu'il dura jusqu'au 2 décembre 1798 (12 frimaire an VII). Bonaparte ne cessa de s'y intéresser ; nous verrons plus loin qu'il se le faisait adresser au Caire pendant l'expédition d'Égypte.

Pour des raisons qui nous sont inconnues, il semble qu'il ne trouva pas dans le *Courrier* une satisfaction complète ; car, très peu de semaines après sa fondation, il lui suscite une puissante concurrence dans un autre organe qui devint le dépositaire préféré de ses pensées.

Le titre en indique audacieusement toute la portée : *la France vue de l'armée d'Italie.*

C'est, par conséquent, le général et ses soldats qui se font les juges de la situation politique en France, en attendant que, au jour prochain de Fructidor, ils mettent dans la balance le poids de leur épée.

Ce journal avait aussi quelque prétention à satisfaire les goûts les plus variés de son public, car il portait en sous-titre : *Journal de politique, d'administration et de littérature française et étrangère.*

On peut en fixer la fondation dans le courant d'août 1797.

A cette époque, Bonaparte a quitté Milan pour se rendre au château de Passariano, près d'Udine, afin de conférer avec le diplomate autrichien Cobentzel.

Le choix du rédacteur en chef est significatif. Ce fut Regnault Saint-Jean-d'Angely, un des plus distingués parmi les hommes qui s'attachèrent à la fortune de Bonaparte et l'un de ceux qui allaient préparer son avènement définitif.

Regnault était déjà, à cette époque, un personnage considérable par ses talents et ses capacités. Il avait été député aux États généraux et s'y était distingué. Il avait été compromis dans l'affaire des sections au 13 Vendémiaire. Puis, comme il était lié d'amitié avec la famille de Bonaparte, celui-ci l'avait emmené en Italie comme administrateur général des hôpitaux militaires. Regnault plut au général, s'attacha à sa fortune et lui témoigna un dévouement sans bornes. Il aida singulièrement au 18 Brumaire et ne tarda pas à devenir le confident et le dépositaire des projets de Napoléon. Il avait un réel talent de parole et de style, avec une grande facilité de travail. Il était donc éminemment propre aux fonctions de rédacteur en chef de *la France vue de l'armée d'Italie*.

Mais sa facilité n'était pas de la souplesse. « Il était, entre les mains de Bonaparte, a dit Beugnot, comme un vigoureux coursier retenu par une main puissante, qui mordait le frein et était toujours prêt à échapper. »

Se montra-t-il, en effet, réfractaire au directeur trop autoritaire de *la France?* Refusa-t-il de plier sous cette dure main? C'est très probable; car, sans quitter le service de Bonaparte, ni abandonner *la France*, il tint à notifier bientôt qu'il n'était pas responsable de tout ce qui paraissait dans le journal.

Nous lisons, à la fin du numéro 11, ce bref avis :

« Le citoyen Regnault Saint-Jean-d'Angély annonce qu'il n'est l'auteur que des six premiers numéros de ce journal et qu'il n'avouera désormais que les articles qui seront souscrits des lettres initiales de son nom. »

A partir du numéro 7, il fut remplacé dans ses fonctions responsables par un obscur scribe, Chicoilet de Corbigny, qui fut plus tard un des meilleurs préfets de l'Empire, dans le département d'Indre-et-Loire. Son règne fut de courte durée, car *la France* n'eut, tout au plus, qu'une quinzaine de numéros. Il est bien regrettable qu'on n'ait pu retrouver une collection complète de ce journal. Ce serait assurément un document essentiel à consulter au point de vue de la politique suivie par Bonaparte vis-à-vis du Directoire.

Il faut reconnaître qu'il ne cacha point son jeu ; pour bien préciser le caractère de *la France vue de l'armée d'Italie*, il fit insérer cet avis dans les premiers numéros :

« Il s'imprime déjà un journal français à Milan, mais dans un autre format.

« L'objet de celui-ci sera de faire connaître la vérité sur ce qui se passe en Italie, sur la manière dont on y envisage la situation de la France, enfin de défendre la liberté et ses amis contre les partisans de la tyrannie ou de la terreur. »

Cela est net et clair. C'est une déclaration de guerre contre les royalistes d'une part, et d'autre part contre les ultra-révolutionnaires. Ce sont bien les ennemis qu'il n'a cessé, depuis des mois, de signaler dans sa correspondance et dans ses polémiques de presse. Nous avons cité ces lettres irritées, ces avertissements donnés sur un ton solennel et tranchant.

Certes, Paris devait accueillir avec avidité cette parole lointaine, venue des plaines victorieuses d'Italie ; le Directoire, ballotté dans la bagarre des partis, dut prêter une oreille émue et craintive à ces sommations péremptoires.

Dès les premiers numéros de *la France vue de l'armée d'Italie*, Bonaparte est représenté comme l'arbitre des destinées de la France, entre les divers partis qui la déchirent.

Voici un passage sur lequel on ne put se méprendre à Paris :

« Telle est la position de Bonaparte vis-à-vis des États qui l'environnent ; telle est la puissance de la République et de ses armées en Italie que le sort du roi de Piémont, le maintien ou le renversement de son trône a déjà dépendu du général en chef de l'armée d'Italie. Il n'avait qu'à dire un mot, qu'à faire un signe d'approbation et le Piémont cessait d'être un État monarchique et ses provinces étaient réunies à la République cisalpine, ou peut-être partagée entre celle-ci et la République de Gênes. »

Ce langage menaçant ne fait-il pas pressentir l'homme qui dira un jour : « Les Bourbons de Naples ont vécu » ?

Le numéro 4, daté du 18 août 1797, contient un article qui constitue une sorte de manifeste politique de Bonaparte. C'est un véritable programme de gouvernement ; son titre indique assez qu'il a été écrit à l'adresse du monde politique de Paris.

Ce qu'on pense en Italie de l'état de Paris

Ce qu'on pense veut dire, comme toujours, ce que Bonaparte pense, et c'est bien ainsi qu'il a été interprété à Paris. Aucun doute à cet égard.

Au moment où paraît cet article, en août 97, Bonaparte est à Milan. Il va en partir pour traiter de la paix avec les plénipotentiaires autrichiens, au château de Passariano, près d'Udine en Frioul.

Cet article est une émanation directe de Bonaparte ; il reflète exactement sa pensée, il définit son idée maîtresse, celle qu'il réalisera au lendemain du 18 Brumaire. On y trouve certaines expressions identiques à celles que nous lisons dans sa correspondance officielle avec le Directoire.

Il mérite d'être lu avec attention ; nous croyons devoir le citer tout entier.

La France, n° 4. — Ce qu'on pense en Italie de l'état de Paris.

« Le Conseil des Cinq-Cents avait provoqué par un message une explication franche et précise de la part du Directoire : on l'attendait et les nouvelles du 22 thermidor, arrivées ici dès le 28, n'annoncent pas que le Directoire ait répondu.

« Seulement, on lit dans quelques journaux que plusieurs membres des commissions des inspecteurs des deux Conseils se sont rendus auprès du Directoire pour préparer une conciliation entre le gouvernement et le corps législatif.

« Suivant quelques écrivains, l'entrevue a porté en même temps le caractère de la modération, de la dignité et de l'énergie; selon d'autres, elle a été brusque, orageuse, peu satisfaisante.

« Selon ceux-ci, on est parvenu à s'entendre, et la paix est rétablie; selon ceux-là, on a déclamé, récriminé, sans réussir à s'entendre.

« Au milieu de ces versions diverses, le premier sentiment, c'est de savoir gré à ceux qui ont cherché à rapprocher les esprits. L'honneur de la démarche doit être partagé sans doute; mais, soit justice ou prévention, on en accorde la majeure partie à Dumas, membre de la commission des inspecteurs au Conseil des Anciens.

« Mais, si on se livre à la prévoyance, cette vertu commandée aux gouvernements par la sagesse, vertu trop souvent inutile, tourment du présent qui ne fait pas le bien de l'avenir, lorsqu'on repose sa pensée sur le résultat, sinon bien connu, du moins probable, de ce rapprochement des deux premiers pouvoirs constitués de la République, on n'est pas tranquille.

« On reconnaît que les partis sont toujours en présence. On voit bien le mouvement extérieur amorti, mais les passions grondent encore. C'est la mer dont la surface redevient calme, mais qui bruit dans ses abîmes.

« On a dit que les troupes venaient vers Paris, que leur marche a été arrêtée, contremandée; mille bruits divers ont été répandus, détruits, répandus de nouveau, pour se dissiper et renaître encore. Il était de la dignité, du devoir du Directoire, d'énoncer clairement les faits et leur cause, de développer hautement sa conduite et ses motifs.

« Il a paru croire la Liberté, les Constitutions, la République en danger ; ce danger, réel ou imaginaire, avait une source vraie ou supposée : il fallait indiquer et le mal et son origine.

« Il a annoncé, non pas, il est vrai, par un acte solennel, mais par des précautions remarquables, que la patrie était en péril ; il devait le déclarer avec courage au corps législatif.

« Il lui devait la vérité, quelque sévère qu'elle fût ; il la devait au peuple, quelque effrayante qu'elle dût paraître.

« Il gardait alors une attitude imposante et redoutable, qui convient au pouvoir exécutif du premier peuple de l'Europe, et ne prenait pas l'attitude mesquine et timide d'une faction alarmée.

« En un mot, de deux choses l'une, ou les craintes du Directoire, appuyées sur les faits, sur les apparences que nous avons énoncées en notre premier numéro, sont légitimes, ou elles sont mal fondées.

« Si elles sont légitimes, les précautions le devenaient ; l'opinion publique prononçait en leur faveur, les ratifiait pour ainsi dire, ou en indiquait la juste modification, et les deux Conseils, entraînés par le flot irrésistible de cette dominatrice des gouvernements et des nations, suivaient la route où on les poussait.

« Si les frayeurs sont sans fondement, leur injustice se serait manifestée, et un rapprochement heureux eût déjoué l'espérance de tous les ennemis de la patrie.

« La conférence qui a eu lieu au Directoire aurait pu mener à ce but, mais il ne paraît pas qu'on y soit arrivé. On s'observe de plus près, mais on ne s'entend pas encore ; on s'est mesuré et on n'a pas cessé de se redouter ; on s'est expliqué et on continue à se défier, on s'est plaint en particulier et on persévérera à s'accuser en public...

« Quoi ! La France commande la paix aux nations ; en ce moment même, on vient de la signer avec le Portugal, glorieuse et utile, et les chefs de ce peuple tout-puissant hors de chez lui ne réussissent pas à s'entendre ! Les lauriers se flétriront, l'olivier se séchera sous le souffle empoisonné de quelques furies déchaînées contre notre bonheur par la haine, par la vengeance, par toutes les passions humiliées.

« Voilà ce qu'on dit ce qu'on pense, dans cette armée placée près du lieu où se tiennent les conférences avec l'Autriche, loin du siège des deux premières autorités de la République, plus loin encore de la ville où sont réunis les plénipotentiaires anglais et français. Nous sommes livrés à des incertitudes, à des craintes, à des conjectures ; mais, ce n'est pas l'ennemi du dehors qui cause les alarmes, ce sont les troubles intérieurs, c'est la discorde civile, c'est la lutte, le choc, l'ébranlement des pouvoirs constitués, qui fait trembler les amis de la liberté. Soyons en paix avec nous, et bientôt nos armées, après ou sans de nouveaux combats, satisfaites de leur ancienne gloire ou couvertes d'une gloire nouvelle, rentreront triomphantes dans leur patrie. »

Ce manifeste ne pouvait manquer de produire une forte impression à Paris. L'auteur lui-même s'en montra satisfait, et c'est lui qui nous l'apprend, dans une lettre écrite à Faipoult, un ancien jacobin, en ce moment ministre plénipotentiaire à Gênes ; cette lettre est datée de Passariano, le 9 septembre 97 :

« Le journal que dirige à Milan Regnault Saint-Jean-d'Angély, *la France vue de l'armée d'Italie*, fait le plus grand effet à Paris. »

Nous voyons dans cette même lettre à Faipoult que Bonaparte, en bon directeur, se préoccupait d'assurer à son journal des collaborations intéressantes. Ce Faipoult avait un secrétaire du nom de Poussielgue, auteur d'une *Relation de la Révolution de Gênes*, dont Bonaparte était tellement enthousiasmé qu'il avait souscrit à cinq cents exemplaires, destinés aux principaux personnages de France et d'Italie. Il le charge de demander à Poussielgue pour *la France vue de l'armée d'Italie* quelques articles.

« Je crois, écrit Bonaparte, qu'il serait utile à la chose publique, que, de temps en temps, Poussielgue, qui écrit facilement et très sagement, fît quelques numéros sur les affaires d'Italie et surtout de France qui, vues de l'éloignement où nous nous trouvons, acquièrent une justesse et une originalité qui frappent beaucoup plus que lorsqu'on écrit sous la pression de l'instant.

« Ce n'est que parce que les patriotes et les gens sages n'écrivent jamais, que l'on livre l'opinion à un tas de misérables stipendiés qui la pervertissent et tuent l'esprit public.

« Si Poussielgue se sentait le courage d'entreprendre ce travail, je m'abonnerais pour un grand nombre d'exemplaires. »

Toute la correspondance de Bonaparte, à cette époque, témoigne de son état d'irritation contre la presse de Paris. Trois jours après la lettre à Faipoult, il écrit à Talleyrand, ministre des Relations extérieures :

« Que cette nuée de journaux, qui corrompent l'esprit public et font avoir de nous une très mauvaise opinion chez l'étranger, soient étouffés. »

Il se gardera bien d'oublier ce vœu. L'étouffement de la presse sera son premier ouvrage le lendemain du 18 Brumaire.

En attendant, il s'en sert pour son profit personnel.

Le général en chef de l'armée d'Italie vint s'installer, le 5 décembre 1797, dans son petit hôtel de la rue Chantereine.

Il peut se rendre compte sur place de l'effet produit à Paris par les manifestations politiques de son journal *la France vue de l'armée d'Italie*.

Quoiqu'il se tînt à l'écart, et comme tapi dans sa maison, il voulut connaître personnellement tous ceux qui, à un titre quelconque, aussi bien dans les lettres et les arts que dans la politique, détenaient une parcelle de l'opinion publique. Il afficha une prédilection particulière pour les savants et les gens de lettres.

Il accueillit et retint, comme une sorte d'aide de camp intellectuel, Arnault, le beau-frère de Regnault Saint-Jean-d'Angély. Il le gardait ainsi à sa disposition, comme un représentant de la littérature et il s'en servait pour connaître l'opinion des écrivains et agir sur cette opinion. Il donnait aussi des soirées littéraires, dans lesquelles chaque auteur venait lire son dernier ouvrage. On s'y ennuyait solennellement et mortellement, a dit un invité.

Bonaparte ne tarda pas à se convaincre, dans ce milieu éclairé, qu'il n'était pas seulement le héros célèbre dans toute l'Europe par ses prodigieuses victoires, mais encore qu'il était le maître attendu par la France dans le désarroi de toutes les forces sociales et gouvernementales.

Et, vraiment, il était bien le premier homme de la nation, et il en avait conscience. Auprès de lui, Moreau ne comptait guère, hors des champs de bataille.

Bonaparte reconnut cependant qu'il fallait encore attendre quelque temps pour abattre le Directoire.

Dès lors, il se livre tout entier aux préparatifs de l'expédition d'Égypte.

CHAPITRE VII

JOURNALISTE ET IMPRIMEUR EN ÉGYPTE

Nous retrouvons le journaliste dans l'organisateur de l'expédition d'Égypte. Il pense de suite à profiter de l'expérience acquise au delà des Alpes. Il donnera un pendant à son journal d'Italie. Aussi prend-il, dès le 26 mars 1798, la précaution de faire acheter par le ministre de l'Intérieur trois presses françaises. « Il nous suffit, lui écrit-il, d'avoir des caractères ordinaires. »

En même temps, il organise une équipe d'écrivains, de littérateurs et de journalistes, à la tête desquels Regnault Saint-Jean-d'Angély, le confident éprouvé, le traducteur fidèle de ses pensées. Malheureusement, Regnault, arrêté à Malte par la maladie, fut obligé de revenir en France.

Bonaparte tenait ainsi dans sa main tous les éléments d'une rédaction.

A peine installé au Caire, le 24 juillet, il fait établir une imprimerie nationale et il décide la création d'un journal, le *Courrier d'Égypte*.

Ce sera le moniteur officiel de la colonie française. On y dira la vérité sur ce qui se passe en Égypte, autant qu'un journal officiel peut dire la vérité. Mais surtout, et c'est là ce qui importe le plus au général politicien, on y dira ce qu'il pense, lui, de la France, de son gouvernement et des partis qui s'y livrent des batailles acharnées.

Le *Courrier* parut d'une façon assez irrégulière, subordonnée aux vicissitudes de la campagne.

Hatin dit que l'exemplaire complet est très rare et très recherché. Nous avons nous-même vainement tenté de savoir s'il en existait encore un dans les archives de l'imprimerie nationale du Caire, à la tête de laquelle se trouvait encore tout récemment un fonctionnaire français. Son successeur, un Anglais, a fait subir à l'établissement de grandes transformations à la suite desquelles toute recherche est restée sans résultat.

Selon Hatin, le *Courrier d'Égypte* est beaucoup moins curieux que son confrère d'Italie.

« C'est, dit-il, une petite gazette donnant d'une façon assez sèche, avec les actes officiels, les nouvelles locales et quelques nouvelles étrangères. »

Cependant le premier numéro contient un article politique, dans le genre de ce que nous appelons, aujourd'hui, un « éditorial ».

C'est un coup d'œil assez optimiste sur la situation politique.

Cet optimisme, très avisé, s'explique par le fait que Joseph et Lucien viennent d'être élus aux Cinq-Cents. Il a ainsi deux complices tout dévoués au sein même des pouvoirs publics. Voici l'article :

« L'intérieur de la République jouit de la tranquillité. Le nouveau Corps législatif commence sa carrière sous d'assez heureux auspices : l'esprit républicain semble y avoir une prépondérance très marquée, et rien jusqu'à présent n'y fait entrevoir le germe des dissensions qui ont tourmenté les législatures précédentes. Le Corps législatif paraît surtout décidé à s'occuper avec suite et attention du perfectionnement des lois civiles et de celles qui concernent l'administration. Il existe, dans ces dernières principalement, un grand nombre de lacunes et d'indécisions, auxquelles les Assemblées n'ont jamais voulu remédier, quelques instances qu'on leur ait faites : ces Assemblées ont presque toujours eu le malheur d'être dominées par des hommes qui affectaient de confondre l'administration avec le gouvernement. Cette confusion permet aux uns de citer chaque erreur de l'administration comme un argument contre la forme républicaine ; les autres, sous prétexte de défendre le gouvernement, soutiennent les fautes, et même les prévarications des administrations. Les républicains sincères sont tous voués au maintien du gouvernement, ils y sacrifieraient leur vie ; mais ils sont des premiers à censurer et à redresser l'administration, lorsqu'elle s'égare. »

Ce langage est bien conforme à l'attitude prise jusqu'à ce jour par Bonaparte, en Italie comme à Paris. Il s'affirme républicain, en même temps qu'homme de gouvernement.

Il faut encore citer une note politique parue dans le numéro 6 du 18 septembre 1798, à la suite d'un arrêté portant que le pavillon tricolore sera arboré dans toute l'Égypte.

Le premier paragraphe est d'un lyrisme et d'un sensibilisme étrangers à la manière de Bonaparte ; c'est sans aucun doute un « ajouté » du secrétaire qui tient la plume ; mais le reste de l'article traduit bien la pensée actuelle de Bonaparte.

Note du rédacteur.

« Infortuné Camille Desmoulins, vertueux républicain, enlevé si jeune et d'une manière si cruelle à la liberté, à tes amis, de combien de larmes délicieuses tes yeux se rempliraient en lisant le dispositif de cet arrêté, toi qui, le 12 juillet 1789, arborant le premier ce signe sacré de la liberté française, t'écrias avec transport, au milieu d'un peuple nombreux réuni par les dangers de la patrie : *la cocarde tricolore fera le tour du monde.*

« On avait inspiré quelques inquiétudes à des habitants du Caire au sujet de cet ordre. Le général en chef n'a pas voulu remettre à d'autres le soin de les dissiper. Il a fait appeler près de lui les membres du Divan et quelques hommes influents sur la multitude. Il a entendu leurs observations, il les a réfutées avec avantage ; il est même rentré, à cet égard, dans des discussions théologiques qui ont étonné et même convaincu les Turcs. Il a ainsi dissipé les inquiétudes des hommes prévenus, et, après deux conférences fort longues, les membres du Divan se sont, en sa présence, revêtus de la cocarde tricolore et ont assuré que bientôt tous les habitants de l'Égypte la porteraient.

« Le succès obtenu dans cette affaire par Bonaparte prouve que tous les hommes, même les moins instruits, et, par conséquent, les plus accessibles aux préjugés et aux préventions, ne sont jamais insensibles au langage de la raison et de la douceur, surtout lorsqu'il se trouve dans la bouche de celui qui a entre les mains la force et le pouvoir. Et cependant, dans la longue succession des siècles et des révolutions des empires, combien de sang versé pour des opinions, pour des malentendus! Puisse la fin du dix-huitième siècle, si brillant par les exploits militaires d'une grande nation, l'être encore davantage par le triomphe constant de la raison sur les préjugés. »

Lorsqu'il fonda le *Courrier d'Égypte*, la préoccupation principale de Bonaparte était certainement de continuer, comme il l'avait fait en Italie, à donner publiquement son opinion sur la manière dont les affaires étaient conduites en France. Il préparait ainsi, parallèlement à l'action militaire, son avènement au pouvoir.

Mais il se trouva bientôt dans un grand embarras.

Comment juger les affaires de France, si on ne les connaît pas? Or, pendant des semaines, pendant de longs mois, il ne reçoit aucune nouvelle, ni de la France, ni de l'Europe. Il est séparé du reste du monde par la flotte anglaise qui bloque les côtes d'Égypte.

Il se tourne de tous les côtés pour avoir des nouvelles; il les appelle ardemment; il a soif de savoir ce qui se passe en France. Le 17 août, il écrit au commandant de la division du Levant :

« En général, quand vous écrirez, envoyez-nous les journaux que vous avez et une note de ce qui est à votre connaissance, car ici nous sommes souvent très longtemps sans nouvelles de France. »

Le 18 août, au consul de France, à Tripoli :

« Expédiez-moi de Tripoli un courrier pour me faire parvenir les nouvelles que vous aurez de France. »

Le 21 octobre, au Directoire :

« Je n'ai aucune nouvelle de France depuis le 18 messidor. »

Et le 21 novembre, au Directoire :

« Nous avons soif de nouvelles d'Europe, nous n'en avons aucune. »

Le 16 novembre, il emploie la ruse pour en avoir des Anglais eux-mêmes. Il leur envoie un parlementaire, un jeune lieutenant des guides, nommé Guibert.

« Tâchez, lui dit-il, que l'amiral anglais vous remette les journaux qu'il pourrait avoir reçus d'Europe. »

La ruse ne paraît pas avoir réussi, car le 21 novembre, il écrit au Directoire :

« Nous n'avons aucune nouvelle de l'Europe depuis

le 18 messidor ; cela fait quatre ou cinq mois, nous en devenons un peu curieux ! »

On peut l'en croire, lui qui avait donné à Joseph, le jour même de son départ pour l'Égypte, la commission expresse de lui envoyer tous les journaux parus pendant son absence.

Il alla jusqu'à expédier en Italie et à Malte une frégate dans le but unique de rechercher les gazettes ou de rapporter des nouvelles.

Cette privation si pénible pour lui, plus encore que pour ses compagnons d'armes, dura jusqu'au 5 février 1799.

Il écrit alors au Directoire avec une joie contenue :

« On annonce l'arrivée d'un bâtiment à Alexandrie ; depuis huit mois, c'est la première nouvelle d'Europe qui nous arrive ! »

Revenons au *Courrier d'Égypte*. Si l'absence de nouvelles l'empêche de remplir sa mission principale, celle de juger les affaires de France, le journal n'en retient pas moins l'attention constante et méticuleuse de son fondateur.

Tout d'abord, il fait installer l'imprimerie avec les presses achetées à Paris. On ne perd pas de temps avec Bonaparte.

Il est au Caire depuis le 24 juillet. Trois jours après, message à Kléber qui est resté à Alexandrie :

« Envoyez-nous nos imprimeries arabes et françaises. »

En trois semaines, tout est prêt. Le 29 août 1798, paraît le premier numéro du *Courrier d'Égypte*.

Bonaparte l'annonce à Kléber :

« Au Caire, le 29 août 1798.

« A Kléber.

« Vous trouverez ci-joint, citoyen général, le premier numéro du *Courrier* qui paraît ici.

« Si vous avez encore une imprimerie arabe montée, faites imprimer dans cette langue l'article relatif à la fête du prophète et faites-le répandre dans tout le Levant. Vous m'en enverrez quatre cents exemplaires. »

Voilà une propagande bien entendue. Bonaparte journaliste n'est pas moins avisé que Bonaparte général.

Cependant, le but principal du *Courrier d'Égypte* était manqué, puisque Bonaparte, ne sachant plus rien de la France, ne pouvait plus donner son avis sur ce qui s'y passait.

Il fallut, en attendant, se contenter de la chronique locale.

Ce fut l'objet d'un second journal, qui s'appela : *la Décade égyptienne*, journal littéraire et d'économie politique.

Il parut le 1ᵉʳ octobre 1798, imprimé par Marc Aurel, imprimeur de l'armée, quartier des Français.

La Bibliothèque nationale en possède un exemplaire composé de trois volumes petit in-4º.

Il y avait en ce moment en Égypte, dans la phalange des politiciens, écrivains et littérateurs que Bonaparte avait amenés, un personnage célèbre naguère, tombé aujourd'hui dans l'oubli et dans le mépris public. C'était Tallien, un rebut de la Révolution. Ce vainqueur de Robespierre, qui avait tenu une cour à Chaillot, n'avait pas été renommé dans les précédentes élections. L'idole de Paris avait perdu tout pouvoir, tout crédit. Il s'était réfugié sous la protection du général Bonaparte. Il était venu en Orient pour refaire sa fortune, ou plutôt pour gagner sa vie.

En sa jeunesse, au début de la Révolution, il avait été prote à l'imprimerie du *Moniteur*. C'était un prétexte pour faire du journalisme. Bonaparte le mit donc à la tête de son nouveau journal.

Il n'y avait place, dans cette gazette, pour aucun article politique. Le prospectus, signé par Tallien lui-même, promettait un accueil empressé à toutes communications d'ordre littéraire, artistique ou économique. Il se disait animé d'un large esprit de tolérance à l'égard des Égyptiens. C'était déjà la pénétration pacifique.

« Nous ne vivons plus dans ce temps où les conquérants ne savaient que détruire là où ils portaient leurs armes... »

« Aujourd'hui, au contraire, le Français respecte non seulement les lois, les usages, les habitudes, mais même les préjugés des peuples dont il occupe les territoires, etc... »

Telle était bien, en effet, la politique sage et tolérante du général en chef.

Mais Tallien, l'ancien montagnard, le farouche jacobin, le terroriste thermidorien, n'allait pas tarder à donner un démenti à ce beau programme.

Quinze jours à peine après l'apparition du premier numéro de *la Décade*, éclate l'insurrection du Caire. Si habitué qu'il devrait être aux émeutes, Tallien perd la tête. On dirait que le sang de la guillotine lui remonte au cerveau. Le voilà prêchant le massacre de tous les prêtres musulmans. Il déclame contre le fanatisme, il dit que, si on le laisse impuni, toute l'armée sera détruite.

Bonaparte racontait l'année suivante à Rœderer ces incartades sanguinaires de Tallien :

« Tallien, dit-il, fit à ce sujet un journal bien conventionnel. »

Mais le général ne se laissa pas imposer par ces déclamations. Il réprima l'insurrection et, trois semaines après, la confiance et la tranquillité étaient rétablies dans l'armée et dans l'Égypte.

D'ailleurs, *la Décade* ne pouvait être que pacifique, étant l'organe des savants et des lettrés qui constituèrent l'Institut d'Égypte.

Bonaparte avait l'amour du détail ; il voulait que chacun, à tous les degrés, accomplît le mieux possible sa besogne, et il avait l'œil à tout.

Il ne tarda pas à trouver que son journal était mal imprimé. Sa coquetterie de journaliste en était choquée. Aussi écrit-il à Desgenettes, qui faisait partie de la rédaction, cet ordre de service :

« 24 novembre 1798.

« Comme le citoyen Marc Aurel ne peut pas imprimer *la Décade* et qu'il l'imprime mal, vous pouvez la faire imprimer à l'Imprimerie nationale par le citoyen Marcel, et avoir soin qu'elle paraisse régulièrement à toutes les décades. »

Bonaparte parle là en vrai directeur ; le journal est à lui, il le paie, l'entretient, et il veut qu'il lui fasse honneur.

Malgré tout, les choses ne marchaient pas à son gré : désordre et gaspillage ; rien ne pouvait le contrarier davantage.

Le 14 janvier 1799, il réorganise son imprimerie sur de nouvelles bases, lui impose un règlement sévère, lui donne un inspecteur qu'il a sous la main et qui n'est autre que Bourrienne, son chef de cabinet civil.

Les choses n'en vont pas mieux. Il faut trouver un homme capable et éprouvé pour diriger cette imprimerie. Il y a là, dans l'Institut, un écrivain, une sorte de commis de ministère, comme on disait autrefois, à qui Bonaparte a toujours témoigné de l'estime. C'est Poussielgue, l'ancien secrétaire de la Légation de Gênes, à qui Bonaparte commandait des articles pour son journal de Milan, *la France vue de l'armée d'Italie*.

Il va le mettre à la tête de l'Imprimerie nationale du Caire. Et comme *la Décade* tient à son cœur de journaliste, il a bien soin de placer dans son arrêté officiel du 9 février 1799 cet article prévoyant :

« ART. 2. — L'Imprimerie Nationale travaillera avec la plus grande activité à l'impression de *la Décade*. »

L'expédition de Syrie distrait pendant quelques mois son attention (10 février-20 mai 1799).

Puis vient la retraite. L'armée est en danger. Ce n'est guère le moment de faire du journalisme. Une seule chose intéresse Bonaparte, l'inquiète : les nouvelles de France qu'il ignore depuis de longues semaines. Enfin, au mois d'août, on lui apporte un paquet de gazettes d'Europe, que l'amiral anglais avait été trop heureux de lui faire parvenir.

C'était les désastreuses nouvelles d'Italie. Il passe la nuit à lire ces gazettes, il appelle Bourrienne et il lui dit :

« L'Italie est perdue ! Les misérables ! Tout le fruit de nos victoires a disparu. Il faut que je parte. »

Et comme il a tant souffert en Égypte de la privation de journaux, la première lettre qu'il écrit à son retour en France, le jour même où il débarque à Fréjus, c'est pour ordonner au commandant du port de Toulon d'expédier [le plus tôt possible à l'armée d'Égypte un aviso avec le *Moniteur* et autres papiers des six derniers mois ; « car, dit-il, l'armée est depuis plus de six mois sans nouvelle d'Europe. »

Des nouvelles ! Des informations ! Ah ! comme il en apprécie aujourd'hui la valeur !

Mais cela sera bientôt oublié.

Trois mois s'écoulent. Bonaparte devient le maître du gouvernement de la France.

Son premier soin est de supprimer nouvelles, informations, journaux, résolu à distiller goutte à goutte, dans son unique intérêt, pour son seul profit, et dans une si mince proportion, la connaissance des événements qui engagent la vie et l'honneur de tout un peuple !

DEUXIÈME PARTIE

PENDANT LE CONSULAT

CHAPITRE PREMIER

LA PRESSE ÉTRANGLÉE OU MUSELÉE OU DOMESTIQUÉE

Le « Printemps du Consulat », comme on a si gracieusement et si justement appelé cette époque riche de tant de promesses, vint brusquement anéantir dans sa fleur le journalisme fraîchement éclos de la Révolution.

Depuis 89, tout le monde avait écrit et parlé librement.

Depuis Brumaire, par la volonté de Bonaparte, personne n'écrira plus qu'avec sa permission.

Sous des titres divers, il n'y aura plus en France qu'un seul journal, le *Moniteur*. C'est lui qui donnera le ton aux rares satellites qu'on laisse vivre auprès de lui.

De même, il n'y aura plus en France qu'un seul journaliste libre, et ce sera le Premier Consul.

Il n'est point novice dans le métier. On sait qu'il avait déjà fait du journalisme en Italie et en Égypte, malgré les entraves que lui imposaient ses fonctions de général en chef.

Maintenant, il a les coudées franches. Aussi, va-t-il accaparer à son profit et à son usage personnels toute la publicité, de telle sorte que lui seul parlera au public par la voie de la presse.

Le spectacle de ce chef d'État journaliste n'est pas le côté le moins curieux de son extraordinaire carrière.

Son système se résume en quelques mots : après avoir rétabli l'ordre, il a résolu d'imposer le silence. Il se réserve, à lui seul, le droit de parler et d'écrire.

Il convient d'ajouter que cette opération se fit aux applaudissements de l'immense majorité de la nation.

Quant à Bonaparte, la nature, l'instinct, l'expérience, autant que la nécessité du moment, en ont fait l'ennemi personnel de la liberté de la presse.

Simple officier, il avait assisté à l'orgie des journaux révolutionnaires et royalistes, avant et après Thermidor. Il en avait conçu un profond dégoût.

Puis, il avait vu le Directoire assiégé du matin au soir par vingt, trente, cinquante journaux. Comment faire pour les réduire au silence? Et si on n'y parvient pas, comment vivre? Aussi le Directoire en est-il mort.

Enfin, personnellement, au milieu même de ses triomphes militaires, il avait été blessé au vif par les insultes et les railleries des journaux de Paris. Pour un ou deux qui disaient du bien de lui, cent autres le couvraient de sarcasmes et de calomnies.

Il n'eut donc qu'à suivre son penchant naturel, impatient de toute contradiction, rebelle à la plus légère critique.

Il n'a pas un instant d'hésitation. Dès la première heure, au lendemain du 18 Brumaire, il dit à ses confidents, à ses affidés, à ses complices :

« Si je lâche la bride à la presse, je ne resterai pas trois mois au pouvoir. »

Aussi, quelques semaines après le coup d'État, ayant eu à peine le temps de s'installer matériellement au pouvoir, il prit le célèbre arrêté du 17 janvier 1800 qui ne laissait vivre que treize journaux et qui ne leur permettait de vivre que dans la servitude et même dans la domesticité de la police.

Quoiqu'il n'éprouvât aucune hésitation à prendre une si grave mesure, il feignit, comme s'il était un débutant dans l'art du gouvernement, de consulter ses collègues. La veille du 17 janvier, dans la soirée, après la séance du Conseil de gouvernement, il convoqua un conseil secret et spécial. Il y appela, avec voix consultative seulement, deux conseillers d'État : l'un, Rœderer, journaliste de race, esprit supérieur, écrivain distingué, complice actif du 18 Brumaire et directeur de l'officieux *Journal de Paris;* l'autre était Emmery, également conseiller d'État, ancien constituant, ancien député aux Cinq-Cents, plus tard sénateur, le type de ces lâches législateurs qui après avoir adulé bassement Napoléon, accepté ses faveurs, ses titres et ses dotations, votèrent sa déchéance en 1814.

Le procès-verbal de cette importante réunion nous est connu. Il s'agissait de régler une fois pour toutes le sort de la presse. La récente Constitution de l'an VIII était muette à ce sujet. Ce silence voulu était déjà de mauvais augure.

Bonaparte prit le premier la parole, en qualité de président, et dit :

« Qu'est-ce qu'un journal? Un club diffus. Un journal agit sur ses abonnés à la manière d'un harangueur de club sur son auditoire.

« Vous voulez que j'interdise des discours qui peuvent être entendus de quatre cents ou cinq cents personnes et que j'en permette qui le soient de plusieurs milliers ! »

Par une sorte de timidité que lui imposait peut-être la nouveauté de son gouvernement, il proposa de faire intervenir le Sénat, nouveau-né, déjà mûr pour la servitude. La complaisance de ce corps lui était acquise dès ce moment : elle demeura inépuisable jusqu'à la fin, comme on sait.

Il proposa donc qu'aucun écrit périodique ne pourrait désormais paraître sans l'autorisation du Sénat.

Mais, autour de lui, on parla d'une mesure plus radicale. Puisqu'il n'existait aucune disposition constitutionnelle ou légale, l'affaire pourrait être tranchée par simple règlement de police. Deux hommes particulièrement poussèrent à cette mesure, deux anciens jacobins, terroristes et clubistes forcenés ; l'un, Fouché, ministre de la police ; l'autre, le propre frère de Bonaparte, Lucien, celui de qui il écrivait à Carnot : « Il joint à quelque esprit une très mauvaise tête. »

Bonaparte se laissa aisément convaincre. Par une sorte de pudeur qui étonne chez lui, il préféra supprimer la pensée par des mesures de police, modifiables à son gré, plutôt que de la soumettre à un système légal, fixe et régulier.

Il est remarquable que ce grand homme, qui légiféra sur tant de choses, ne voulut jamais faire une loi sur la presse.

Assurément, il était plus commode de la placer sous la coupe de son chef de police.

Le 17 janvier 1800, parut donc le fameux décret dont voici le texte intégral :

« Les conseils de la République, considérant qu'une partie des journaux qui s'impriment dans le département de la Seine sont des instruments dans les mains des ennemis de la République, que le gouvernement est chargé spécialement par le peuple français de veiller à sa sûreté, arrêtent ce qui suit :

« 1º Le ministre de la police ne laissera, pendant toute la durée de la guerre, imprimer, publier et distribuer que les journaux ci-après désignés :

Le Moniteur universel,
Le Journal des Débats,
Le Journal de Paris,
Le Bien informé,
Le Publiciste,
L'Ami des lois,
La Clef du cabinet,
Le Citoyen français,
La Gazette de France,
Le Journal des hommes libres,
Le Journal du soir,
Le Journal des défenseurs de la Patrie,
La Décade philosophique.

Et les journaux s'occupant exclusivement des sciences, arts, littérature, commerce, annonces et avis ;

« 2º Le ministre de la police fera incessamment un rapport sur tous les journaux qui s'impriment dans les autres départements ;

« 3º Le ministre de la police veillera à ce qu'il ne s'imprime aucun nouveau journal, tant dans le département de la Seine que dans les autres départements de la République ;

« 4º Les propriétaires et rédacteurs des journaux conservés par le présent arrêté se présenteront au ministre de la police pour justifier de leur qualité de citoyen français, de leur domicile et de leur signature et promettront fidélité à la Constitution ;

« 5º Seront supprimés sur-le-champ les journaux qui inséreraient des articles contraires au respect dû au pacte social, à la souveraineté du peuple et à la gloire des armées, ou qui publieraient des invectives contre les gouvernements et les nations amis ou alliés de la République, lors même que ces articles seraient extraits des feuilles périodiques étrangères.

« *Par le Premier Consul,*   *Le Premier Consul,*
« H.-B. MARET.   BONAPARTE.

« *Le Ministre de la Justice,*
« ABRIAL. »

Cet arrêté se passe de commentaires. Il est net comme le couperet de la guillotine, mais plus humiliant, car il soumettait l'expression de la pensée humaine à la police et ravalait la presse à ce bas niveau.

Du temps de la Terreur, l'échafaud ne déshonorait pas sa victime.

Étrange ironie des événements ! Si l'on remonte de deux ou trois années dans le passé, on constate que les trois principaux auteurs de ce décret despotique, Bonaparte, Lucien, Fouché, étaient alors, tous les trois, d'ardents républicains, de furieux jacobins, de farouches amis de la liberté.

L'un d'eux, Fouché, haïssait la presse, pour le moins, autant que Bonaparte ; il la méprisait davantage.

Il s'était déjà fait la main, quelques jours à peine après le 18 Brumaire, par un coup ruineux pour la presse.

Le 22 novembre 1799, en qualité de ministre de la police, il avait pris l'arrêté suivant :

« Le ministre de la police générale arrête qu'il ne sera plus communiqué aux journalistes ni bulletins, ni notes provenant des bureaux de la police.

« Fouché. »

Cette mesure, d'aspect purement administratif, coupait les vivres aux journaux, car, le service de reportage n'existant pas, il fallait absolument, pour se documenter, aller dans les bureaux de la police où étaient concentrés les renseignements de toute nature. Si la porte leur était fermée, ils ne savaient plus quoi dire.

Fouché continua bien à distribuer quelques maigres

informations, soigneusement triées, mais ce fut seulement aux amis et aux favoris. Les autres, ne sachant rien, étaient réduits à ne rien dire. Et puisqu'il n'y avait plus aucun intérêt à les acheter et à les lire, ils perdaient leurs lecteurs.

Or, on lisait encore avidement les journaux, bien que l'on fût, depuis la Révolution, saturé de gazettes et de pamphlets.

En 1800, lors de la première réduction opérée par le décret du 17 janvier, il y avait une masse de soixante mille abonnés répartis entre les journaux de diverses nuances. Cinq ans après, au début de l'Empire, il n'y en avait plus que trente-deux mille, dont le tiers revenait au *Journal des Débats*.

Bonaparte et Fouché avaient donc réussi à raréfier d'un seul coup journaux et lecteurs.

Comment fut accueillie par l'opinion publique la suppression totale et brutale de la liberté de la presse?

L'illustre historien du Consulat et de l'Empire a décrit cette impression dans une page éloquente, autant que véridique, car elle concorde avec tous les témoignages contemporains.

« Un peu avant la clôture de la session législative (commencement de 1800), le Premier Consul prit à l'égard de la presse périodique une mesure qui aujourd'hui ne serait rien moins qu'un phénomène impossible, mais qui, alors, grâce au silence de la Constitution, était une mesure tout à fait légale, et, grâce à l'esprit du temps, à peu près insignifiante.

« La Constitution, en effet, ne disait rien à l'égard de la presse périodique, et il paraîtra étonnant qu'une liberté aussi importante que celle d'écrire n'eût pas même obtenu une mention spéciale dans la loi fondamentale de l'État. Mais alors la tribune, tant celle des assemblées que celle des clubs, avait été pour les passions révolutionnaires le moyen préféré de se produire et on avait tant usé du droit de parler qu'on avait tenu peu de compte du droit d'écrire. A l'époque du 18 Fructidor, la presse fut un peu plus employée, mais particulièrement par les royalistes, et elle excita contre elle un tel soulèvement chez les révolutionnaires, qu'elle leur inspira depuis un médiocre intérêt. On souffrit donc qu'elle fût proscrite au 18 Fructidor et que, dans la rédaction de la Constitution de l'an VIII, elle fût omise et livrée dès lors à l'arbitraire du gouvernement.

« Le Premier Consul, qui déjà avait supporté avec peu de patience les attaques des journaux royalistes lorsqu'il était simple général de l'armée d'Italie, commençait à s'inquiéter aujourd'hui des indiscrétions que la presse commettait à l'égard des opérations militaires et des attaques virulentes qu'elle se permettait contre les gouvernements étrangers. S'appliquant d'une manière toute particulière à réconcilier la République avec l'Europe, il craignait que les feuilles républicaines, fort déchaînées contre les cabinets surtout depuis le refus des offres de la France, ne rendissent vains tous ses efforts de rapprochement. Le roi de Prusse, notamment, avait eu à se plaindre de quelques journaux français et en avait exprimé son déplaisir. Le Premier Consul, qui voulait effacer partout les traces de la violence et qui n'était pas retenu, d'ailleurs, à l'égard de la liberté de la presse, par une opinion publique ferme et arrêtée, telle que celle qui existe aujourd'hui, prit une décision par laquelle il supprima une grande quantité de journaux et désigna ceux qui auraient le privilège de continuer à paraître. Ces dispositions devaient demeurer en vigueur jusqu'à la paix générale. Les journaux maintenus étaient au nombre de treize...

« Ces journaux favorisés étaient en outre avertis que ceux qui publieraient des articles contre la Constitution, contre les armées, leur gloire ou leur intérêt, qui publieraient des invectives contre les gouvernements étrangers, amis ou alliés de la France, seraient immédiatement supprimés. Cette mesure, qui paraîtrait si extraordinaire aujourd'hui, fut accueillie sans murmure et sans étonnement, car les choses n'ont de valeur que par l'esprit qui règne.

« Sans doute, le pays était affamé de paix, de tranquillité, d'ordre ; il était fatigué des criailleries de la presse et de la tribune, et il avait un gouvernement actif et brillant dont il était fier et satisfait, et qui offrait au peuple des nouveautés fécondes et glorieuses.

« Thiers. »

Si telle fut l'impression sur le public, on peut supposer qu'elle fut bien différente chez les intéressés, chez ceux qui exerçaient la profession de journaliste, soit pour en vivre, soit pour exprimer publiquement leur pensée.

Quelques-uns d'entre eux, plus spécialement les

imprimeurs et les typographes, que le décret jetait sur le pavé, eurent la naïveté de porter leurs respectueuses doléances aux pieds du ministre de la police.

Fouché avait pour principe de rejeter sur Bonaparte la responsabilité des mesures de rigueur ; il renvoya donc les plaignants au Premier Consul, en leur disant textuellement :

« Si je lui parlais de réclamation, il m'enverrait faire fiche ! »

Nul n'y alla, comme on pense.

Un seul, un audacieux, osa résister. Il s'appelait *l'Ange Gabriel*. Il essaya de reparaître sous une autre forme. Il fut instantanément brisé.

Dès le lendemain du décret, l'asservissement total de la presse fut organisé par Bonaparte et Fouché avec méthode et persévérance. La surveillance de la police s'exerçait sans relâche, avec une sorte de férocité tranquille, sur de malheureuses victimes qui ne songeaient guère à regimber.

Fouché devait s'assurer que les rédacteurs étaient d'une moralité à l'abri de tout soupçon ; cela voulait dire qu'ils acceptaient docilement le joug. L'un d'entre eux avait-il laissé échapper un mot peu respectueux pour le gouvernement? Aussitôt il était mandé dans les bureaux de la police. Menaces ou promesses, il avait à choisir entre les deux, et l'on savait que les premières n'étaient jamais vaines.

Le châtiment était immédiat : suspension ou suppression du journal, parfois aussi l'emprisonnement ou le bannissement de l'éditeur !

L'hostilité de Bonaparte contre les journaux s'explique par le fait qu'il appréhendait avec une véritable anxiété leur effet sur l'esprit public. C'était une sorte de défiance maladive. Chaque matin il interrogeait avec une curiosité inquiète l'analyse des journaux que lui faisait un bibliothécaire particulier, Ripault, et qu'il trouvait sur sa table, en entrant dans son cabinet de travail.

Pour lui, le journaliste devait être une sorte de fonctionnaire, esclave de la consigne comme les grenadiers de son armée.

Il écrit un jour à Fouché :

« Je voudrais que les rédacteurs des journaux conservés fussent des hommes attachés. »

C'est le mot juste : la chaîne au cou ! Et Fouché ne se faisait point prier pour la tirer à la moindre velléité d'indépendance !

Sans doute, il est juste de le reconnaître, la liberté absolue de la presse était incompatible avec le programme de pacification et de réparation que s'était donné Bonaparte.

Il voulait supprimer le bruit de l'opinion publique autour de la France malade, comme on supprime le bruit autour du lit d'un moribond.

S'il n'avait étranglé sur l'heure la parole et l'écriture, aurait-il pu se dégager des périls de toute sorte dont la France était menacée, aussi bien de la part de l'étranger que du côté des partis politiques ?

Il est permis d'en douter.

On peut simplement regretter qu'il n'ait pas consenti à desserrer progressivement l'étau, au fur et à mesure qu'il rétablissait l'ordre et qu'il affermissait son gouvernement.

Une critique, même modérée, lui eût peut-être épargné bien des fautes, bien des folies et bien des désastres.

Le premier résultat de cet état de choses fut d'écarter de la presse les écrivains de talent et les esprits indépendants.

Parmi ceux qui restèrent sous la férule de Fouché, quelques-uns furent d'honnêtes gens dans la vie privée ; d'autres, tels que Méhée, mêlé aux massacres de Septembre, mouchard de basse catégorie, étaient un déshonneur pour la corporation.

Caractères serviles par nature ou par nécessité, ils tombèrent bientôt dans la platitude et l'adulation la plus écœurante. Ils se placèrent tout de suite au niveau des courtisans des rois absolus de l'ancienne France.

Sans transition, dès le lendemain du 18 Brumaire, ce fut autour de Bonaparte un concert de flatteries, une épaisse fumée d'encens à donner la nausée. On s'extasiait sur son activité, on le représentait mangeant peu, dormant peu, travaillant dix heures par jour. On le mettait perpétuellement en scène. On citait ses mots, ses propos, ses boutades. Cela ne lui déplaisait pas, car c'était pour lui une façon de causer familièrement avec Paris et d'orienter l'opinion.

Un jour, le *Publiciste* cite ce mot du Premier Consul :

« Dans trois mois, je n'aurai pas besoin de plus de trois heures de travail par jour. »

On ne tarissait pas de détails sur sa personne, sur ses faits et gestes, sur les traits de son caractère. On le comparait aux héros les plus illustres de l'antiquité, dont il avait la simplicité.

Le bruit avait couru qu'il irait s'installer aux Tuileries le 21 janvier, anniversaire de la mort de Louis XVI. Aussitôt on lui prête ce démenti qui devait plaire aux royalistes :

« Je n'eusse point entré ce jour-là aux Tuileries. »

Cette idolâtrie, cette réclame, cette platitude outrée, finirent par devenir dangereuses pour Bonaparte lui-même. Il était bien trop fin pour ne pas s'en apercevoir.

Il y eut à ce sujet un vif incident au Tribunat. Un certain Duveyrier fit entendre des protestations du haut de la tribune. Bonaparte le fit rabrouer dans le *Moniteur*, car il détestait déjà ces tribuns, dernier vestige d'indépendance, « sorte de vermine que j'ai sur mes habits », disait-il ; mais, quelques jours après, un autre tribun, Riouffe, l'ayant, par contre, platement adulé, Bonaparte saisit l'occasion, et fit publier dans les journaux la note suivante :

« On prétend que Bonaparte a annoncé qu'il refuserait sa porte à quiconque se permettrait contre lui (!) des éloges emphatiques ou ridicules. »

« Contre lui » ne manque pas d'esprit.

Les républicains commençaient à se méfier ; pour leur plaire, il fit placer dans les galeries des Tuileries le buste de Brutus. Puis il fit insérer dans le *Moniteur* une dissertation accompagnée de ces réminiscences classiques qu'il affectionnait et qui étaient dans le goût du jour. Il reproche à César « d'avoir accumulé sur sa tête toutes les dignités, tous les pouvoirs et mis partout sa volonté à la place de la loi. Quant à celui qui l'a frappé, il était noble et pur ! »

Le moderne César reprochant à l'ancien sa dictature, cela dut exciter quelques sourires discrets !

Si l'avilissement de la presse eut pour résultat d'abaisser les caractères, il comportait certains avantages pour un gouvernement qui visait principalement à la tranquillisation du pays.

Le silence apportait le calme dans les esprits.

Un exemple nous montre avec quel art Bonaparte savait manier la presse. Il n'ignorait point que la publicité donnée au crime entraîne la contagion du crime. Voulant donc enrayer l'extension des bandes de chauffeurs qui désolaient le territoire, il défendit aux journaux d'en parler. Il alla plus loin, et, très sagement, il leur interdit même de parler de la répression exemplaire qui en fut faite.

Balzac le remarque dans l'*Envers de l'histoire contemporaine* à propos des bandes qui terrorisaient le pays entre Mortagne et Rennes.

« Ces derniers retentissements de la guerre civile, dit-il, ne firent pas autant de bruit que vous pourriez le croire, habitués que nous sommes aujourd'hui à l'effrayante publicité donnée par la presse aux moindres procès politiques ou criminels.

« Le système du gouvernemnet impérial était celui de tous les gouvernements absolus. La censure ne laissait rien publier de tout ce qui concernait la politique, excepté les faits accomplis, et encore, étaient-ils travestis. Si vous vous donnez la peine de feuilleter le *Moniteur*, les autres journaux existants, et même ceux de l'Ouest, vous n'y trouveriez pas un mot des quatre ou cinq procès criminels qui coûtèrent la vie à soixante ou quatre-vingts brigands. »

Ce système qui supprimait le fait fut poussé si loin que les journaux n'osèrent pas commenter l'événement le plus sensationnel de l'époque, l'exécution du duc d'Enghien.

Le *Journal de Paris* avait commis l'imprudence d'en dire quelques mots. Le Premier Consul le blâma sévèrement en plein Conseil d'État.

« J'ai regretté, dit-il, que le *Journal de Paris* ait publié ce matin les détails de la conspiration avant que j'en eusse entretenu le Conseil d'État, qui ne devait pas les apprendre par les journaux. J'ai fait réprimander le rédacteur. »

Le *Moniteur* se contenta de publier le texte du jugement, le lendemain de l'exécution, sans aucun détail ni commentaire.

Malheur, avons-nous dit, à celui qui voulait rompre cette consigne. Il n'était point nécessaire d'exciter le zèle de Fouché ; cependant Bonaparte, en chaque occasion, lui reproche de ne pas frapper assez vite, ou de frapper trop mollement.

Il serait long et fastidieux d'énumérer ces rigueurs pendant la période du Consulat. Citons-en pourtant quelques-unes :

Le 2 octobre 1801, la *Gazette de France* est signalée à la sévérité de la police pour avoir publié « des plaisanteries atroces sur la mort d'un portier » !

En quoi donc consistait cette atroce plaisanterie ? L'article rapportait tout simplement que ledit portier, avant de se tirer un coup de pistolet, avait eu l'attention de retirer ses bottes pour éviter apparemment à ses héritiers la peine de les retirer !

Le 5 octobre 1801, les *Affiches d'Eure-et-Loir* sont supprimées pour avoir dit :

« Le peuple a l'imprescriptible droit de révoquer les maîtres qu'il s'est donnés. »

Cela, en effet, est plus grave !

Le 13 février 1802, la *Vedette de Rouen* est supprimée pour avoir dit que le discours du président de l'Institut au Premier Consul avait été « inspiré par le vingt et unième livre de Télémaque ! »

Indiscrétion fâcheuse, à coup sûr !

Le 5 avril 1800, les conseils de la République signifient avec une certaine solennité à Fouché que trois journaux : le *Bien informé,* les *Hommes libres* et les *Défenseurs de la Patrie,* ne paraîtront plus, à moins que les propriétaires ne présentent des rédacteurs d'une moralité et d'un patriotisme à l'abri de toute corruption !

On sait ce que cela veut dire : il faut des gens « attachés », a dit Bonaparte.

Le 28 mai 1800, l'*Ami des lois* est supprimé, uniquement pour s'être moqué de l'Institut.

Au mois d'avril de la même année, la *République démocrate d'Auch* est supprimée pour avoir tout simplement parlé, comme d'un fait public, du renchérissement des grains.

Le 10 août 1800, c'est le tour de l'*Antidote,* rédigé par le mouchard Méhée, pour répondre aux déclamations des royalistes, sous l'inspiration de Fouché.

Le 25 septembre 1800, les *Débats* et la *Gazette de France* sont supprimés momentanément pour avoir reproduit le Bref du Pape aux évêques émigrés à Londres.

Défense aux autres, par la même occasion, de parler de la religion et des prêtres.

C'est une série interminable de saisies, suppressions, censures, avertissements, réprimandes, emprisonnements, bris de presse, sans interruption et à jet continu !

Bien entendu, la presse étrangère n'échappe point à ces rigueurs. Fouché a établi à la frontière et dans tous les ports un cordon sanitaire qui arrête toute feuille suspecte.

Mais il ne faut pas croire que Fouché entende se

priver personnellement de cette lecture, qui a, pour lui, un intérêt particulier, car Fouché a toujours suivi de près la politique générale du gouvernement. C'était chez lui, dans son cabinet, que venaient s'entasser les gazettes étrangères, interdites au regard de la France et dont on lui faisait un dépouillement quotidien. « Par là, disait-il, je tenais les fils les plus importants de la politique étrangère, et je faisais, avec le chef du gouvernement, un travail qui pouvait contrôler ou balancer celui du ministre des Relations extérieures. »

Cet empiétement de Fouché sur le terrain diplomatique ne fut pas une des moindres causes de sa brouille avec Talleyrand.

Quand on réfléchit sur cette suppression presque totale de la parole et de l'écriture, sous le Consulat d'abord, et surtout sous l'Empire, on se demande comment un homme tel que Bonaparte, supérieur à tant d'égards, n'eut pas honte de se trouver en face d'adversaires muets ou enchaînés, lui qui était armé de toutes les puissances, de toutes les séductions, de tous les talents.

Son génie était digne de vivre au milieu d'une sage liberté.

CHAPITRE II

LA PRESSE CLANDESTINE

Si habile que soit la police, si serrées que soient les mailles du filet, il s'y trouve toujours quelque fissure par laquelle passent les habiles. Bonaparte et Fouché, dès 1802, en firent l'expérience. Thibaudeau nous le raconte dans les lignes suivantes :

« Malgré l'activité de Fouché et la surveillance de la police, il paraissait toujours quelques écrits hostiles, et surtout royalistes, contre le gouvernement.

« Tel était le journal intitulé *l'Invisible*, établi en l'an VIII par le comité royaliste, qui s'imprimait clandestinement à Paris et qui contenait des détails de mauvais goût et dénués de vérité, sur l'intérieur du Premier Consul, aux Tuileries et à la Malmaison.

« Fouché lui en remit un jour un numéro où l'on disait qu'il projetait de divorcer, parce que sa femme ne pouvait pas lui donner d'héritier.

« Il le lut tout haut, en présence de plusieurs personnes, et eut l'air d'en rire.

« Rœderer, qui ne perdait pas une occasion d'attaquer Fouché, dit à ce sujet :

« Ce qui est le plus important, c'est un article du journal *la Vedette de Rouen* relatif aux observations faites sur l'organisation du Tribunat, article qui suffirait pour faire supprimer tous les journaux de Paris, s'ils n'étaient pas terroristes.

« Fouché balbutia quelques mots, et le Premier Consul eut l'air de ne pas faire attention à cette accusation. »

Il n'y avait pas que *l'Invisible*. Un bulletin, écrit à la main, clandestinement distribué, répandait aussi des détails, vrais ou faux, sur la vie des premiers personnages de l'État, et spécialement du Premier Consul. On prétendait révéler ce qu'il disait, faisait ou pensait, à tout instant du jour et de la nuit. Les étrangers, qui étaient alors en grand nombre à Paris, répandaient ce bulletin dans toute l'Europe. Les journaux d'Allemagne et d'Angleterre y puisaient toutes sortes d'anecdotes scandaleuses, la plupart du temps controuvées.

La police découvrit et fit arrêter le rédacteur de ce bulletin; il se nommait Fouilloux. On trouva dans ses papiers la liste de ses abonnés et de ses patrons. On y voyait le corps diplomatique tout entier, le citoyen Serbelloni, ambassadeur de la République italienne, le marquis de Lucchesini, ambassadeur de Prusse, le comte Markow, ambassadeur de Russie.

Ce dernier indiquait même le sens dans lequel le bulletin devait être rédigé !

Le Premier Consul en parla, avec une apparente indifférence, devant le Conseil d'État.

« Il ne contient que des absurdités. Il paraît, d'après ce qu'on y dit de moi, que l'auteur ne connaît seulement pas mon physique ; on y suppose des scènes galantes semblables à celles de Louis XV.

« En effet, je ressemble beaucoup à ce monde-là, n'est-ce pas? On m'y fait dépenser des sommes folles pour mes voyages à la Malmaison ; on sait comment je jette l'argent par les fenêtres. On y raconte une scène violente entre moi et Barbé-Marbois (ministre du Trésor) à qui j'aurais demandé quinze millions pour mon voyage de Lyon, et qu'il m'aurait refusés, tandis que je n'ai pas dépensé cinquante mille francs. On y parle de prétendues querelles entre moi et Lannes. J'ai dit au citoyen Serbelloni, à Lyon, en présence de plusieurs de ses compatriotes, qu'il avait donné trois cents francs à l'auteur et que son nom était sur la liste des abonnés. Il y a parmi eux bien d'autres gobe-mouches étrangers. On ne conçoit pas que des gens revêtus d'un caractère respectable en abusent pour encourager de semblables rapsodies. On exagère dans ce bulletin les dangers de l'opposition du Tribunat et du Corps législatif. On attribue à la crainte que j'en ai eue ma prétendue hésitation à faire mon voyage à Lyon. Il n'y en a eu aucune ; car, si Paris était devenu inquiétant, après avoir tout arrangé, je serais revenu dans trois fois vingt-quatre heures. Tout était d'avance concerté et disposé par Talleyrand. »

Impassibilité ou dédain? Ces sentiments qu'il affichait devant ses ministres et ses conseillers n'étaient qu'à la surface. Son âme ardente demeurait toujours frémissante à la moindre piqûre faite à sa gloire ou à son amour-propre. Et les blessures qu'il supportait le moins patiemment, c'étaient celles des journaux. Nous en avons vu l'effet en Italie. Maintenant qu'il est au pouvoir suprême et qu'il domine la France, c'est la même sensibilité de peau.

CHAPITRE III

COMMENT IL LISAIT LES JOURNAUX

Dès la première heure du jour, aussitôt après le lever, il s'inquiétait de l'opinion.

« Que disent les journaux? Que dit-on de moi à Paris? » Telle a toujours été, tout le long de sa carrière, la première préoccupation de sa journée.

Il disait un jour à Fouché que, dans les batailles, dans les plus grands périls, au milieu des déserts même, il avait toujours eu en vue l'opinion de Paris et surtout celle du faubourg Saint-Germain. De même Alexandre tournait sans cesse ses regards vers Athènes et César vers Rome !

On n'ignorait point, dans son entourage le plus intime, à quel degré il était sensible aux journaux. En voici un curieux témoignage. On sait qu'au moment du Consulat à vie, les frères de Bonaparte, qui, déjà, se croyaient de souche princière, poussaient à l'hérédité. Joséphine, d'un avis contraire, en causait un jour avec Thibaudeau, et elle lui dit :

« Il serait utile de les démasquer dans quelques journaux. Pour Bonaparte lui-même, il n'y a que cela qui puisse le tempérer ; il est très sensible aux sarcasmes qui sont dans les journaux anglais. Aussi l'entendez-vous déclamer contre les écrivains et les avocats. »

Cette sensibilité n'est point particulière à Napoléon. Beaucoup d'hommes d'État l'ont éprouvée, qui ne l'avouent pas toujours. Dans notre siècle, Bismarck, ce grand manieur de journaux, en est un exemple. Parmi les contemporains de Napoléon, on peut citer Metternich. Chateaubriand nous le dit dans ses *Mémoires* :

« Je sais combien Metternich craint les journaux ; je l'ai vu, à Vérone, quitter les affaires les plus importantes, s'enfermer tout éperdu avec M. de Gentz, pour brocher un article en réponse au *Constitutionnel* ou aux *Débats*. »

Dans les premiers temps, c'était Bourrienne qui faisait la lecture à Bonaparte. Il écoutait en marchant de long en large dans son cabinet. Cette méthode lui permettait de faire de l'exercice, tout en travaillant.
Comme il ne savait point l'anglais, Bourrienne traduisait.
Bonaparte dit un jour à Joséphine, devant Thibaudeau :

« Je suis bien avec Bourrienne : c'est lui qui me donne les extraits les plus piquants des journaux anglais. »

C'est à ces journaux et aux journaux allemands qu'il donnait sa principale attention.

Quand Bourrienne tenait en main les journaux français :

« Passez, passez, lui disait-il, je sais ce qu'il y a. Ils ne disent que ce que je veux. »

Cette lecture se faisait souvent pendant le bain. On sait qu'il y restait quelquefois deux heures, malgré l'avis des médecins !

« Pendant ce temps, dit Bourrienne, je lui lisais les extraits des journaux, ou quelques pamphlets nouveaux, car il aurait voulu tout entendre, tout connaître, tout voir par lui-même. Tandis qu'il était dans le bain, il lâchait continuellement le robinet d'eau chaude et élevait la température du bain à un tel point que je me trouvais dans une atmosphère de vapeur assez épaisse pour m'empêcher d'y voir assez clair pour continuer la lecture ; on était alors obligé d'ouvrir la porte...

« Pendant qu'il se rasait, je lui lisais les journaux, en commençant toujours par le *Moniteur*, mais il ne donnait toute son attention qu'aux journaux anglais et allemands.

« Dès qu'il entendait quelque chose de remarquable, il se tournait brusquement de mon côté. »

Bourrienne ne conserva longtemps ni l'amitié ni la confiance de Bonaparte. Il profitait de sa situation pour faire des affaires de fournitures militaires. Le Premier Consul avait horreur de ce trafic. Bourrienne, congédié, fut remplacé par un jeune homme de vingt-quatre ans, Méneval, qui savait l'anglais. Méneval fut chargé de la lecture des journaux.

Plus tard, sous l'Empire, cet office fut souvent rempli par le chambellan de service.

L'un d'eux, M. de Beausset, parfait courtisan, nous raconte que parfois cette lecture devenait fort embarrassante, quand il s'agissait des gazettes étrangères, remplies d'expressions dures et désobligeantes. « Un jour, dit-il, j'étais plus embarrassé que de coutume parce que je faisais cette lecture en présence de l'Impératrice, des pages, des maîtres d'hôtel et d'un grand nombre de valets de chambre de toute espèce. « Lisez, me disait Napoléon dès que je m'arrê-
« tais pour respirer, lisez donc, vous en verrez bien
« d'autres. » Je voulais m'excuser, l'assurant que je croirais manquer de respect. Il ne tint aucun compte et m'ordonna, en riant, de continuer. L'œil tendu sur les lignes que j'avais à lire et cherchant d'avance à en diminuer l'effet ou l'expression, j'arrivai à un mot que je remplaçai assez couramment par celui d'Empereur. Maladroit que j'étais, je lui donnais un titre que les journaux anglais n'avaient jamais voulu lui donner. Il me dit de lui apporter le manuscrit ; il lut tout haut le mot écrit que j'avais évité de prononcer, me rendit le papier et me dit de continuer.

« Le soir même, au cercle, je m'approchai du duc de Bassano et lui contai mon aventure.

— « Que voulez-vous, me dit-il, l'Empereur m'ordonne de lui mettre sous les yeux la traduction rigoureuse et littérale des journaux anglais, il faut bien lui obéir puisqu'il veut tout voir par lui-même. »

Le principal traducteur des journaux étrangers était Mounier, le fils de l'ancien constituant. Il savait parfaitement l'anglais et l'allemand.

Cette lecture avait pour Napoléon le plus vif intérêt. Elle lui présentait l'avantage de connaître les dires de l'ennemi et de voir, pour ainsi dire, de revers, sa situation de chaque jour.

Souvent, au moment où on venait lui remettre ces gazettes tout humides encore de l'eau salée des contrebandiers, impatient d'avoir une première idée de ce qu'elles contenaient, il appelait Mounier et lui commandait de les déchiffrer en sa présence.

Il y avait, pour cet objet, un bureau spécial de traductions auprès du cabinet. Napoléon préférait ce travail à celui à peu près semblable que l'on faisait aux Affaires étrangères ou à la Police. Il se défiait également de l'un et de l'autre de ces ministères.

Il écrivait, un jour, à son frère Joseph pour l'assurer qu'il lisait lui-même toutes les pièces qui lui étaient remises, et, ajoutait-il, « probablement vous supposez que je connais la force des idées et des phrases. »

CHAPITRE IV

« LE MONITEUR »
FONDATION DU JOURNAL OFFICIEL

A partir du 18 Brumaire, il n'y eut plus en France qu'un seul journal politique : le *Moniteur*.

Et il n'y eut aussi, en fait, qu'un seul journaliste politique, libre d'exprimer sa pensée : Bonaparte lui-même.

Il fut le véritable directeur du *Moniteur*, et aussi son rédacteur en chef, assurant les services de rédaction, contrôlant les informations, veillant à la mise en pages, critiquant les articles, scrutant les dépenses, développant le tirage et la circulation, l'œil fixé sur les concurrents, remplissant, en un mot, toutes les obligations professionnelles du journaliste à qui serait confiée la fortune d'un journal.

Ce que nous venons de dire provoquera peut-être quelque surprise ; en effet, la personnalité de Napoléon n'est guère connue sous cet aspect ; la plupart de ses historiens, éblouis par les feux plus éclatants de sa gloire militaire ou politique, n'ont fait qu'entrevoir le journaliste. C'est dans le *Moniteur* du Consulat, véritable journal de combat, que Napoléon montra des qualités de polémiste, telles qu'on en rencontre peu dans la presse, comme l'a dit Frédéric Masson.

Voyons d'abord ce qu'était le *Moniteur* au 18 Brumaire, au moment où Bonaparte allait s'en emparer pour en faire un journal officiel, sous sa direction personnelle.

Le *Moniteur* datait de 1789. Il avait appartenu, en propriété privée, à Charles-Joseph Panckoucke, son fondateur, le libraire le plus renommé de l'Europe, père de Panckoucke, l'admirable traducteur de *Tacite*.

A la mort de Panckoucke en 1790, le journal devint la propriété de son gendre Agasse ; celui-ci continua à l'imprimer pendant le Consulat et l'Empire, n° 13, dans la rue des Poitevins dont il reste encore aujourd'hui un tronçon.

Le prix de l'abonnement était de cent francs.

Ce titre sonore et expressif de *Moniteur* convenait à Bonaparte ; c'est la raison qui détermina son choix parmi les journaux échappés à l'hécatombe de Brumaire.

La transformation du *Moniteur* en journal officiel fut confiée à Maret, son secrétaire d'État, son homme de confiance. Maret était lui-même un ancien journaliste, connaissant la pratique du métier.

Nous en verrons beaucoup, de ces journalistes, parmi les collaborateurs les plus directs et les plus distingués de Napoléon ; car, s'il n'aimait point la presse, il avait du goût pour les journalistes, à la condition qu'ils fussent « attachés », comme il aimait à dire.

Maret, trop occupé par ses hautes fonctions de

secrétaire d'État, plaça à la tête du *Moniteur* un certain Sauvo François. C'était un rédacteur en chef pour la forme. Il comprit tout de suite, ou bien on lui fit comprendre, qu'il eût à s'effacer immédiatement devant le véritable rédacteur en chef, c'est-à-dire devant le Premier Consul lui-même. Sauvo s'effaça de bonne grâce ; il se réserva modestement les théâtres, la critique théâtrale et le courrier des spectacles. Cette rubrique assure en tout temps, à son titulaire, la tranquillité et la sécurité ; sans compter les entrées dans les coulisses, avec les menues faveurs qui en découlent. Ce n'était pas la part la plus mauvaise dans cette époque troublée où les journalistes n'étaient jamais sûrs du lendemain.

Sauvo coula ainsi des jours heureux dans la même fonction jusqu'en 1840, donnant ainsi à ses confrères un bel exemple de longévité.

Le Premier Consul laissa le *Moniteur* en propriété privée. Trop économe pour se livrer à une dépense quand il pouvait l'éviter, il ne l'acheta point. Il se contenta de lui donner les moyens de vivre, en lui conférant, à titre d'échange contre son indépendance, le privilège des nouvelles publiques, de la publication des actes et communications du gouvernement. C'était lui assurer des lecteurs et des abonnés, à l'abri de toute concurrence ; en effet, deux ans après, en 1803, le *Moniteur* comptait 2 450 abonnés.

Il est vrai que, contrairement aux prévisions de Bonaparte, et à son grand déplaisir, les *Débats* en comptaient à la même époque 8 150, et, on peut le dire, de meilleure qualité.

Tant il est vrai que les journaux officiels ou officieux rencontrent peu de faveur auprès du public payant !

Tous ces arrangements furent conclus avec la rapidité habituelle à Bonaparte.

L'investiture officielle fut donnée au *Moniteur* par une lettre du secrétaire d'État, conçue en ces termes :

« Paris, le 27 décembre 1799.

« *Maret, secrétaire d'État,*
à Fouché, ministre de la police générale.

« J'ai l'honneur de vous prévenir, citoyen ministre, conformément aux ordres que j'ai reçus du Premier Consul, que le *Moniteur* est, à dater de ce jour, le seul journal officiel. Je vous prie, en conséquence, de vouloir bien donner les ordres nécessaires afin que les actes de votre administration et les faits de votre correspondance qui doivent être rendus publics, lui soient communiqués exactement.

« Maret. »

Dès le lendemain, le 28 décembre 1799, le *Moniteur* publie en tête et en gros caractères, sur trois colonnes, l'entrefilet suivant :

« Nous sommes autorisés à prévenir nos souscripteurs qu'à dater de ce jour le *Moniteur* est le seul journal officiel.

« Il contiendra les séances des autorités constituées, les actes du gouvernement, les nouvelles des armées, ainsi que les faits et les notions tant sur l'intérieur que sur l'extérieur, fournis par les correspondances ministérielles.

« Un article sera particulièrement consacré aux sciences, aux arts et aux découvertes nouvelles. »

On lit à la dernière page :

« A Paris, de l'imprimerie du citoyen Agasse, propriétaire du *Moniteur*, rue des Poitevins, n° 13. »

A partir de ce jour, l'histoire du *Moniteur*, organe de Napoléon, se confond avec l'histoire même de la France.

Le journal est divisé en deux parties : la première intitulée : actes du gouvernement ; c'est la partie officielle ; le contenu émane directement du cabinet consulaire, plus tard impérial.

Tous les soirs, les épreuves des articles politiques, des nouvelles du dedans et du dehors, étaient soumises à la revision du ministre secrétaire d'État. Quand celui-ci accompagnait Napoléon dans ses expéditions ou ses voyages, il était remplacé par le sage et bienveillant Cambacérès.

CHAPITRE V

TÉMOIGNAGES
SUR LA DIRECTION EFFECTIVE
DE NAPOLÉON AU « MONITEUR »

Sur la direction réelle, effective et constante de Bonaparte, sur sa collaboration assidue au *Moniteur*, les témoignages abondent.

Le sien d'abord.

Dans ses immortels propos de Sainte-Hélène, il définit lui-même, avec la précision qui lui est propre, le caractère de cette collaboration.

Il venait de parcourir, avec une évidente satisfaction, un grand nombre de numéros du *Moniteur* dont il avait reçu la collection complète. C'était le 13 juin 1816.

Il dit à Las-Cases :

« Ces *Moniteur*, si terribles et si à charge à tant de réputations, ne sont constamment utiles et favorables qu'à moi seul. C'est avec les pièces officielles que les gens sages, les vrais talents, écriront l'histoire ; or ces pièces sont pleines de moi, et ce sont elles que je sollicite et que j'invoque. »

Il ajoutait qu'il avait fait du *Moniteur* l'âme et la force de son gouvernement, ainsi que son intermédiaire avec l'opinion publique du dedans et du dehors. Tous les gouvernements, depuis, l'ont imité plus ou moins.

« Arrivait-il au dedans, parmi les hauts fonctionnaires, une faute grave quelconque? Aussitôt, disait l'Empereur, trois conseillers d'État établissaient une enquête ; ils me faisaient un rapport, affirmaient les faits, discutaient les principes ; moi, je n'avais plus qu'à écrire au bas : *Envoyé pour faire exécuter les lois de la République ou de l'Empire*, et mon ministère était fini.

« Le résultat public obtenu, l'opinion faisait justice. C'était là le plus redoutable et le plus terrible de mes tribunaux. S'agissait-il, au dehors, de quelques grandes combinaisons politiques, ou de quelques points délicats de diplomatie? Ces objets étaient indirectement jetés dans le *Moniteur;* ils attiraient aussitôt l'attention universelle, occupaient toutes les discussions ; c'était le mot d'ordre pour les partisans du gouvernement, en même temps qu'un appel à l'opinion pour tous. On a accusé le *Moniteur* pour ses notes tranchantes, trop virulentes contre l'ennemi ; mais, avant de le condamner, il faudrait mettre en ligne de compte le bien qu'elles peuvent avoir produit, l'inquiétude parfois dont elles torturaient l'ennemi, la terreur dont elles frappaient un cabinet incertain, le coup de fouet qu'elles donnaient à ceux qui marchaient avec nous, la confiance et l'audace qu'elles inspiraient à nos soldats... »

Il disait aussi que c'était une chose bien remarquable d'avoir traversé si jeune et avec tant de tracas les quinze années du Consulat et de l'Empire, sans avoir à redouter le *Moniteur*.

« Il n'est pas une phrase, ajoutait-il, que j'aie à en faire effacer. Au contraire, il demeurera infailliblement ma justification, toutes les fois que je pourrai en avoir besoin. »

Cette communication directe et quotidienne du gouvernement avec le public était, pour l'époque, une innovation aussi hardie et aussi heureuse que tant de nouveautés introduites par Napoléon dans les autres parties du gouvernement.

Son exemple a été, depuis, imité par tous les gouvernements du monde. Il existe partout un journal officiel. Mais qu'un souverain donne ouvertement son avis, l'écrive ou l'inspire de telle manière que nul ne l'ignore, qu'il le signifie de cette façon aux amis et aux adversaires, voilà ce que, depuis Napoléon, aucun souverain n'a osé faire; aucun n'en a eu le courage, la force ou le talent.

Au témoignage de Napoléon sur sa collaboration directe au *Moniteur*, s'ajoute celui de l'un de ses principaux collaborateurs dans son œuvre de restauration sociale, Chaptal, ministre de l'Intérieur.

« Napoléon, dit-il dans ses *Mémoires*, se servait lui-même des journaux pour faire la guerre à ses ennemis, surtout aux Anglais. Il rédigeait personnellement toutes les notes qu'on insérait dans le *Moni-*

teur, en réponse aux diatribes ou aux assertions qu'on publiait dans les gazettes anglaises.

« Lorsqu'il avait publié une note, il croyait avoir convaincu. On se rappelle que la plupart de ces notes n'étaient ni des modèles de décence, ni des exemples de bonne littérature ; mais, nulle part, il n'a mieux imprimé le cachet de son caractère et de son genre de talent. »

Chaptal, aigri par la brouille qui le sépara brutalement de Napoléon, nous paraît un peu sévère pour le maître journaliste. Un avis bien différent et plus autorisé est celui de Thiers qui a dit :

« Nous connaissons dans le *Moniteur* de 1800 à 1803 des articles écrits par lui pour répondre aux attaques des journaux étrangers, qui sont des chefs-d'œuvre de raison, d'éloquence et de style. »

Autre témoignage :
Sous le Second Empire, une commission fut instituée dans le but de réunir et de publier l'innombrable correspondance de l'Empereur. Le rapporteur de cette commission, le comte Rapetti, déclara que les articles de Napoléon parus dans le *Moniteur* devaient trouver place dans les œuvres complètes de l'Empereur.

Ces articles furent réunis, en effet. Cette collection incomparable fut l'objet de soins pieux et compétents. On réussit à la former sans grande difficulté, car, malgré l'anonymat obligatoire, il n'était guère possible de se méprendre sur l'identité de l'illustre rédacteur.

Comme l'a dit Sainte-Beuve, on y reconnaît toujours, malgré l'absence de toute trace authentique, la griffe du lion.

Malheureusement ce trésor unique pour l'histoire et la littérature fut brûlé lors de l'incendie des ateliers de l'hôtel du *Moniteur* en 1858. Jusqu'à cette époque, on avait conservé dans les archives du journal de nombreuses épreuves de ces articles portant des corrections de la main même de Napoléon. Elles furent également détruites ou perdues.

C'est un désastre irréparable.

CHAPITRE VI

LA COLLABORATION MATÉRIELLE DE NAPOLÉON AU « MONITEUR »

Nous devons à un excellent historien de Napoléon, M. Guillois, quelques détails fort intéressants sur le côté pour ainsi dire matériel de cette collaboration. Il a pu compulser toutes les pièces qui se trouvaient aux archives du *Moniteur* avant l'incendie.

Ces documents sont de deux sortes :

1º Communications directes faites par le secrétaire d'État Maret, écrites par lui, rarement signées ; elles portent généralement sur des insertions ou des suppressions qui doivent être faites dès le lendemain.

2º Notes émanant de l'un des deux directeurs du *Moniteur*, Agasse ou Sauvo, qui envoient au secrétaire d'État le sommaire du prochain numéro.

Les indications de Maret sont les suivantes :

Bon.
Inadmissible.
A supprimer.

La plupart du temps, ces observations étaient faites sous la dictée même du Premier Consul.

Quand la rédaction était définitivement établie, Maret ou Bourrienne, suivant le cas, la faisaient parvenir à Sauvo, le rédacteur en chef.

Comme tout ce qui émanait du Premier Consul, cela n'allait pas sans une certaine solennité.

La prose consulaire était transcrite par le chef du cabinet civil ou par le secrétaire d'État sur papier officiel portant en tête, finement gravée par Neigeon, l'image de la République, coiffée du bonnet phrygien, une hache dans la main droite, une couronne de lauriers dans la gauche. Le siège sur lequel elle est assise dans une attitude calme et ferme, porte la formule : « Au nom du peuple français », mais, détail significatif, un seul nom est gravé sur le socle : « Bonaparte, consul de la République. »

Il n'est point question des autres consuls, et dans la lecture que nous ferons bientôt du *Moniteur*, il n'en sera, non plus, presque jamais question.

Voici le fac-similé d'une de ces communications (1).

Et en voici le texte :

« *A insérer dans le numéro d'aujourdhui* 30 *pluv.*

« 30 pluviôse an IX.

« Les habitants du département de l'Ardèche, réunis aux colonnes d'éclaireurs, sont parvenus à détruire les brigands qui le désolaient.

« Les habitants de la Lozère n'ont pas montré la même énergie et il existe encore des brigands dans ce département.

(1) Voir ci-contre ce fac-similé.

30 plu. aug.

a insérer dans le N.°
d'aujourd'hui 30 plus

Paris, le   an   de la République française.

                          Les habitans du Dépt. de
                      l'Ardèche, réunis aux Colones
après avoir   d'Sibérien sont parvenus
                      à détruire les Brigands
                      qui désolaient ce Dép.t
                          Les habitans de la Lozère
                      n'ont pas montré la même
                      énergie et il existe encore
                      des Brigands dans ce Département.
    Le 1.er Consul a chargé Le M.re de l'Intérieur de
    faire   connaître aux habitans
                      de l'Ardèche la satisfaction
                      du gouvernement et à ceux
                      de la Lozère son mécontentement
                      de leur apathie coupable
                      et de leur peu de zèle à
                      la défaite des Brigands.

« Le Premier Consul a chargé le ministre de l'Intérieur de faire connaître aux habitants de l'Ardèche la satisfaction du gouvernement, et à ceux de la Lozère son mécontentement de leur apathie coupable et de leur peu de zèle à se défaire des brigands. »

L'écriture de ce communiqué est de Bourrienne.

Le travail en commun du *Moniteur* se faisait généralement le soir, dans le cabinet de Bonaparte. C'était par là que finissait la conférence qui avait lieu tous les jours entre Bonaparte et le secrétaire d'État.

La nouvelle du jour occupait le tapis, car Napoléon avait de la peine, dans cette intimité, à sortir de la pensée qui l'avait captivé pendant la journée. Il se faisait apporter les principales dépêches, celles dont il était particulièrement préoccupé. La part qu'il fallait en faire au public, il l'indiquait lui-même par de gros traits sur les marges. Le plus souvent il dictait des notes pour servir aux articles qu'il voulait faire paraître le lendemain dans le *Moniteur;* souvent aussi, il en dictait pour les petits journaux, afin que leur couleur particulière pût prêter des nuances différentes à ces publications semi-officielles.

« De toutes les attributions du secrétaire d'État, dit le baron Fain, celle qui lui causa le plus d'insomnies était bien certainement la confection du *Moniteur*. Ce n'était pas assez que cette rédaction prît une partie des heures que l'expédition des ordres et des décrets se disputait avant minuit. Il fallait encore pendant la nuit en recevoir les premières épreuves, satisfaire aux messages par lesquels l'Empereur ajoutait ou retranchait, et quelquefois ces changements étaient tels que le secrétaire d'État osait différer l'impression pour en appeler à Napoléon plus calme du Napoléon ému.

« Au moment du coucher de Napoléon, qui avait lieu généralement de neuf à dix heures, souvent apparaissait à l'improviste Maret pour faire relire à l'Empereur quelque article destiné au *Moniteur*. »

Et, le lendemain matin, nous raconte encore le baron Fain, Napoléon aimait à relire dans le *Moniteur* les articles dont il avait lui-même dicté le texte ou le canevas. Les préoccupations de la politique ne l'empêchaient point de s'arrêter sur les articles littéraires du journal officiel, d'en exprimer son sentiment, car rien n'échappait à son coup d'œil.

Le *Moniteur* était étalé à part des autres journaux qu'il trouvait réunis en une liasse sur le coin de sa table.

Cette liasse contenait les onze journaux politiques dont l'existence était autorisée. Ceux-là, il les lisait lui-même.

Comme le temps lui manquait souvent pour parcourir les autres, et qu'il voulait néanmoins savoir ce qu'ils disaient, il chargea son bibliothécaire particulier, Ripault, ancien secrétaire de Kléber, de parcourir tous les journaux, sauf les onze politiques autorisés.

« Il les lira avec attention, dit Napoléon, dans une lettre du 23 juillet 1801, il fera l'analyse de tout ce qu'ils contiennent, pouvant influer sur l'esprit public, surtout par rapport à la religion, à la philosophie et aux opinions politiques. Il me remettra tous les jours, entre cinq et six heures, cette analyse. »

On voit ici par quelle méthode le puissant esprit de Bonaparte se mettait en mesure d'embrasser, chaque jour, et dans son ensemble, la situation de son gouvernement et l'état de l'opinion publique. C'est ce qu'il appelait « son bilan ».

Pour cette utile besogne, il donnait à Ripault mille francs par mois.

**

Le consul journaliste exerçait son métier de directeur avec une extrême attention et avec ce soin minutieux du détail qu'il portait en toutes choses.

En voici un exemple piquant, entre bien d'autres.

Le 23 octobre 1800, le rédacteur en chef *in partibus*, Sauvo, soumet au Premier Consul, par l'intermédiaire du secrétaire d'État, un certain nombre d'articles à publier. L'un de ces articles, signé du citoyen Goërtz, médecin, portait sur la vaccine.

En marge, Maret écrivit sous la dictée du Premier Consul :

« Toujours de la vaccine ! C'est bien ennuyeux ! »

En effet, nous avons constaté que ce journaliste médical abusait de la vaccine. Le *Moniteur* de cette époque en est encombré. Bonaparte, que cela agaçait prodigieusement, ne pouvait arriver à s'en débarrasser, malgré ses protestations, — ce qui prouve, en passant, qu'un directeur de journal, si puissant et si absolu qu'il soit, ne peut pas toujours empêcher qu'il ne s'y glisse, à son insu ou contre son gré, quelque insertion déplaisante ; le vrai maître, au fond, est celui qui est toujours présent : le secrétaire de rédaction.

Bonaparte éprouva ce désagrément plus d'une fois.

Rien que sur la vaccine nous avons relevé les numéros où il en est question, dans une période de quelques mois seulement. Nous avons compté jusqu'à vingt-neuf articles sur ce sujet, quelques-uns ont deux colonnes ; d'autres sont accompagnés de gravures ; et nous ne parlons pas des annonces ou réclames de même nature.

La médecine envahit même ce qu'on appelle les *Variétés* du journal. C'est une lecture morose ; on conçoit combien elle devait déplaire à Napoléon qui ne croyait guère à la médecine.

S'il s'était borné à proscrire du *Moniteur* le genre ennuyeux, il n'y aurait qu'à louer sa direction.

Malheureusement, son caractère jaloux l'amena peu à peu à écarter du journal toute personnalité de quelque talent. Il n'y toléra que des secrétaires dociles et insignifiants. Il en résulta que bientôt le *Moniteur* n'eut plus d'autre intérêt que celui d'être l'organe direct de Napoléon ! D'ailleurs, c'était assez pour être lu dans toute l'Europe.

* *

L'attention que Bonaparte portait au *Moniteur* ne s'arrêtait pas à ces petits détails de rédaction.

Il savait bien qu'il ne suffit pas de composer un journal et d'imprimer sa pensée ; le principal souci du journaliste consiste à la répandre aussi loin que possible et à la mettre à la portée d'un nombre toujours plus grand de lecteurs.

Le *Moniteur*, qui coûtait cent francs et qui n'était lu que par nécessité, en raison de son caractère officiel, avait un public assez restreint de lecteurs et d'abonnés. Que fait Bonaparte? Il n'hésite pas à forcer le tirage par des moyens qui ne lui coûtaient pas très cher, attendu que le *Moniteur* est imprimé aux frais de son réel propriétaire, le sieur Agasse.

Il fit répandre et distribuer gratuitement les numéros les plus importants dans toute l'Europe.

Pendant la plupart des guerres et jusqu'à la campagne de Russie, des courriers spéciaux partaient de Paris, chargés de correspondances officielles ou privées ; ils avaient aussi la mission de distribuer dans les bivouacs de l'armée des liasses de numéros du *Moniteur*.

Le soir, à la lueur des feux, le plus savant de l'escouade lisait à haute voix la prose de Napoléon. C'est ainsi que la pensée du grand homme pénétrait jusque dans les plus humbles cerveaux, les associant à ses vastes projets et à ses ardentes passions.

Dès le Consulat, et surtout pendant l'Empire, le *Moniteur* était lu à haute voix dans les réfectoires de tous les lycées.

Ce supplément à un repas souvent trop frugal a inspiré à un ancien élève du Lycée Napoléon les vers suivants :

> ... C'est alors qu'au dessert montait à la tribune,
> Le *Moniteur* en main, notre sergent-major,
> Qui nous faisait, tonnant d'une voix de Stentor,
> Pour étouffer les cris de la troupe affamée,
> Ronfler un Bulletin de notre grande armée !
> Certes, on n'en manquait pas dans ces temps glorieux !

Les généraux en recevaient aussi leur part. Par exemple, le 9 avril 1811, Napoléon écrit à Berthier :

« Je désire que vous fassiez partir ce soir le fils du sénateur Lecouteulx, aide de camp du prince d'Essling. Il sera porteur de plusieurs exemplaires du *Moniteur* d'aujourd'hui que vous adresserez au prince d'Essling, au duc d'Istrie et au général Caffarelli. »

Le 11 novembre de la même année, nouvelle recommandation à Berthier :

« Envoyez au duc de Raguse les *Moniteur* d'un mois ; il y verra que les Anglais ont dix-huit mille malades et paraissent décidés à rester sur la défensive. »

Comme on le voit, grâce à l'appoint des lecteurs militaires, non payants il est vrai, mais répandus sur toute l'Europe, le *Moniteur* jouissait d'une publicité formidable.

Napoléon a pu dire justement que, par la voie du *Moniteur*, il se faisait entendre dans l'Europe tout entière !

CHAPITRE VII

LISONS LE « MONITEUR » DU PREMIER CONSUL

Le moment est venu de voir à l'œuvre le journaliste Bonaparte, de le suivre pas à pas dans son rôle de directeur, de rédacteur ou d'inspirateur, à travers les quatre années du Consulat.

Ces années, si pleines, si fécondes pour la France, sont aussi celles pendant lesquelles Bonaparte a imprimé le plus fréquemment au *Moniteur* le cachet de sa puissante personnalité.

Tout d'abord, en parcourant la collection, on est frappé de l'art extraordinaire avec lequel Bonaparte s'est servi du journal pour sa réclame personnelle.

« Un souverain, a-t-il dit, doit toujours confisquer la publicité à son profit. »

Il a mis en pratique cette maxime, largement, constamment, avec adresse, ingéniosité et variété; chaque numéro est consacré à sa gloire, à l'exclusion de tout autre nom.

Impossible d'escamoter ses deux collègues du Consulat avec plus de désinvolture.

A peine y trouve-t-on, de loin en loin, et par la force des circonstances, la mention de ses principaux collaborateurs, civils ou militaires. Parfois ils sont nommés, mais jamais un éloge qui les mette en vedette.

Plus tard, seulement, sous l'Empire, quand l'immortalité pour lui assurée le mettra à l'abri de toute rivalité, il citera des noms, racontera des faits, reconnaîtra des services, mais il aura soin de ne point rehausser les situations, ni de grandir les personnages, comme si cela eût pu diminuer sa gloire personnelle.

On eût dit qu'il craignait les talents, lui qui pourtant en avait d'incomparables.

En ce qui le touche personnellement, pressé comme toujours, il n'attend pas. Quelques jours à peine après le 18 Brumaire, avant même Marengo, le *Moniteur* le compare à Alexandre le Grand.

Voici ce que nous lisons dans le *Moniteur* du 25 octobre 1799 :

« Quelle que soit la diversité des opinions sur le Consul Bonaparte, tout le monde est d'accord sur ses rares talents, sur son intrépidité dans l'exécution de ses plans, la fermeté de son caractère et sa constance dans ses principes : depuis qu'il a été nommé au commandement des armées, il n'a cessé de montrer une énergie que les obstacles n'ont fait qu'accroître et une activité qui a déconcerté toutes les mesures de l'ennemi. Toujours actif, toujours Bonaparte, soit qu'il combatte ou qu'il négocie, soit qu'il récompense ou qu'il punisse, se décider est pour lui l'affaire d'un moment, d'un mot, tant son esprit est prompt et juste. Partout où il rencontre le nœud gordien, il s'arme de l'épée d'Alexandre et le tranche sans s'amuser à le défaire. »

Le français, vers ou prose, ne suffit point aux flatteurs. C'est souvent en latin et en vers latins, que s'exerce leur verve adulatrice. Le *Moniteur* en est encombré ; le latin y sévit autant et plus même que la vaccine dont l'envahissement déplaisait si fort à Bonaparte.

Comme il n'était guère latiniste, on peut penser qu'il faisait insérer sans les lire ces odes que, seuls, pouvaient goûter les professeurs et les lettrés.

Le 23 septembre 1801, à l'occasion de la fondation du Consulat, *recurrente fondationis Reipublicæ Die*, c'est une colonne entière de vers pour célébrer le jeune héros incomparable dans la paix et dans la guerre.

Invictum juvenem consilio et manu.

A la paix de Lunéville, signée le 9 février 1801, c'est une ode en bien mauvais vers français :

> Sa tête féconde en miracles
> En moyens change les obstacles.
> . . . .
> O dieux ! veillez sur Bonaparte !
> . . . .
> Au sort d'une tête si chère
> S'attachent, du double hémisphère,
> L'indépendance et le repos !

Il y a trois colonnes de ce genre, dues à l'inspiration d'un fonctionnaire, ex-chef de division aux Relations extérieures, poète d'occasion, nommé Caille.

Le latin reprend le pas à l'occasion de la paix d'Amiens :

Pax Ambianensis
Napoleoni Bonapartæ
Heroi unico
Salve, heros invicte, Dei certissima cura.

Plus loin, nous trouvons une autre poésie sur cette paix d'Amiens qui fit naître dans toute l'Europe tant d'espérances, si promptement déçues :

De Pace.
Heroem nutris, Gallia, plaude tibi.

Le poète ajoute : Pareil aux plus illustres généraux de l'antiquité, il a tenu dans sa main les foudres des Scipion :

Tenuitque, ubicumque per omnem
Italiam atque Africam, fulmina Scipionum.

*
* *

Le journaliste consulaire se révéla le soir même du coup d'État de Brumaire. Bonaparte est à peine remis des rudes émotions de la journée passée à Saint-Cloud. Il rentre à Paris, sombre et résolu. Il se rend bien compte qu'il vient d'ajouter une date au calendrier révolutionnaire, que son coup de force va être interprété dans le sens d'une réaction contre la liberté, qu'il faut bien vite, et avant tous les autres, donner le mot d'ordre à l'opinion.

Ce sera l'objet d'un article qui ne peut pas être publié officiellement, mais qui servira de thème aux amis qu'il possède dans les journaux, spécialement à Regnault et à Rœderer.

Voici ce premier manifeste du journaliste consul, dicté le 19 brumaire au soir, dans le cabinet où il avait réuni ses collègues Cambacérès et Lebrun :

« Le cercle des révolutions diverses, dont se compose l'ensemble de notre Révolution, présente une telle succession d'événements, presque toujours accompagnés de réactions, qu'il semble désormais établi que toute action suppose réaction, et que déjà même, on se hasarde à prononcer ce mot funeste.

« On conçoit alors bien mal la journée du 18 Brumaire on en dénature le caractère; on méconnaît l'empire des temps auxquels enfin nous sommes arrivés.

« Que, durant la tourmente révolutionnaire, on ait agi et réagi aussitôt, c'est ce qu'il est facile d'expliquer ; il n'existait point d'accord entre les idées et les institutions ; et tout, dans le monde politique, comme dans le monde physique, est soumis à cette loi de la nature qui veut que les événements se balancent et s'équilibrent mutuellement. Cet équilibre une fois rompu, il n'y a plus que choc, déchirement et chaos, jusqu'à ce que les deux bassins de la balance, se pondérant également, reprennent leur assiette. Ainsi, depuis 89 jusqu'en 92, les idées et les institutions ne se balançaient plus, n'étant plus de niveau, nous avons vu l'action et la réaction constante de la liberté contre le despotisme et du despotisme contre la liberté, de l'égalité contre le privilège et du privilège contre l'égalité.

« La déclaration royale du 23 juin fut la réaction

de la réunion des trois ordres ; la Nuit du 4 Août fut la réaction du 23 juin. Le triomphe des nouvelles idées sur les vieilles institutions fut enfin décidé par le 10 Août, mais les vieilles idées luttèrent à leur tour contre les institutions nouvelles. Si des âmes généreuses s'étaient élevées jusqu'à la pensée de la République, elles laissaient toutefois, bien loin derrière elles, des esprits tardifs ou indociles : et des souvenirs, des sentiments, des préjugés monarchiques se réinterposèrent entre le gouvernement nouveau et le gouvernement passé. On agit et on réagit donc encore ; et l'action, comme la réaction, prenant un caractère d'autant plus violent que les passions étaient plus exaspérées, toutes deux exercèrent à la fois leur force contre les idées et contre les personnes. Contre les personnes, plus de garantie pour la sûreté individuelle ; on vit la vengeance punie par la vengeance, le crime par le crime. Contre l'idée, plus de principe sans atteinte... »

Le *Moniteur* n'étant pas encore à la disposition de Bonaparte, cet article de haute philosophie politique passa dans les journaux à sa dévotion.

Mais, aussitôt que le *Moniteur* a reçu l'investiture officielle, la prose de Bonaparte apparaît. C'est le 30 décembre 1799. Il débute par un démenti bref et péremptoire, sec comme un ordre militaire. Il n'y a pas à s'y tromper. On reconnaît la voix du nouveau maître :

« L'*Ami des lois* dit que le premier consul Bonaparte vient de commander une fête qui coûtera deux cent mille francs.

« Cela est faux !

« Le premier consul Bonaparte sait que deux cent mille francs sont le prêt d'une brigade pendant six mois. »

Les notes de ce genre sont rares, car les attaques personnelles contre Bonaparte cessèrent promptement. La police, de qui relevaient maintenant les journaux, leur fit comprendre que ce jeu était dangereux.

La collaboration du Premier Consul au *Moniteur* va revêtir désormais un caractère exclusivement politique ; elle touche parfois aux événements de l'intérieur, mais le plus souvent, on pourrait dire presque toujours, elle s'applique aux questions étrangères, spécialement à celles concernant l'Angleterre.

C'est contre la perfide Albion, comme on disait alors, que s'exerce, sans trêve, l'esprit journalistique de Bonaparte.

Le *Moniteur* fut le champ clos où il déploya sa fougue de polémiste, principalement pendant les trois premières années du Consulat. Presque dans chaque numéro apparaît cette rédaction ardente dont l'origine se révèle aux premiers mots.

Souvent ces articles, très soignés dans la forme, sont censés venir de Londres. Le soi-disant correspondant se pose en ami de Fox, en ennemi de Pitt et de Windham. En réalité, ces articles furent rédigés dans le cabinet des Tuileries.

Cette guerre de plume, à laquelle répliquait de son côté la presse anglaise, n'était pas faite, comme on le pense, pour calmer les esprits, et la faute en était aussi bien à Londres qu'à Paris. Dans les deux pays, les esprits étaient montés à un degré que nous avons peine à concevoir aujourd'hui.

L'historien du Consulat et de l'Empire a décrit éloquemment le talent de journaliste déployé à cette époque par Bonaparte. Nous ne saurions mieux faire que de citer ces pages. Elles s'appliquent à la période pendant laquelle le Premier Consul négociait avec le gouvernement anglais, en vue de la paix qui fut réalisée par le traité d'Amiens (1801).

« Voulant appeler à son secours l'opinion de l'Angleterre et de l'Europe elle-même, il joignait aux notes de son négociateur, qui ne s'adressaient qu'aux ministres anglais, des articles au *Moniteur* qui s'adressaient au public européen tout entier. Dans ces articles, modèles de polémique nette et pressante, qui étaient écrits par lui et dévorés par les lecteurs de toutes les nations, attentives à cette scène singulière, il caressait les ministres anglais actuels, les présentait comme des hommes sages, raisonnables, bien intentionnés, mais intimidés par les violences des ministres déchus, M. Pitt et surtout M. Windham. C'est particulièrement sur ce dernier qu'il jetait les sarcasmes à pleines mains, parce qu'il le considérait comme le chef du parti de la guerre. Dans ces articles, il cherchait à rassurer l'Europe sur l'ambition de la France ; il s'attachait à montrer que ses conquêtes étaient à peine un équivalent des acquisitions que la Prusse, l'Autriche et la Russie avaient faites lors du partage de la Pologne ; que cependant elle avait rendu trois ou quatre fois plus de territoire qu'elle n'en avait retenu ; que l'Angleterre, en retour, devait restituer une grande partie de ses conquêtes ; qu'en gardant le continent de l'Inde elle restait en possession d'un empire superbe auprès duquel les îles contestées n'étaient rien ; qu'il ne valait pas la peine pour ces îles de verser plus longtemps le sang des hommes ; que si la France, à la vérité, semblait y tenir si fortement, c'était par honneur, pour défendre ses alliés, pour garder tout au plus quelques relâches dans les mers lointaines ; que, du reste, si on voulait continuer la guerre, l'Angleterre pourrait bien, sans doute, conquérir encore d'autres colonies, mais qu'elle en avait déjà plus qu'il n'en fallait à son commerce ; que la France avait tout autour de ses frontières des acquisitions bien autrement précieuses à faire, entrevues par tout le monde sans les désigner, puisque ses troupes occupaient la Hollande, la Suisse, le Piémont, Naples, le Portugal et qu'en définitive on pourrait encore simplifier la lutte, la rendre moins onéreuse aux nations, en la réduisant à un combat corps à corps entre la France et l'Angleterre.

« Le général écrivain se gardait de blesser l'orgueil britannique ; mais il faisait entendre qu'une descente serait enfin sa dernière ressource, et que si les ministres anglais voulaient que la guerre finît par la destruction de l'une des deux nations, il n'y avait pas un Français qui ne fût disposé à faire un dernier et vigoureux effort pour vider cette longue querelle, à l'éternelle gloire, à l'éternel profit de la France.

« Mais pourquoi, disait-il, placer la question dans ces termes extrêmes ? Pourquoi ne pas mettre fin aux maux de l'humanité ? Pourquoi risquer ainsi le sort de deux grands peuples ?

« Le Premier Consul terminait l'une de ces allocutions par ces paroles singulières et si belles, qui devaient avoir un jour une si triste application à lui-même :

« Heureuses, s'écriait-il, heureuses les nations,
« lorsque, arrivées à un haut point de prospérité, elles
« ont des gouvernements sages, qui n'exposent pas
« tant d'avantages aux caprices et aux vicissitudes
« d'un seul coup de la fortune. »

« Ces articles, remarquables par une logique vigoureuse, par un style passionné, attiraient l'attention générale et produisaient sur les esprits une sensation profonde. Jamais gouvernement n'avait tenu ce langage ouvert et saisissant ! »

Il faut ajouter, à ce que dit Thiers, que jamais on n'avait vu semblable polémique dans l'organe officiel d'un gouvernement. Cette campagne de presse entreprise par Bonaparte est la première que l'on rencontre dans l'histoire des temps modernes. Arme infiniment dangereuse ! Elle exerce une influence puissante sur l'esprit populaire, envenime les différends, attise les haines, crée des malentendus ; elle amasse des matériaux qu'une étincelle enflammera à la première occasion.

En ce qui concerne la campagne de presse qui nous occupe, on ne peut pas dire qu'elle a déchaîné la guerre entre la France et l'Angleterre ; cette guerre était inévitable à cause de l'importance de l'enjeu, qui était Malte et, par conséquent, la maîtrise de la Méditerranée. Mais elle a rendu impossible toute conciliation. Elle a créé entre Londres et Paris un état d'irascibilité et de haine qui a longtemps séparé deux grands peuples faits pour s'entendre.

Le danger de ce genre de journalisme inauguré par Bonaparte consistait dans le fait que celui qui tenait la plume du côté français était le chef du gouvernement et que tout le monde le savait.

C'est au lendemain même de Brumaire que Bonaparte, en possession de son *Moniteur*, ouvrit le feu contre Pitt. Il le prend à partie personnellement dans les termes les plus énergiques.

« Il est impossible, s'il n'est pas le plus obstiné des hommes, qu'il ne reconnaisse enfin la profondeur de l'abîme dans lequel il va précipiter sa nation ; il faut qu'il en soit le plus insensé s'il n'emploie pas autant ses moyens pour le combler qu'il semble en avoir pris pour le creuser. De tous ces moyens, le plus puissant, le seul peut-être qui soit véritablement efficace, c'est la paix. » (17 novembre 1799.)

Ce mot, PAIX, nous allons le trouver à chaque numéro du *Moniteur*. La paix à l'extérieur, comme à l'intérieur ! C'est une imploration, presque une supplication, adressée à l'Angleterre.

Comme s'il avait le pressentiment qu'il périrait un jour par la guerre, Bonaparte ne cesse d'invoquer, d'un accent pour ainsi dire angoissé, les bienfaits de la paix. En feuilletant le *Moniteur* de cette époque, imprimé sur beau papier de fil, parfaitement mis en page, nous rencontrons à chaque instant le *leitmotiv* de la paix, d'une paix compatible, bien entendu, avec l'honneur de la France et aussi celui de la Grande-Bretagne.

Un jour, le correspondant supposé de Londres s'écrie d'un ton désespéré :

« Comme le monde dans ce pays est déterminé à soumettre ses volontés et ses opinions à celles des ministres du jour, il faut attendre avec une pieuse résignation que son auguste personne soit lasse de la guerre ; il faut attendre de nouvelles expéditions, de nouvelles capitulations bien honteuses, de nouveaux désastres, des revers plus terribles encore que ceux que nous avons éprouvés ; alors nous verrons peut-être tourner à la paix la girouette plantée sur la trésorerie... »

Parfois le ton du *Moniteur* s'adoucit et tend même à la plaisanterie. Il faut convenir qu'il n'a pas la manière, à moins que le parfum de l'ironie, sensible aux contemporains, ne se soit évaporé avec le temps. Voici un écho sur M. Pitt :

« Nouvelle intéressante : un lièvre de M. Pitt s'est échappé de son hôtel par les derrières de Downing street. Poursuivi par un basset, il s'est réfugié chez M. Dundas d'où on l'a rapporté avec empressement à son maître. »

Sur le moment cela pouvait paraître fort plaisant ; nous ne pouvons que le supposer.

A mesure qu'on avance dans la lecture du *Moniteur*, les affaires anglaises l'accaparent presque complètement. La première page leur est toujours consacrée. Bonaparte, en bon journaliste, suit attentivement les répliques des journaux anglais. Ceux-ci prétendaient que la France était livrée à l'anarchie. Bonaparte répond le 30 nivôse an VIII :

« Il faut détromper les rédacteurs anglais en les assurant qu'il n'y a ni bouillonnement, ni opposition dans le corps politique en France, parce qu'il n'y existe qu'une même volonté, un même sentiment, un même désir et un même besoin, celui de l'ordre. »

Aux insultes, le Premier Consul réplique par une note dans laquelle on reconnaît aisément son genre. On y retrouve aussi les réminiscences classiques qu'il a toujours affectionnées.

« C'est un usage très ancien que de dire des injures à ses ennemis. Les dieux d'Homère s'injurient l'un l'autre ; ses héros se provoquent aux combats par des outrages. Les chants de guerre des sauvages sont composés d'injures comme le sont les manifestes des rois et les harangues des orateurs. L'usage qui autorise ces formes grossières veut aussi qu'on y attache peu d'importance.

« Les armes et non les propos font le destin des empires, et, pour l'ordinaire, la paix, soit qu'on l'accepte, soit qu'on l'impose, ne se détermine pas par la balance des invectives.

« Nous ne pouvons nier qu'en ce genre les Anglais n'eussent sur nous l'avantage. »

L'appel à la paix se fait de plus en plus pressant. Tout est prétexte pour parler de la paix.

Le 22 janvier 1800, le *Moniteur* saisit l'occasion d'une rencontre entre deux célèbres poètes allemands, Kotzebue et Schiller :

« Ces deux grands auteurs dramatiques allemands se sont rencontrés à Weimar. Ils se sont donné rendez-vous, dit-on, pour composer une pièce de société.

« Les deux plus grands gouvernements de l'Europe ne se réuniraient-ils point pour lui donner la paix ?

« Nous aurions un chef-d'œuvre de plus. »

Le *Moniteur* de mars 1801 nous donne un exemple de la manière dont le Premier Consul inspire son journal, quand il ne dicte pas lui-même.

Il écrit à Talleyrand le 1er mars 1801 :

« Faire mettre dans le *Moniteur* et le *Rédacteur* un article propre à frapper les cabinets étrangers et qui fera connaître la différence de la marche diplomatique des Consuls et de celle de l'ancien Directoire, en appuyant sur l'exécution donnée au traité fait avec le grand maître de Malte ; sur la stricte exécution du cartel fait avec les Anglais, en conséquence duquel les Consuls ont fait mettre en liberté sir Robert Barclay ; sur la levée de l'embargo sur les vaisseaux danois et les deux Consuls danois reçus.

« Dire aussi, quoique plus légèrement, que le caractère des envoyés nouveaux nommés par les pays étrangers... est une garantie des instructions qu'ils doivent avoir, de suivre toutes les formes reçues dans ces pays, en observant tout ce qui peut dépendre d'eux pour maintenir l'harmonie et la paix. »

Quelques semaines plus tard, en mars 1801, a lieu le coup de force exécuté contre Copenhague par la flotte anglaise de Parker et Nelson. L'événement a fait grand bruit en Europe, tant pour la barbarie de l'attaque que pour l'héroïsme de la résistance. Les Danois, dans la journée du 2 avril, avaient payé cher leur adhésion à la ligue maritime des neutres ; mais ils avaient aussi fait payer fort cher aux Anglais leur attaque.

Bonaparte, très ému, veut faire connaître à toute l'Europe son impression.

Il écrit à ce sujet une note fort éloquente insérée au *Moniteur* du 16 avril 1801. Cette note était tout entière écrite de la main de Bonaparte, chose rare. Elle a paru dans la *Correspondance*. C'est donc, sans doute possible, la rédaction même du Consul journaliste. La voici :

« Je finirai par payer à ce brave peuple (danois) le tribut d'éloges que méritent son sang-froid, son patriotisme et sa haine contre les Anglais. Les cinq sixièmes des habitants de cette capitale ont résolu de s'ensevelir sous les ruines de leur ville plutôt que de consentir à une capitulation honteuse. Le Prince royal est leur digne Prince.

« Dans cette scène dramatique, dont on attend l'issue avec inquiétude, les Danois ont pour eux la justice, la bonne conduite et les vœux des gens de bien de toute l'Europe. Grand Dieu ! Est-ce là la nation qui se bat pour l'organisation, pour les principes conservateurs, pour consolider l'autorité des gouvernements établis? Puissances de l'Europe, que le gouvernement anglais eût eu en sa puissance les cinquante mille braves qu'ont les armées françaises, qu'il eût vaincu à Marengo, à Hohenlinden, que seriez-vous devenues? »

Le texte de cette ardente philippique est conservé aux archives des Affaires étrangères. Dans la *Correspondance*, il est dit que cette rédaction, tout entière de la main du Premier Consul, diffère de celle qui fut imprimée au *Moniteur*.

C'est exact ; nous l'avons vérifié. Sans doute, Talleyrand, porté par son tempérament comme par sa fonction à adoucir les angles, aura enlevé à la rhétorique du Premier Consul ce qu'elle avait d'excessif et de provocant. En général, Bonaparte approuvait, après coup, les ménagements apportés par son ministre.

En avril 1801, on apprend la mort tragique de Paul Ier, survenue dans la nuit du 24 mars.

Bref commentaire dans le *Moniteur* :

« Paul Ier est mort dans la nuit du 24 au 25 mars. L'escadre anglaise a passé le Sund, le 31.

« L'histoire nous apprendra les rapports qui peuvent exister entre ces deux événements. »

Les appels constants de Bonaparte à la paix ne trouvent point un écho en Angleterre. Le glorieux général n'est point homme à demeurer dans cette attitude de suppliant. Son sang bout d'impatience et d'indignation. Le ton du *Moniteur* va changer. Aux accents pacifistes, vont succéder les coups de clairon.

Cela débute le 9 mars 1800. La première note belliqueuse du *Moniteur* se trouve dans une proclamation aux Français ; elle est signée des trois Consuls, mais, au ton du langage, on peut être assuré que Bonaparte tient la plume. Ne reconnaissez-vous pas sa griffe dans ces deux phrases ?

« Le ministère anglais repousse nos propositions de paix. Pour commander la paix, il faut de l'argent, du fer et des soldats. »

Mais voici que survient en Angleterre un changement de ministère. Le *Moniteur* le salue par ces lignes ironiques :

« M. Pitt se retire, si l'on peut appeler se retirer que de passer d'une rue dans celle qui est à côté. »

Bonaparte s'éloigne pour quelque temps de Paris ; la campagne de Marengo est ouverte. Mais ne pensez pas qu'il perde de vue son journal. Loin de là, il s'en sert, de loin, à toute occasion. Le 14 mai 1800, il est à Lausanne, tout entier aux préparatifs du passage du mont Saint-Bernard.

On lui annonce l'arrivée à Toulon de Davout et de Desaix. Il faut signaler la nouvelle à l'opinion publique. Aussitôt il écrit aux Consuls de faire mettre dans le *Moniteur* « quelques phrases qui fassent sentir que ces deux généraux ont soutenu, même après son départ d'Égypte, la réputation qu'ils s'étaient acquise dans les campagnes de Hollande et du Rhin. »

Cette indication sommaire doit suffire au journaliste chargé de rédiger l'article.

Le lendemain, si occupé qu'il soit en ces graves moments, il voit dans les journaux qu'il aurait écrit à sa mère une lettre dans laquelle il annonce qu'il sera à Milan dans un mois.

Vite, un démenti catégorique destiné au *Moniteur* :

« Cela ne peut pas être dans mon caractère. Bien souvent, je ne dis pas ce que je sais, mais il ne m'arrive jamais de dire ce qui sera. »

Et comme il ne veut pas qu'on prenne trop au sérieux ce démenti un peu bourru, il ajoute :

« Je désire que vous fassiez mettre à ce sujet une note dans le *Moniteur*, sur le ton de la plaisanterie. »

Ce ton ne lui étant pas naturel, il s'en remet à celui qui tiendra la plume en son nom.

Deux mois plus tard, après Marengo, de retour à Paris, il veut encore tâter de la plaisanterie ; il écrit à Talleyrand de faire faire une caricature qui représenterait le ministre Thugut entre le doge de Venise et un Directeur cisalpin.

Puis il donne une esquisse du dessin :

« L'allusion devrait rouler sur ce qu'il dépouille l'un en conséquence du traité de Campo-Formio et emprisonne l'autre parce qu'il ne reconnaît pas le traité de Campo-Formio. »

C'est, en effet, un assez joli sujet de caricature. Nous n'avons pu savoir s'il a été traité conformément au goût du maître inspirateur.

La campagne est terminée. A Marengo, Bonaparte a réglé le compte des Autrichiens. Il revient à Paris et il reprend contact avec le *Moniteur*. Il va s'en prendre, avec un nouvel acharnement, avec une fureur de polémiste enfiévré, à ces ministres anglais qu'il appelle « des fauteurs de guerre et de révolution ».

C'est toujours contre la guerre qu'il s'emporte, contre cette guerre qui était pourtant, comme l'a si bien dit Thiers, son art, sa gloire, sa puissance.

« Il s'était attaché à la décrier dans les diatribes éloquentes contre M. Pitt, insérées au *Moniteur* et il disait qu'il voudrait bien qu'on envoyât M. Pitt et ses adhérents bivouaquer sur les champs de bataille ensanglantés, ou croiser jour et nuit au milieu des tempêtes de l'Océan, pour leur enseigner ce que c'était que la guerre. »

L'article auquel Thiers fait allusion est un des plus beaux exemples du talent journalistique de Bonaparte. On le sent vibrer dans cette philippique enflammée qui parut au *Moniteur* le 11 juillet 1801.

« Lorsqu'il existe dans une nation des hommes furibonds et assez ennemis de l'humanité pour désirer des guerres perpétuelles et d'extermination, on devrait bien se garder de les admettre dans les conseils, mais les faire passer des années entières loin de leur famille, de leur patrie, sur les cutters bloquant des rades, au sein des tempêtes de l'hiver, ou les placer au milieu des déserts de l'Arabie, ou sur le champ de carnage le jour d'une bataille ; si tout sentiment d'humanité n'était pas étouffé dans leurs cœurs, ils abjureraient sans doute ces principes atroces. On a toujours vu que les hommes qui crient à tue-tête guerre à mort dans une assemblée sont des lâches qui ne sont jamais sortis du sein de la mollesse, car l'homme brave fait la guerre pour l'honneur, la gloire, le bien de son pays, et emploie ses veilles, ses discours, à ramener les nations à des sentiments de fraternité, de conciliation et de justice. »

Voilà de nobles paroles, de généreuses pensées, qu'il y a quelque mérite à proclamer quand on est, à trente ans à peine, ceint des lauriers de Lodi, Arcole, Mantoue, Rivoli, Marengo et qu'on est proclamé dans toute l'Europe comme le premier capitaine de son temps.

Ces appels désespérés à la paix ne trouvent aucun écho en Angleterre. Le ministère libéral et conciliant de Fox est renversé en octobre 1801. Pitt revient au pouvoir. Le ton des articles inspirés ou dictés par le Premier Consul devient de plus en plus violent.

Lui-même en était arrivé à un état visible d'énervement. La lecture qu'on lui faisait chaque matin des journaux anglais lui causait de véritables accès de fureur. Il en était obsédé. Il en parlait à tous ceux qu'il voyait. Il suivait d'un œil inquiet et attentif les négociations qui se passaient à Londres entre M. Otto et lord Hawkesburry.

Les journaux anglais redoublaient de violence. Ils allèrent jusqu'à insulter notre ambassadeur.

L'objet de la discussion était Malte. Là-dessus, le Premier Consul était inébranlable. Il était parvenu au comble de l'irritation. Aussi les incidents se multiplient.

En avril 1801, Nelson bombarde notre flottille devant Boulogne. Les esprits, des deux côtés du détroit, étaient singulièrement montés. Les Anglais se plaignaient vivement des articles publiés en France, moins à cause de leur contenu qu'en raison de leur caractère officiel. Et Bonaparte faisait répondre que tous les journaux anglais devaient également être considérés comme officiels, du moment que le gouvernement laissait passer leurs insultes sans les poursuivre.

Les préliminaires de paix signés à Londres en septembre 1801, accueillis avec faveur par le peuple anglais, n'arrêtèrent point, autant qu'on aurait pu l'espérer, l'hostilité des gazettes anglaises. Le ton ne baissa guère non plus dans les journaux français et principalement dans l'organe officiel du Premier Consul.

Voici, le 21 janvier 1802, une réponse aigre et brève aux journaux anglais qui avaient annoncé que la femme du Premier Consul avait fait venir sa voiture de Londres. On ne faisait pas encore blanchir son linge à Londres !

« Il est faux que Mme Bonaparte ait commandé une voiture à Londres. »

L'expédition de Saint-Domingue vint aviver la guerre de presse. Le *Moniteur* relève avec mauvaise humeur les insinuations de la presse anglaise. C'est Bonaparte qui parle ; on reconnaît le ton de sa voix. L'article est du 2 février 1802 :

« C'est toujours avec un nouvel étonnement que nous voyons de longs articles des journaux anglais et les discours des membres du Parlement sur la sortie de l'escadre de Brest. Il est difficile de concevoir comment, lorsque nous sommes en état de paix, une expédition qui se rend à Saint-Domingue pour y établir la tranquillité, peut inquiéter la Jamaïque. On ne reconnaît pas dans ces discours les sentiments d'Européens civilisés, mais les craintes des Tartares du Thibet. Pour l'honneur de la civilisation de notre siècle, ne nous faisons pas plus barbares et plus fous que nous sommes. Ces discussions puériles et qui montrent simplement la mauvaise foi des hommes qui les provoquent, sont bien contraires aux ordres qui furent donnés à Brest lors de la signature des préliminaires.

. . . .

« C'est la plus grande injure que l'on puisse faire à des Européens civilisés, que de leur laisser voir que l'on soupçonne possible une conduite que l'honneur et les droits des nations ont rendue sans exemple. »

Le thème habituel des Anglais roulait sur la puissance et l'ambition de la France, entraînée par un chef jeune, énergique et, lui aussi, ambitieux.

La grandeur de Bonaparte, reconnue par toute l'Europe, les inquiétait, car cette grandeur de Bonaparte, c'était la grandeur de la France. Le spectacle d'un pays heureux, tranquille, influent dans les cours du continent, agrandi du Piémont, de Parme, de la Louisiane, excitait le dépit et la jalousie de l'Angleterre.

Ce sentiment perçait visiblement dans les journaux anglais. Bonaparte y répond dans le *Moniteur* du 16 février 1802 par un article de discussion serrée et vigoureuse, qui se termine par cette déclaration aussi fière que sage :

« La France ne doit pas exercer sur les pays voisins un pouvoir désordonné ; mais elle doit veiller avec attention à conserver l'équilibre, véritable garant de la durée de la paix ; qu'elle ne donne pas la loi, mais qu'elle ne la reçoive pas. »

Belles paroles du Premier Consul que Napoléon empereur oubliera trop souvent !

La plupart des articles de Bonaparte, à cette époque, sont placés après les dépêches de l'étranger, à côté de celles d'Angleterre. Ils correspondent à ce que nous appelons aujourd'hui l'*éditorial*. En tête, il y a simplement la date : Paris, le...

Point de signature, mais tout le monde savait en France et en Europe que l'auteur en était Bonaparte.

On négociait en ce moment à Amiens pour la paix entre la France et l'Angleterre. Pendant que son frère Joseph s'acquittait de ce soin avec son aménité ordinaire, Bonaparte continuait à polémiquer dans le but, sans doute, d'exercer une pression sur les diplomates, trop lents à son gré.

Parfois, il a la main dure. Le 3 mars, il dit aigrement aux Anglais :

« Votre seule politique, le grand Frédéric l'a dit, il y a longtemps, est d'aller frapper à toutes les portes, une bourse à la main. »

C'était vrai, mais puisqu'on négociait, cela n'était pas à dire.

Il a bientôt compris qu'il faut effacer la mauvaise impression causée par ces rebuffades. Il les répare, le 13 mars, par une note plus calme :

« Si les détails du Congrès d'Amiens étaient mis au grand jour, dit-il, la nation anglaise, qui tient un rang distingué dans le monde par son sens droit et profond et la liberté de ses idées, aurait envers le Premier Consul un nouveau mouvement d'estime et de bienveillance, parce qu'elle verrait qu'il n'aurait pas dépendu de lui que la paix fût prompte, honorable et éternelle. »

Lui a-t-on écrit d'Amiens que les négociations sont malaisées, que Joseph se heurte à la mauvaise volonté des diplomates anglais, lesquels ne se sentent pas suffisamment soutenus chez eux par l'opinion publique? C'est assez vraisemblable, car le lendemain même de l'article courtois que nous venons de citer, il tance vertement les journalistes anglais et les belliqueux politiciens qui combattaient le ministère modéré Addington. Voici cette véhémente philippique, l'une de celles qui donnent l'idée la plus saisissante du talent de polémiste de Bonaparte.

L'article est du 14 mars 1802. L'accent de la pensée napoléonienne y vibre d'un bout à l'autre.

« 14 mars 1802.

« Depuis dix jours, tous les journaux anglais crient comme des forcenés à la guerre. Quelques orateurs du Parlement ne se déguisent pas davantage ; leur cœur ne distille que du fiel...

« Le Premier Consul ne veut pas la paix ! Les ministres réparateurs auxquels l'Europe et l'humanité doivent tant, M. Addington, lord Hawkesburry, etc..., sont joués !

« Cependant, depuis quinze jours, l'on est à Amiens d'accord sur tous les articles.

« Que signifie donc le langage de ces turbulents écrivassiers? Les avantages que les préliminaires donnent à la Grande-Bretagne ne sont-ils donc pas assez grands? Il fallait restreindre la puissance continentale de la France. Pourquoi donc le Roi et le cri unanime de la nation ont-ils ratifié ces préliminaires? Et, s'il fallait imposer à la France des sacrifices continentaux, pourquoi, monsieur Grenville, n'avez-vous pas traité, lorsque vous aviez des alliés, que leur armée campait sur les Alpes, que les armées russes étaient incertaines sur leur marche rétrograde, et que la Vendée fumante occupait une portion de l'armée française? Et puisque vous ne pensez pas alors que la France fût assez affaiblie pour arriver à votre but, et que vous croyiez devoir continuer la guerre, il fallait, monsieur Windham, la mieux diriger ! Il fallait que ces quinze mille hommes qui se promenaient inutilement, et à tant de frais, sur les côtes de l'Océan et devant Cadix, entrassent dans Gênes le même jour que Mélas ; il fallait ne pas donner au monde le spectacle hideux, et presque sans exemple, de bombarder les sujets d'un roi votre allié, jusque dans sa capitale, sans déclaration de guerre et sans même avoir renvoyé son ambassadeur.

« Qu'espérez-vous aujourd'hui? Renouveler une coalition? Le canon de Copenhague les a tuées pour cinquante ans !

« Que voulez-vous donc? Culbuter le ministère dont la main sage a su guérir une partie des plaies que vous avez faites. Mais enfin, si, pour assouvir votre ambition, vous parveniez à entraîner votre patrie dans un gouffre de maux, votre nation ne tarderait pas à regretter les préliminaires de Londres, comme elle a regretté l'armistice d'El-Arich.

. . . .

« Vos passions basses et haineuses seraient à découvert et vous ne pourriez pas longtemps gouverner une nation qui, spontanément, unissant sa voix à celle du monde entier, vous déclarerait les ennemis des hommes. »

Le polémiste comprend que les invectives ne suffisent pas et que les injures ne prouvent rien, comme il l'a dit souvent. Aussi va-t-il les remplacer par des arguments. C'est le meilleur moyen de persuader les Anglais, amis de la logique. Que lui reproche-t-on donc? Que reproche-t-on à la France? Leur ambition à tous deux, leur soif de conquête, leurs agrandissements démesurés après le traité de Lunéville, conséquence de la victoire de Marengo ! C'est M. Windham, un des meilleurs orateurs du Parlement, qui se fait l'organe acerbe, incisif et constant de ces récriminations. Il faut donc prouver que ces accusations ne sont pas légitimes. Bonaparte le fait dans un article fort long, de deux colonnes et demie, qu'il publie d'abord dans le *Bulletin de Paris*, son journal officieux, et qu'il reproduit dans le journal officiel, le *Moniteur* du 22 mars 1802.

Il débute ainsi :

« Il paraît que les hommes qui voudraient faire renaître pour l'Angleterre, pour la France, pour l'Europe, pour le monde, l'horrible fléau de la guerre, y travaillent de tous leurs moyens ; ils mettent toutes leurs voiles dehors pour retourner au sein des tempêtes, comme les autres pour rentrer dans le port.

« Dans la Chambre des communes, M. Windham peint la France comme une puissance gigantesque qui menace d'engloutir l'Angleterre et de dévorer ses trésors... »

Puis, l'écrivain fait un parallèle détaillé entre les récentes conquêtes de la France et celles de l'Angleterre.

Il compare l'état prospère de la France à celui de l'Angleterre, et il conclut :

« Dans une telle position, le peuple dont le gouvernement vainquit en l'an VIII, peut, comme alors, désirer la paix, mais moins encore qu'alors, redouter la guerre, si on le forçait à la soutenir. »

Cet article était un mélange habilement combiné de fierté et de modération. Que n'a-t-il convaincu les esprits sincères des deux nations! Au moins, on se décida, de part et d'autre, à déposer les armes momentanément et sans grande conviction. C'est ainsi que la paix fugitive d'Amiens fut signée au milieu d'une campagne de presse menée avec vivacité par Bonaparte, en personne, dans son *Moniteur*, tandis que de l'autre côté, elle était menée par l'unanimité de la presse anglaise, sans compter l'ignoble diversion des grossières injures vomies par la presse française émigrée.

La paix fut signée le 25 mars 1802, à Amiens.

On ne s'en serait pas douté, à lire les journaux anglais. Le concert d'injures contre le Premier Consul et contre la France continuait, plus violent que jamais. Bonaparte le signale, dans le *Moniteur*, avec une gravité mêlée de tristesse.

Parlant des journaux anglais, dans lesquels l'épithète la plus modérée dont on gratifie le Premier Consul est celle d'empoisonneur, il dit :

« Que l'on compare le ton sage et mesuré que prennent tous les écrivains français avec le ton furibond, dégoûtant et malintentionné qu'ont le plus grand nombre des feuilles anglaises, et l'on reconnaîtra que les uns expriment le sentiment d'un peuple qui aime et veut la paix, qui cherche à seconder les intentions de son gouvernement, et que les autres secondent un parti ennemi de la paix du monde et des plus simples convenances. »

Cette observation, si courtoise qu'elle fût, n'eut aucun effet sur la presse anglaise. Le ton de l'invective montait de plus en plus. Le *Times* se distinguait entre tous les autres par sa violence.

Aussi est-ce lui que prend à partie le journaliste consulaire, dans une note du 8 août 1802, laquelle porte, à un degré frappant, le cachet de la pensée et du style de Bonaparte. Chaque phrase, et l'on pourrait dire chaque mot, reflètent sa personnalité.

Un contemporain de Bonaparte, Thibaudeau, qui vivait dans l'entourage intime de Bonaparte pendant toute la durée du Consulat, cite cette note comme l'œuvre directe et personnelle du Premier Consul.

On le reconnaît, aussi, à la vigueur avec laquelle les griefs du gouvernement français sont exposés, au bon sens et la hauteur des vues politiques, au raisonnement qui termine ce morceau; et, dans le détail, il se trahit à cette qualification de *misérable* employée à propos d'un journal, à l'ironie sur Georges et sur le Cordon de la Jarretière, etc...

On sent d'ailleurs qu'il n'y avait qu'un seul homme en France qui pût, sur ce ton, demander le maintien de la paix. Ce ne pouvait être que le général d'Italie et d'Égypte, le vainqueur de Marengo !

Cette note prend l'allure d'une déclaration diplomatique ; c'est un document de valeur historique qu'il faut citer *in extenso* :

Moniteur, 8 août 1802.

« Le *Times*, que l'on dit être sous la surveillance ministérielle, se répand en invectives perpétuelles contre la France. Deux de ses quatre mortelles pages sont, tous les jours, employées à accréditer de plates calomnies. Tout ce que l'imagination peut se peindre de bas, de vil, de méchant, le misérable l'attribue au gouvernement français. Quel est son but? Qui le paye? Sur qui veut-on agir?

« Un journal français rédigé par de misérables émigrés, le reste le plus impur, vil rebut, sans patrie, sans honneur, souillé de tous les crimes, qu'il n'est au pouvoir d'aucune amnistie de laver, enchérit encore sur le *Times*.

« Onze évêques, présidés par l'atroce évêque d'Arras, rebelles à la patrie et à l'Église, se réunissent à Londres. Ils impriment des libelles contre les évêques du clergé français ; ils injurient le gouvernement et le pape, parce qu'ils ont rétabli la paix de l'Évangile parmi quarante millions de chrétiens.

« L'île de Jersey est pleine de brigands condamnés à mort par les tribunaux, pour des crimes commis postérieurement à la paix, pour des assassinats, des vols, des incendies ! Le traité d'Amiens stipule qu'on livrera respectivement les personnes accusées de crimes et de meurtres ; les assassins qui sont à Jersey, au contraire, sont accueillis. Ils partent inopinément sur des bateaux pêcheurs, débarquent sur nos côtes, assassinent les plus riches propriétaires, et incendient des meules de blé ou des granges.

« Georges porte ouvertement à Londres son cordon rouge, en récompense de la machine infernale qui a détruit un quartier de Paris et donné la mort à trente femmes, enfants et paisibles citadins. Cette protection spéciale n'autorise-t-elle pas à penser que, s'il eût réussi, on lui eût donné l'ordre de la *Jarretière?*

« Quand deux grandes nations font la paix, est-ce pour susciter réciproquement des troubles ?

« Pour gager et solder les crimes ? Est-ce pour donner argent et protection à tous les hommes qui veulent troubler l'État ?

« Et la liberté de la presse, dans un pays, s'étend-elle jusqu'à pouvoir dire d'une nation amie et nouvellement réconciliée, ce que l'on n'oserait pas dire d'un gouvernement contre lequel on aurait une guerre à mort ? Une nation n'est-elle pas responsable à une autre nation de tous les actes et de toute la conduite de ses citoyens ? Les bills du Parlement ne défendent-ils pas d'insulter les gouvernements alliés, et même leurs ambassadeurs ?

« On dit que Richelieu, sous Louis XIII, aida la révolution d'Angleterre et contribua à précipiter Charles 1er sur l'échafaud. M. de Choiseul et après lui les ministres de Louis XVI excitèrent sans doute l'insurrection de l'Amérique ; l'ancien ministère anglais a bien su s'en venger. Il excita les massacres de Septembre et influa de plus d'une manière sur les mouvements qui firent périr Louis XVI sur l'échafaud, détruire et brûler nos premières villes de manufactures, Lyon, etc... Cette série de mouvements et d'influences, qui a été si funeste aux deux États pendant tant de siècles, veut-on donc encore la prolonger ? Et ne serait-il pas plus raisonnable et plus conforme aux résultats de l'expérience, de s'influencer réciproquement par de bonnes relations commerciales, par une surveillance respective qui protège le commerce, empêche la fabrication de la fausse monnaie, et refuse aux criminels un refuge ?

« D'ailleurs, quel résultat peut attendre le gouvernement anglais, en fomentant les troubles de l'Église, en accueillant et revomissant sur notre territoire les brigands des Côtes-du-Nord et du Morbihan, couverts du sang des principaux et plus riches propriétaires de ces malheureux départements, en répandant par tous les moyens, bien loin de les contenir et de les réprimer sévèrement, toutes les calomnies dont sont remplies les écrits anglais ou français imprimés à Londres? Ne sait-il pas que le gouvernement français est plus solidement établi aujourd'hui que le gouvernement anglais? Et croit-on que la réciprocité serait difficile pour le gouvernement français?

« Quel serait l'effet de cet échange d'injures, de cette influence de comités insurrectionnels, de cette protection et de cet encouragement accordés aux différents assassins? Qu'y gagneraient la civilisation, le commerce et le bien-être des deux nations?

« Ou le gouvernement anglais autorise et tolère ces crimes publics et privés, et alors on peut lui dire que cette conduite n'est pas digne de la générosité, de la civilisation, de l'honneur britannique ; ou il ne peut les empêcher et alors on peut lui dire qu'il n'y a pas de gouvernement partout où il n'y a pas de moyens de réprimer l'assassinat, la calomnie et de protéger l'ordre social de l'Europe. »

Malgré cet éloquent appel à la paix, à l'entente cordiale, comme on dit aujourd'hui, la situation ne fit que s'envenimer. L'intervention de Bonaparte dans les affaires suisses et allemandes mit le comble à la fureur des journaux anglais.

Bonaparte reprend alors sa plume de journaliste. Il écrit dans le *Moniteur* du 29 octobre 1802 ces lignes qui portent son cachet aussi bien que la note précédente :

« Une partie des journalistes anglais reste en proie à la discorde ; toutes les lignes qu'ils impriment sont des lignes de sang. Ils appellent à grands cris la guerre civile au sein de la nation occidentale, heureusement pacifiée.

« Ils appellent de tous leurs vœux les troupes autrichiennes ; ils rassemblent et forment des armées dans le Tyrol, mais Thugut n'est plus, et S. M. l'Empereur sait bien que si, deux fois, la puissance autrichienne a été conduite sur les bords du précipice, c'est pour s'être livrée deux fois à ces perfides instigations.

« Certes, et le continent en est profondément convaincu, le premier de ces biens, l'intérêt le plus cher, est la paix !

. . . .

« Au reste, le peuple français n'ignore point qu'il existe une grande masse de jalousie, et que longtemps on fomentera contre lui des discussions, soit intestines, soit étrangères ; aussi demeure-t-il constamment dans cette attitude que les Athéniens ont donnée à Minerve, le casque en tête et la lance en arrêt.

« On n'obtiendra jamais rien de lui par des procédés menaçants. La crainte est sans pouvoir sur le cœur des braves. »

Cet air de bravoure reparaît dans l'*éditorial* du 5 novembre suivant :

« Nous croit-on devenus lâches? Nous croit-on moins forts que nous l'avons été ?

« Il est plus facile aux vagues de l'océan de déraciner le rocher qui en brave la fureur depuis quarante siècles, qu'à la faction ennemie de troubler l'Europe. »

Ces bravades que les circonstances justifiaient amplement ne laissèrent pas de soulever des protestations dans le camp opposé. On se plaignit de ces articles, en raison du caractère officiel du journal où ils étaient publiés. Et l'on prétendait que le seul fait de cette publication engageait à la fois le gouvernement et la nation.

Ce fut l'occasion pour Bonaparte de faire connaître sa théorie particulière en ce qui concerne la responsabilité morale des journaux.

Il faut les considérer, disait-il, dans leurs rapports vis-à-vis :

1° Des nationaux ;

2° Des étrangers.

Ainsi, pour les nationaux, la *Gazette extraordinaire* en Angleterre, le *Moniteur* en France, sont des journaux officiels.

Pour les étrangers, tous les papiers anglais sont officiels par rapport à la France ; tous les journaux français le sont vis-à-vis de l'Angleterre.

Et il concluait :

« Si un journal excite au crime et que le magistrat le laisse paraître, s'il injurie une nation et que le magistrat permette son cours, on doit croire que le magistrat a ses raisons pour autoriser ces suggestions et ces outrages évidemment avoués par l'autorité publique. Ce papier est dès lors journal officiel. Lui dénier ce caractère, c'est méconnaître la nature des choses, c'est raisonner contre le droit des nations. »

Cette théorie était fort juste en ce qui concernait Bonaparte et la France, puisqu'un seul homme parlait ou écrivait librement, lui-même, et puisqu'il n'existait réellement en France qu'un seul journal, le sien. Ce que disaient le *Moniteur* et les autres journaux engageait effectivement le chef du gouvernement, le gouvernement lui-même, et par suite le pays tout entier.

A la thèse de Bonaparte, les ministres anglais répliquaient, non sans raison, que, la liberté de la presse existant réellement en Angleterre, ils ne pouvaient être tenus responsables du langage des journaux, n'ayant aucun moyen légal de les empêcher de publier tout ce qu'ils voulaient.

« Soit, répondait Bonaparte, on peut supporter les injures de ses nationaux ; mais on ne devrait jamais souffrir qu'on outrage les gouvernements étrangers, car des individus non responsables peuvent ainsi brouiller les États entre eux. C'est ce qui arrive aujourd'hui. Officiellement, la France et l'Angleterre sont en paix, et cependant, à cause des journaux, nous sommes à la veille de nous battre. »

Ce que demandait Bonaparte a fini par prévaloir chez la plupart des nations. En France, la loi de 1881 sur la presse permet de punir les outrages adressés aux gouvernements étrangers.

Toutes ces récriminations, toutes ces discussions avaient leur écho dans les dépêches officielles des deux gouvernements. Ils se plaignaient l'un de l'autre, avec une vivacité chaque jour accrue. Les nuages s'amoncelaient à l'horizon ; la tempête ne pouvait tarder à éclater.

Deux graves événements survinrent : l'intervention française en Suisse, le refus par l'Angleterre d'évacuer Malte. Le pacifique ministère d'Addington fut l'objet d'attaques violentes de la part de l'opposition ; le parti de la guerre gagnait visiblement du terrain.

Bonaparte en eut la claire vision. Malgré que la guerre n'eût rien qui pût l'effrayer, il parut l'envisager avec une véritable angoisse, comme s'il eût pressenti qu'il y trouverait finalement sa propre ruine.

Lisez ces appels réitérés à la paix, ces malédictions brûlantes contre les fauteurs de guerre. Et songez qu'elles émanent d'un chef d'État guerrier par vocation, maître d'une armée de plusieurs centaines de mille hommes.

Le *Moniteur* du 1er janvier 1803 publie une sorte d'hymne pacifique. On y rencontre, non seulement la grandeur de pensée habituelle à Bonaparte, mais encore un accent d'humanité, peu fréquent chez lui.

« Si la guerre est un fléau plus terrible pour les peuples que la famine, la peste, la sécheresse, quelle profonde perversité doit avoir rendus insensibles à tous les sentiments de la nation, les Grenville, les Windham, les Minto ! »

(Il raconte leurs menées.)

« Mais ces menées sont vaines ; espérons qu'elles le seront constamment. Le gouvernement français tranchera toujours ces nœuds d'intrigues, lorsqu'on les aura ourdis avec beaucoup de peine, comme le nœud gordien. Le continent restera en paix, mais la gloire en sera toute au peuple français et les remords aux amis de la guerre. Oui, les remords ! Après dix ans de guerre, où le tiers de la population a péri, est-il aujourd'hui une mère en Angleterre, en Allemagne, en Italie, en France, qui ne doive regarder avec horreur les Grenville, les Windham, les Minto ? Ces hommes qui provoquent la guerre, ils ne l'ont jamais faite. Au sein d'une riche et somptueuse ville, environnés de tous les agréments et de toutes les commodités de la vie, ils provoquent le massacre du reste de notre génération. Est-il un souverain sur le continent dont l'étude essentielle ne soit pas de lire aujourd'hui avec attention et de méditer profondément sur les discours, les pensées qui décèlent cette politique infernale, avoués aujourd'hui avec une impudeur sans exemple dans l'histoire des nations, ce qui ne peut être que l'effet du délire, première punition du crime !

. . . .

« La France, la Russie et la Prusse peuvent enfin se fatiguer de cet excès de licence et dire : *que cela ne soit plus*. Dussions-nous le dire jusqu'à l'ennui, la paix, toute la paix, rien que la paix pour consolider l'Europe, et l'Angleterre la première.

« Tendres mères, bons citoyens, philanthropes éclairés, bénissez le ciel du discrédit de cette faction. »

Quelques jours plus tard, le 9 janvier 1803, il revient à la charge, avec une véhémence nouvelle, contre les hommes politiques anglais qui prenaient à leur solde des assassins tels que Georges Cadoudal, des agitateurs tels que la plupart des émigrés réfugiés à Londres.

C'est encore un de ces articles où se reconnaît, par la vigueur incomparable du style, la plume de Bonaparte. Il permet de juger dans quel état d'exaspération il se trouvait; il fait prévoir la fameuse scène de rupture avec l'ambassadeur d'Angleterre.

« Georges, Dutheil, l'ancien évêque d'Arras, qui furent les principaux instruments de cet abominable complot, jouissaient d'une protection publique et d'une grosse pension en Angleterre. Ils ont armé les Français contre les Français, sous des prétextes divers, mais ayant pour but de nous anéantir.

« Ils sont voués au mépris de l'Europe, ces hommes qui ont soldé tous les crimes.

. . . .

« La postérité mettra les Grenville, les Vindham, au rang des personnages qui ont déshonoré l'Europe moderne.

. . . .

« Ils pourront trouver quelques crimes ; ils pourront essayer le poignard et le poison, armes des lâches.

« Quand des États n'ont de ressource que dans les crimes ; que les chefs et les principaux d'une nation qui, comme disait Jean Ier, *doivent toujours être le refuge de l'honneur et de la moralité publique*, ne vivent, ne se confient que dans de pareilles espérances, alors une nation est bien mal gouvernée ; le premier effet du crime est toujours de retomber sur celui qui le mérite ! »

C'était chose grave de dire publiquement à l'Angleterre qu'elle était mal gouvernée. C'était également maladroit envers une nation justement orgueilleuse. Bonaparte alla plus loin. Il alla jusqu'à nier sa prospérité ; il chercha à ruiner son crédit. C'était attaquer ce peuple commerçant sur un point particulièrement sensible.

Le 3 février 1803, le Premier Consul écrivit à son ministre des Finances, Barbé-Marbois, son désir de connaître le cours des fonds anglais, pour le publier dans les gazettes, « en y joignant l'observation que, vu la dépréciation du billet de banque, on doit leur ôter huit pour cent ».

Quelques jours plus tard, il dit en plein Conseil d'État :

« On cite toujours l'Angleterre pour sa richesse et sa bonne administration. Eh bien ! j'ai son budget. Je le ferai imprimer dans le *Moniteur*. On verra qu'elle a actuellement un déficit de cinq à six cents millions. »

En effet, le budget de l'Angleterre fut publié dans le *Moniteur* du 10 février, avec des observations malveillantes « sur le gouffre creusé par cette haine aveugle qui ne voulait rien moins que l'anéantissement de la France ».

Quelques jours plus tard, le 18 février, eut lieu aux Tuileries la fameuse conversation du Premier Consul avec lord Whitworth, ambassadeur d'Angleterre, laquelle se termina par ces mots effroyables qui devaient être, dix années plus tard, une terrible réalité :

« J'aime mieux vous voir en possession des hauteurs de Montmartre que de Malte ! »

Le 13 mars, le Premier Consul eut le mauvais goût de faire une véritable scène au même lord Whitworth, en présence du corps diplomatique. Une révolution s'était faite dans l'âme de Bonaparte. De cet ardent amour de la paix, si éloquemment étalé dans le *Moniteur*, il passa subitement à la passion guerrière qui devait être si fatale à lui-même et à la France.

Le journaliste s'était difficilement retenu jusqu'ici dans sa polémique ; maintenant que rien ne l'arrête plus, son langage deviendra plus âpre et plus violent.

Le 24 mai, il écrit dans le *Moniteur* :

« L'esprit de vertige qui s'est emparé depuis plusieurs mois du gouvernement anglais ne saurait se concevoir.

« Il croit donc sans doute que nous n'avons ni encre ni armes. »

Certes non ! Le journaliste consulaire n'a pas épargné son encre ; il n'est pas encore près de l'épuiser.

Les événements se précipitent ; les ambassadeurs de France et d'Angleterre ont reçu respectivement leurs passeports.

Bonaparte a fait arrêter tous les Anglais se trouvant en France. Il se justifie en écrivant :

« En tout ce qui est illibéral, il laissera toujours l'initiative à l'Angleterre. »

Ce n'est pas ce que dit l'histoire. Nous aimons mieux ce qu'il écrivait à la même date :

« Le gouvernement anglais a pensé que la France était une province de l'Inde et que nous n'avions le moyen ni de dire nos raisons, ni de défendre nos justes droits contre une injuste agression.

« Certainement nous voulons laisser à nos neveux le nom français toujours honoré, toujours sans tache. »

Au mois de juin 1803, le *Moniteur*, vu l'abondance des matières, publia un supplément fort curieux. Il contenait la déclaration du roi d'Angleterre avec les pièces officielles émanant de ses ministres. En regard du texte anglais sont placées des observations et des répliques dont le ton est tel qu'elles ne peuvent émaner que de Bonaparte lui-même. C'est une discussion point par point, âpre, serrée, rageuse, remplie de menaces.

Les détails de cette polémique sont, à la fois, trop spéciaux et trop longs pour être reproduits ici. Nous nous contenterons d'en citer quelques passages qui sont d'ordre journalistique, et qui, par conséquent, rentrent dans notre sujet.

Les articles foudroyants du *Moniteur* avaient exaspéré les Anglais. C'était là le sujet de leurs plaintes réitérées ; ce chef de gouvernement qui polémiquait lui-même, sans prendre la peine de se dissimuler, et qui bataillait, la plume à la main, contre toute la presse anglaise ; quel scandale ! disait-on à Londres.

A cela, Bonaparte répond :

« On fait grand bruit dans les papiers de Londres du *Moniteur* et du caractère officiel de cette feuille périodique. C'est pure jalousie de journalistes ! Mais qu'est-ce que les gouvernements ont à faire avec ce qui se publie dans un journal ?

« Quand un gouvernement autorise un journal à informer ses souscripteurs qu'il est officiel, il fait connaître que les actes d'administration qui sont publiés dans ce journal sont authentiques et que les lois et les délibérations des autorités constituées que ses rédacteurs publient sont textuellement copiées d'après les expéditions qui leur sont transmises soit par les secrétariats de ces autorités, soit par la secrétairerie d'État. »

Excellente définition du journal officiel, que nous donne là Bonaparte !

Il n'est plus dans la vérité quand il ajoute que tout ce qui s'imprime à Londres est officiel par rapport à la France, comme étant autorisé par le gouvernement anglais.

Il oublie que la liberté entière de la presse existait

en Angleterre. C'était le contraire en France, où rien ne s'imprimait que du consentement du gouvernement.

Il le disait lui-même à Bourrienne :

« Inutile de me lire les journaux français, ils ne mettent que ce que je veux ! »

Dans une autre note du même numéro, Bonaparte exhale avec véhémence sa rage contre les journalistes anglais :

« Le gouvernement français, en voyant l'audacieux système d'insultes, de diffamations insolentes et d'imprécations forcenées que tous les journalistes anglais, sans exception, avaient adopté contre la France avec une chaleur et une persévérance dont aucune guerre ne fournit l'exemple, a dû prendre cette espèce infâme de provocation tolérée et autorisée pour la menace d'une guerre réelle. »

Dans ce même numéro, nous trouvons un démenti catégorique à la version donnée par lord Whitworth de la fameuse conversation qui avait eu lieu entre le Premier Consul et lui, aux Tuileries.

Cette note ne peut avoir été donnée que par Bonaparte, aucun témoin n'ayant assisté à l'entretien.

« Quant au fait de cette conversation, nous dirons qu'il est absurde de placer, dans une discussion rendue publique, les détails d'un entretien qui n'a pu avoir de témoin ; et qu'il y a au plus haut degré manque de bon sens et inconvenance, à produire, sous une forme et dans des vues d'inculpation, un compte mal rendu, susceptible d'être altéré dans le moment même de sa rédaction par le défaut de mémoire, plus susceptible encore de l'être après coup par la mauvaise foi, et de faire dire, dans ce compte, au Premier Consul, ce qu'il est impossible qu'il dise ; nous dirons enfin qu'il y a indécence et oubli de tous les égards dans cette allégation d'une forme toute nouvelle qui, par sa nature, comporte une sorte de provocation à répondre et semble attendre que le gouvernement de la République daignera s'expliquer sur des propos invraisemblables et se rendre, à l'égard d'un ministre étranger, soit à un aveu, soit à des dénégations ! »

Tout ce qui, à cette époque, révèle dans le *Moniteur* la pensée de Bonaparte est écrit sur ce ton hautain de colère frémissante. On y reconnaît bien son âme ardente et ombrageuse, et aussi le soin jaloux de sauvegarder l'honneur de la France !

Adieu les appels à la paix ! Adieu les invitations à la concorde ! Adieu le pacifisme des deux premières années du *Moniteur!* Nous ne lirons plus désormais qu'un journal belliqueux, où le bruit des armes résonne à chaque ligne. Il lui faut chauffer à blanc l'enthousiasme national, il lui faut réveiller l'esprit guerrier des Français. En un mot il s'agit de lancer l'idée de la guerre contre l'Angleterre.

C'est un genre nouveau dans lequel nous allons constater la souplesse du génie journalistique de Bonaparte. Il emploie, dans cette campagne de presse, tous les moyens, articles, adresses belliqueuses envoyées par ordre de tous les points de la France, et jusqu'à la poésie. En ces choses comme dans tout le reste, il était d'une adresse particulière. Et, comme il disait, je suis lion, mais je sais être renard.

Le 16 juin 1803, le *Moniteur* prend la lyre guerrière :

Poésie. — Chant de guerre.

Albion veut encore la guerre !
Arme-toi, peuple de héros !

Il avait bien raison de dire récemment dans le *Moniteur* que l'encre ne lui manquait pas plus que les armes. En effet, elle coule à flot contre l'ennemi.

Nous lisons, au 23 juin :

« La devise des journaux anglais paraît être : *Dolus an virtus, quis in hoste requiret?*

« On sait combien les moyens leur sont indifférents quand il s'agit d'attaquer un ennemi, surtout un Français ! »

L'habile impresario de cette mise en scène se fait envoyer de toutes les villes de France des adresses enthousiastes. Les évêques eux-mêmes, dans des mandements belliqueux, appellent la bénédiction du ciel sur nos armes. Le *Moniteur* en remplit quotidiennement ses quatre pages. Un jour, c'est une poésie en français sur la liberté des mers.

Ils ont dit dans leur cœur : Enchaînons les deux mondes !

On rappelle les batailles de Crécy et d'Azincourt qu'il faut venger !

On se moque de Pitt et de ses talents militaires :

« La nation doit se féliciter que M. Pitt ait donné son approbation au plan des ministres pour la défense du pays. Nous avons enfin l'espoir le mieux fondé que ce grand homme va reprendre le timon des affaires. »

Le 30 juin, c'est un reportage dithyrambique sur le passage du Premier Consul à Amiens. Il est accompagné de Madame son épouse, dit bourgeoisement le *Moniteur*, et c'est une série d'adresses, de félicitations, d'adulations, de platitudes comme jamais souverain n'en eut à enregistrer. Mme Bonaparte en a sa bonne part.

Le latin reparaît souvent ; il y en a toujours eu, et beaucoup, dans le *Moniteur*.

Victor erat : patriæ laus est et gaudia.

En passant, on raconte tout au long l'histoire de Carthage. Avertissement à l'Angleterre !

« Carthage a voulu dominer les mers ; elle s'est jouée des plus augustes traités...

« Carthage n'est plus ! »

Le 21 juillet, Bonaparte s'arrête à Gand. Les dithyrambes recommencent ; les inscriptions latines rappellent chacun des grands actes de Bonaparte. Voici comment le 18 Brumaire est apprécié dans la langue de Cicéron :

Hic Rem Romanam, magno turbante tumultu, sistit.

Le maire de Gand, dit le *Moniteur*, salue « l'éminente distinction d'épouse du premier homme du monde ». Et désormais, dans chaque numéro du journal officiel, Mme Bonaparte est associée aux flatteries adressées à son mari. On pressent déjà la future impératrice.

Le Premier Consul va désormais se donner tout entier à son projet de descente en Angleterre, mais il n'interrompt guère pour cela la guerre de plume qu'il dirige dans le *Moniteur*.

Nous trouvons dans le numéro du 3 octobre une éloquente apostrophe aux ministres anglais à propos de la suppression de ce *Home rule* que l'Angleterre se voit aujourd'hui obligée de restituer à l'Irlande.

L'article reflète fidèlement les idées bien connues du Premier Consul en matière de religion, et il est conçu dans la forme vigoureuse qu'il donne habituellement à sa pensée.

« Vous avez réuni le Parlement de l'Irlande à votre Parlement et vous lui refusez l'exercice de sa religion. Vous savez pourtant bien que la chose la plus sacrée parmi les hommes, c'est la conscience, et que l'homme a une voix secrète qui lui crie que rien, sur la terre, ne peut l'obliger à croire ce qu'il ne croit pas. La plus horrible de toutes les tyrannies est celle qui oblige les dix-huit vingtièmes d'une nation à embrasser une religion contraire à leur croyance, sous peine de ne pouvoir ni exercer les droits de citoyen, ni posséder aucun bien, ce qui est la même chose que de n'avoir plus de patrie sur la terre. »

On retrouve encore, au 10 novembre, des phrases qui trahissent leur haute origine. C'est à propos de la soi-disant levée en masse du peuple anglais comparée à la levée de 92.

« Nous ne nous dissimulerons pas que le désir de conserver de grands et lourds privilèges ne soit capable de quelque énergie passagère ; nous conviendrons, si l'on veut, que les courtauds de Westminster ont assez bonne mine sous leur uniforme rouge ; mais si les légions de César ajustent aux visages, gare que cette belle troupe ne s'occupe bientôt de pourvoir à sa sûreté individuelle. »

Et il ajoute, en parlant de 92 :

« La France était la terre de Cadmus, hérissée de piques et couverte de défenseurs. »

Il n'est plus question que de l'Angleterre dans le *Moniteur*. Ou bien ce sont des extraits de journaux anglais plaisantant plus ou moins spirituellement Bonaparte sur ses combinaisons maritimes ; ou bien ce sont des poésies, des chants, des odes où le latin domine. Le numéro du 20 novembre contient un chant de presque deux cents vers latins.

In Maritimam Anglorum tyrannidem
Imprecatio iambica.

Le 25 octobre, c'est un chant guerrier pour la descente en Angleterre.

Franchissons la plaine profonde,
Reprenons nos glaives vainqueurs.
Notre cause est celle du monde.
Le monde appelle ses vengeurs.

Le lendemain, poésie en quatre chants, intitulée : *Goddam*.

Et signée par un French Dog.

Elle tient dix colonnes du *Moniteur!*

Nous entrons dans l'année 1804, si pleine d'événements : Boulogne, les conspirations, le duc d'Enghien, l'établissement de l'Empire.

L'inspiration, disons mieux, la collaboration de Bonaparte au *Moniteur* apparaît de plus en plus ardente, de plus en plus assidue.

C'est à lui, sans aucun doute, que les connaisseurs de sa manière imputeront les « éditorial » que nous allons citer :

Le 25 janvier 1804.

« L'Angleterre offre de nouveau l'image d'un vaisseau naviguant dans les mers nouvelles et en proie à un genre de tempêtes inconnu aux pilotes malhabiles qui tiennent le gouvernail. Ces pilotes incertains dans leur marche, divisés sur la route qu'ils doivent tenir, sont de l'espèce de ceux qui perdent les navires. »

Le 8 mars :

« L'année dernière, à pareil jour, l'Europe était en paix.

« Demain une année sera révolue depuis que le roi d'Angleterre, déshonorant un règne de quarante ans par les plus grossiers mensonges, appela sa nation aux armes, parce que, disait-il en face de l'Europe, *les ports de France et de Hollande étaient remplis d'armements formidables qui menaçaient la constitution, l'indépendance et la religion du peuple anglais.*

« Ce mensonge fallacieux a renouvelé la guerre. Les ministres du roi d'Angleterre préparaient un nouveau message pour célébrer cet anniversaire. Ils comptaient annoncer au Parlement qu'ils avaient lâchement fait assassiner le Premier Consul. Mais Celui qui dispose de la vie des hommes et des destinées des empires en avait ordonné autrement. Le gouvernement français est plus affermi ; une nouvelle énergie vient d'animer, de réunir les citoyens et d'apprendre aux méchants, aux conspirateurs, que le peuple tout entier se rassemble, se presse autour du chef de l'État. »

C'est une allusion aux innombrables adresses à propos de la conspiration de Georges, lesquelles aboutirent à la proclamation de l'Empire.

« Le Premier Consul, supérieur à tous les événements, tranquille au milieu de toutes ces vaines conjurations, tout entier aux travaux de la guerre et de l'administration, est plus en état que jamais d'accomplir l'ordre des destinées et de venger le droit des nations, le droit des gens si souvent violé : tandis que le roi d'Angleterre, frappé le jour même qu'il avait marqué pour l'assassinat du Premier Consul, environné d'un crêpe funèbre, déjà privé de sa raison, se débat entre la démence et la mort ; que sa nation est en proie aux divisions et aux alarmes ; que, dans sa famille, le frère s'arme contre le frère, la mère contre le fils aîné.

« A la vue de ces preuves éclatantes de l'existence d'une Providence divine et juste, on se rappelle les tableaux les plus sublimes des prophètes d'Isaïe. On dit avec Daniel : *Mané, Thécel, Pharès.* »

Bientôt survient le drame de Vincennes.

Bonaparte s'est retiré à la Malmaison et suit de près cette lamentable affaire. Méneval, qui se trouvait dans le cabinet du Premier Consul, nous apprend que la note suivante fut rédigée par Bonaparte et envoyée au *Moniteur* où elle parut le jour même de l'arrivée à Paris du malheureux prince, le 20 mars 1804.

Il n'y a donc aucun doute que cet article ne soit l'œuvre du Premier Consul lui-même.

En voici le texte :

INTÉRIEUR

« Paris, le 28 ventôse (19 mars 1804).

« Tandis que l'Angleterre envoyait Pichegru, Georges et la bande d'exécution à Paris, elle rassemblait et prenait à sa solde tous les émigrés qui se trouvent en Allemagne. Une circulaire du prince de Condé leur a fait un appel il y a près de deux mois ; c'est un fait connu de toute la ville de Hambourg qu'un nommé Maillard était chargé en cette ville des fonds pour recruter ces malheureux et les expédier sur le Rhin. La rive droite du Rhin se remplissait journellement de ces nouveaux légionnaires que l'Angleterre appelle encore une fois à être les jouets et les victimes de son cruel machiavélisme.

« Un prince Bourbon, avec son état-major et quelques bureaux, était fixé sur ce point, d'où il dirigeait le mouvement. Le prince Guéménée, ainsi que plusieurs autres officiers devaient arriver le 25 mars pour compléter l'organisation des bandes.

« Les puissances du continent s'empressent de désavouer de pareils éléments de trouble, et cette nouvelle tentative du cabinet britannique n'aura pas plus de succès que le crime organisé à Paris par lui à si grands frais contre le Premier Consul. »

L'exécution du duc d'Enghien eut lieu le 21 mars. Le 22, parut au *Moniteur*, à la suite des nouvelles du jour, comme jeté dans un coin, le texte du jugement. Aucun commentaire.

Le 25 mars, l'éditorial s'occupe des intrigues anglaises et des faux bruits que l'on fait courir à Paris.

« Ainsi donc, ces brouilleries n'existent que sous la plume des écrivains que le cabinet britannique entretient sur le continent, comme des brûlots. C'est en vain que quelquefois le gouvernement de France, la cour de Vienne, la cour de Russie, font publier des articles pour démentir ces nouvelles de troubles et d'armements qui ne sont dans la politique d'aucun État du continent. Tout ce qu'ils peuvent dire est inutile contre l'adresse et l'influence de ces écrivassiers gagés ; et, quoique nous sachions bien ce que nous disons là, il faudrait le répéter à chaque faux bruit que l'on répand, à toutes les fausses nouvelles que jettent ces faiseurs de bulletins, nous le disons pour rendre service au commerce, aux spéculateurs et aux amis de l'humanité qui doivent se mettre en garde contre ces sornettes. »

La dernière collaboration du Premier Consul au *Moniteur* paraît être une note brève et cinglante en réponse à l'intervention de la Russie dans l'affaire de l'exécution du duc d'Enghien. La cour avait pris le deuil ; l'Empereur avait protesté ; les relations, naguère si cordiales, étaient rompues.

La note est signée pour la forme par Talleyrand, mais on sut de suite qu'elle avait été dictée tout entière par Bonaparte, et d'ailleurs elle porte sa griffe avec une netteté indiscutable.

« D'où vient cette étrange prétention de la Russie ?

« Lorsque l'empereur Paul tomba sous les coups de ses assassins vendus à l'Angleterre, la France s'avança-t-elle pour exercer un droit politique d'examen dans ce mystère d'iniquité ? Et si l'on avait fait arrêter les auteurs du complot à deux lieues de la frontière russe, le cabinet de Saint-Pétersbourg aurait-il vu de bon œil qu'on lui demandât des explications sur cette violation de territoire ? »

Comme on l'a vu, la collaboration de Bonaparte au *Moniteur* se rapporte exclusivement à la politique étrangère et surtout aux rapports de la France et de l'Angleterre.

Cette redoutable question s'était emparée de son esprit, et ne lui laissait guère le loisir de s'occuper des autres affaires de moindre importance.

Cependant, un jour, Bonaparte fit une piquante

incursion sur un domaine complètement étranger à la politique internationale.

Ce fut à l'occasion de l'enterrement d'une actrice, Mlle Chameroi, fille d'opéra, comme on disait alors.

Le curé de Saint-Roch, sa paroisse, n'avait pas voulu lui accorder le service religieux. Ne pouvant l'y contraindre, mais voulant calmer l'irritation des gens de théâtre et des esprits tolérants, le gouvernement obtint du desservant d'une autre église qu'il consentît à bénir les restes mortels de la danseuse.

Le Premier Consul fut indigné de l'intolérance montrée par le curé de Saint-Roch et il dicta à Regnault Saint-Jean-d'Angély cette éloquente semonce qui fut insérée dans le *Moniteur* du 22 octobre 1802.

L'article, dont on soupçonna d'abord et dont on connut bien vite la provenance, fit sensation dans la société parisienne :

« Le curé de Saint-Roch, dans un moment de déraison, a refusé de prier pour Mlle Chameroi et de l'admettre dans l'église. Un de ses collègues, homme raisonnable, instruit de la véritable morale de l'Évangile, a reçu le convoi dans l'église des Filles-Saint-Thomas, où le service s'est fait avec toutes les cérémonies ordinaires.

« L'archevêque de Paris a ordonné trois mois de retraite au curé de Saint-Roch, afin qu'il puisse se souvenir que Jésus-Christ commande de prier même pour ses ennemis, et que, rappelé à ses devoirs par la méditation, il apprenne que toutes les pratiques superstitieuses, conservées dans quelques rituels et qui, nées dans les temps d'ignorance ou créées par des cerveaux échauffés, dégradaient la religion par leur niaiserie, ont été proscrites par le Concordat et par la loi du 18 germinal. »

Pour finir la lecture du *Moniteur* consulaire, citons quelques lignes qui ont arrêté notre attention. Elles ont, sans doute, passé sous les yeux du Premier Consul qui lisait et remarquait tout. C'est une longue lettre écrite de Sainte-Hélène par un voyageur ; le *Moniteur* la publie à titre de « Variétés » le 7 novembre 1801.

« De loin, on imagine voir l'île de Calypso ; arrivé, on se croit transporté dans le séjour du bonheur ; l'air y est pur, le ciel serein et tout semble serein autour de vous ; la santé brille sur le visage de tous les habitants... »

Et le voyageur se répand en de longues dissertations sur la beauté de l'île, sur son climat bienfaisant, sur le charme qu'elle dégage quand on y aborde !

Napoléon s'en souvint-il, quand il débarqua à Jamestown ?

CHAPITRE VIII

LES JOURNAUX OFFICIEUX DU PREMIER CONSUL

Bonaparte a toujours eu une haute idée du journal officiel. Il le destinait aux communications purement politiques, à celles qui tenaient au gouvernement, à la guerre, à la diplomatie.

Mais il répugnait à s'en servir pour ses affaires personnelles, bien que l'occasion, et même le besoin, s'en fissent souvent sentir. Et, comme il était invinciblement porté par son tempérament de journaliste à la riposte et à la polémique, il se vit obligé, parfois, à défaut du *Moniteur*, de décharger sa bile dans les journaux à sa dévotion. Il n'en manquait pas, ayant supprimé les autres.

L'occasion se présenta pour la première fois le 4 janvier 1800, quelques semaines à peine après le 18 Brumaire.

Le bruit avait été répandu que Joséphine rendrait le pain bénit dans l'église de Rueil, et ce bruit avait fait scandale. N'oublions pas qu'en ce moment Bonaparte gouvernait avec les républicains, avec la gauche, comme on dirait aujourd'hui.

Il envoya donc un démenti, péremptoire autant

qu'habile, qui parut dans un journal d'un jacobinisme incontestable, quoique domestiqué, car il appartenait au ministre de la police Fouché. C'était le *Journal des hommes libres*.

Il y est dit, le 4 janvier 1800 :

« Il n'est pas vrai que la citoyenne Bonaparte doive rendre le pain bénit dimanche prochain. Cette circonstance eût été vraie qu'elle ne prouverait que la piété particulière de la citoyenne Bonaparte, qui est aussi libre qu'une autre de faire ce qui lui convient à cet égard, sans qu'on en doive tirer les conséquences. »

Ce démenti, habilement tourné, sauvegardait le Premier Consul du côté des jacobins avec l'appui desquels il était parvenu au pouvoir ; en même temps il fait pressentir l'esprit de tolérance dont il va donner bientôt la preuve éclatante avec le Concordat.

Bonaparte ne tarda pas à juger insuffisant le concours indirect des journaux qui n'étaient pas absolument, et à toute heure, sous sa dépendance.

Il se souvint sans doute de ces gazettes qu'il avait fondées en Italie et en Égypte quand il était général en chef. Il voulut, comme alors, avoir un journal à lui et à sa disposition personnelle, placé en dehors de la sphère gouvernementale.

Ce fut le *Bulletin de Paris*.

Ce journal était rédigé dans le cabinet du Premier Consul, sous ses yeux et sous son inspiration directe. Il était bi-hebdomadaire. Le premier numéro parut le 11 mars 1802, dans la seconde année du Consulat.

Le prospectus vante la sage administration de

Bonaparte, le retour à l'ordre, l'accroissement de la splendeur intérieure de l'État.

« Il faut, dit-il, prouver que l'immense majorité du peuple, cette masse puissante sur laquelle le gouvernement doit s'appuyer et se reposer avec confiance, veut, comme elle les a voulues toujours, la République, la liberté, l'égalité, la propriété, protégées par la loi et la loi votée par la représentation nationale. »

Comme il arrive la plupart du temps, pour les journaux officieux, auxquels personne n'ajoute foi, le *Bulletin de Paris* n'eut aucun succès. C'est en vain que Bonaparte en avait confié la rédaction à un homme de talent, confident intime de ses pensées, déjà éprouvé en Italie, à Regnault Saint-Jean-d'Angély.

Lecteurs et abonnés se dérobèrent. Bonaparte essaya alors d'une nouvelle combinaison, comme font les directeurs dans le désarroi ; il changea la rédaction afin de ramener la clientèle. Il s'adressa à Fiévée, écrivain d'un talent supérieur, dont il avait déjà remarqué le caractère indépendant et les facultés d'observation.

Un messager de confiance lui fut envoyé. C'était M. de Lavalette, directeur général des postes. Il proposa à Fiévée la rédaction en chef du *Bulletin de Paris*. C'était en octobre 1802. Fiévée répondit à cette proposition par une note de fière allure qui fut mise sous les yeux du Premier Consul. Il y démolit, de main de maître, la formule du journal officieux :

« Rien, dit-il, ne me paraît moins utile que ces journaux mi-officiels qui ne vivent que de la protection du gouvernement ; ils n'ont pas un mois d'existence que chacun sait qui les fait, pour quoi et pour qui on les fait, alors on les lit bien moins pour s'en laisser diriger que pour savoir ce que le gouvernement veut qu'on pense, et dès qu'on voit un gouvernement quelconque prétendre faire l'opinion au jour le jour, les esprits se cabrent et se font une opinion directement opposée. »

Et Fiévée conclut :

« Pourquoi s'obstiner à continuer le *Bulletin de Paris?* Qu'on le laisse mourir ! »

C'est ce qui eut lieu. Bonaparte s'en tiendra désormais au journal officiel, à son *Moniteur*.

CHAPITRE IX

LE LION ET LE MOUCHERON.
PELTIER CONTRE BONAPARTE

Ce fut un duel singulier entre un simple journaliste émigré et Bonaparte, premier consul de la République française.

Lutte du moucheron contre le lion, qui fait penser à l'immortel chef-d'œuvre de La Fontaine :

> Va-t'en, chétif insecte, excrément de la terre ;
> C'est en ces mots que le lion
> Parlait un jour au moucheron.
> L'autre lui déclara la guerre.
> Penses-tu, lui dit-il, que ton titre de Roy
> Me fasse peur, ni me soucie !

Qu'était-ce donc que ce moucheron, ce chétif insecte, qui osa déclarer la guerre à Bonaparte?

D'où venait cet audacieux qui réussit à exaspérer le grand homme devant le génie duquel s'inclinait l'univers entier?

C'était un Breton, journaliste de métier, non sans talent, doué d'une verve sarcastique et grossière.

Il se nommait Peltier. Dès le commencement de la Révolution, il avait été dans les rangs de l'opposition avec Rivarol. Il collabora ensuite aux *Actes des Apôtres*, cette feuille de combat de laquelle Brissot disait qu'elle faisait plus de mal à la Révolution que les armées de la coalition.

Enfant perdu du parti royaliste, militant d'avant-garde, il émigra l'un des premiers à Londres. Il y vécut en bohème, du maigre produit de quelques travaux historiques et littéraires.

Il ne tarda pas à s'apercevoir qu'il y avait alors à Londres une clientèle assurée pour un journal français. Il devina des lecteurs certains parmi les émigrés, les aristocrates anglais, les diplomates étrangers et les aventuriers cosmopolites, société fort étrange, très mêlée, à l'affût des prodigieuses nouveautés qui se produisaient en France.

Peltier se décida, en conséquence, à reprendre sa publication des « Paris » qu'il avait fondée après les journées d'Octobre.

Il se rencontra à cette époque avec un autre Breton qui devait lui aussi se mesurer plus tard avec Napoléon ; c'était le vicomte de Chateaubriand ; mais celui-ci était un ennemi de plus noble race et de plus belle envergure.

Chateaubriand revenait, en 93, du siège de Thionville ; il avait servi dans les rangs de l'armée des émigrés, où il avait attrapé, dit-il, la petite vérole et un éclat d'obus. Il était malade, sans un sou, sans un ami, sans une relation, perdu dans Londres.

Peltier vint, charitablement, rendre visite à son compatriote. Chateaubriand a décrit, de façon pittoresque, cette visite :

« Peltier, auteur du *Domine salvum fac regem* et principal rédacteur des *Actes des Apôtres*, continuait à Londres son entreprise de Paris. Il n'avait pas précisément de vices ; mais il était rongé d'une vermine de petits défauts dont on ne pouvait l'épurer : libertin, mauvais sujet, gagnant beaucoup d'argent, le mangeant de même, à la fois serviteur de la légitimité et ambassadeur du roi nègre Christophe auprès de Georges III, correspondant diplomatique du comte de Limonade, et buvant en vin de Champagne les appointements qu'on lui payait en sucre.

« Cette espèce de M. Violet, jouant les grands airs de la Révolution sur un violon de poche, me vint voir et m'offrit ses services en qualité de Breton. Je lui parlai de mon plan de l'*Essai;* il l'approuva fort : ce sera superbe, s'écria-t-il, et il me proposa une chambre chez son imprimeur Baylie, lequel imprimerait l'ouvrage au fur et à mesure de la composition. Le libraire Deboffe aurait la vente ; lui, Peltier, emboucherait la trompette dans son journal, l'*Ambigu*, tandis qu'on pourrait s'introduire dans le *Courrier français* de Londres, dont la rédaction passa bientôt à M. de Montlosier. Peltier ne doutait de rien ; il parlait de me faire donner la croix de Saint-Louis pour mon siège de Thionville. Mon Gil Blas, grand, maigre, escalabreux, les cheveux poudrés, le front chauve, toujours criant et rigolant, met son chapeau rond sur l'oreille, me prend par le bras et me conduit chez l'imprimeur Baylie, où il me loue sans façon une chambre au prix d'une guinée par jour. »

Ainsi que le raconte Chateaubriand, ce personnage fantaisiste exerçait à Londres des fonctions vaguement diplomatiques. Il n'était rien moins qu'ambassadeur de l'empereur d'Haïti, le nègre Christophe.

Dans son journal, Peltier s'était amusé à comparer Bonaparte au souverain nègre, et celui-ci, flatté de la supériorité que lui attribuait le journaliste, le nomma son ambassadeur. Il le payait en sucre et café sur lesquels Peltier réalisait de gros bénéfices.

Peltier devint très vite le favori de l'émigration et l'organe du comte d'Artois.

Dès lors, ce fut dans son journal un torrent d'injures contre le chef du gouvernement français. Au lieu du persiflage et de l'ironie, armes de bonne guerre, il descendait aux plus basses insultes, aux insinuations les plus lâches et les plus perfides.

Voici comment il annonce l'avènement du Premier Consul :

« Et alors a commencé le 15 décembre le règne de Sa Majesté très incroyable Napoléon, *alias* Bonaparte, premier du nom, chef d'une nouvelle dynastie corse, et soixante-huitième roi de France, par la grâce de l'abbé Sieyès, de Lucien Bonaparte et de M. Saladin, héros du dix-huitième siècle, Premier Consul de la grande nation, généralissime de la race des Braves, le plus grand homme que le roi de Prusse connaisse, membre de la section de mécanique, l'égal de Catinat, le supérieur de Frédéric II, le pacificateur de l'Europe, le conquérant de l'Égypte, l'épouvantail de la Syrie, le grand, le doux, le libéral, le clément, selon Riouffe, l'Alexandre, le Scipion, le Sylla, le César, l'Auguste, le Cromwell moderne.

« Et, suivant tous les honnêtes gens, misérable lieutenant de Barras, époux avili de la concubine de ce dernier, mitrailleur de Toulon, mitrailleur de Paris, massacreur d'Alexandrie, boucher du Caire, aventurier, charlatan, hypocrite, ambitieux effréné, révolutionnaire outré, traître à son armée, déserteur d'Égypte, fuyard de Syrie, bourreau de l'espèce humaine, hommé sans foi et sans loi, inconséquent, perfide, extravagant, athée, chef de brigands, usurpateur, tyran, l'Attila et le Tamerlan modernes, enfin le plus odieux des hommes.

Jam nova progenies cœlo demittitur alto.

« Et c'était pour arriver à ce triste résultat, que la France a vu périr le meilleur des rois, trois millions de ses enfants, un million d'étrangers, qu'elle a mis en fuite sa noblesse et son clergé, perdu la religion, l'honneur, la morale et toute espérance de paix ! »

Les « Paris » de Peltier étaient sévèrement interdits en France, mais la police ne pouvait empêcher qu'il ne s'en glissât quelques exemplaires. On se les passait de mains en mains au faubourg Saint-Germain, sous le manteau de la cheminée.

Dans l'un des bulletins de police que Fouché adressait quotidiennement à Napoléon, il dit que la princesse de Monaco envoie gratis à tous les émigrés la feuille de Peltier.

Cette jolie blonde, l'amie du prince de Condé, l'ornement de Chantilly dans les beaux jours de jadis, espiègle aventurière, s'amusait pour le moment à conspirer et à passer en contrebande les diffamations venues d'Angleterre.

Bonaparte ne l'ignorait pas. Comme l'a dit Thiers,

« ces pamphlets remplissaient son cœur d'amertume. Un vulgaire écrivain, instrument des plus basses passions, avait le pouvoir d'atteindre dans sa gloire le plus grand des hommes, comme ces insectes qui, dans la nature, s'attachent à tourmenter les plus nobles animaux de la création. »

Rien ne pouvait l'agacer davantage que de se savoir ridiculisé et vilipendé jusque dans ce noble faubourg qu'il s'étudiait à conquérir. Aussi Peltier redoublait-il ses attaques avec une savante perfidie. Sachant que Bonaparte était encore amoureux de Joséphine, il la traînait littéralement dans la boue ; d'autres fois, il s'en prenait à la famille des Bonaparte, à la naissance même du fils de Lætitia.

Quelle mortification pour sa fierté de gentilhomme, quel soufflet à ses prétentions de noblesse, lui qui a dit : les Bonaparte sont de bons gentilshommes corses, peu illustres, puisque nous ne sortions guère de notre île, mais bien meilleurs que beaucoup de freluquets qui s'avisent de nous ravaler.

Peltier allait jusqu'à dire que Bonaparte était le fils naturel de cette fameuse Mme de La Motte, celle de l'Affaire du Collier, qu'il avait été transporté en Corse et confié à Lætitia, la mère putative !

Ou bien, il racontait que Bonaparte était le fils du marquis de Marbeuf, gouverneur de la Corse et protecteur de Lætitia ; il disait qu'à Marseille la veuve Bonaparte trafiquait des charmes de ses filles ; que Paulette avait des amants à quatorze ans et qu'elle se baignait nue dans le port ; que Caroline, âgée de treize ans, était le petit Mercure de ses sœurs ; qu'Élisa, longtemps favorite d'Hainguerlot, avait épousé Bacciochi, ancien marqueur de billard !

Ces basses invectives, ces injures dégoûtantes obtenaient le plus vif succès à Londres, particulièrement dans le monde des émigrés, où chacun voyait en Bonaparte son ennemi personnel, le considérant comme l'unique obstacle au retour des Bourbons et à l'anéantissement de la Révolution.

Bonaparte se contint quelque temps. Il fit faire des représentations au gouvernement anglais par son ambassadeur, M. Otto. C'était au lendemain de la paix d'Amiens, mars 1802. Et comme on était encore dans la lune de miel de cette courte réconciliation, le ministère anglais promit de faire taire Peltier, autant qu'il le pourrait.

Le pamphlétaire se calma un peu. Il suspendit même la publication de ses « Paris ». Mais cette trêve de plume fut de courte durée, pareillement à celle qui fut alors conclue entre les deux nations.

La presse anglaise, qui avait désarmé pour un moment, ne tarda pas à reprendre les armes avec une pire violence et à dénoncer l'ambition et les conquêtes de Bonaparte.

Cette effervescence se communiqua tout naturellement au milieu des émigrés parmi lesquels vivait Peltier. Il en était le porte-voix tout désigné par son talent et son esprit. On le circonvint, on le cajola, on l'exalta, et sans doute on le paya. Il n'en fallait pas tant pour le déterminer à reprendre sa plume et à recommencer une guerre acharnée contre Bonaparte.

Il le fit sous un titre nouveau et avec un redoublement de férocité.

Il appela son nouveau journal : l'*Ambigu*.

L'Ambigu, c'était Bonaparte, personnage ambigu, ambigu dans ses principes, dans ses projets, dans ses actes !

Il portait en sous-titre : *Variétés atroces et amusantes, journal dans le genre égyptien* avec cette épigraphe :

> *Sit mihi fas audita loqui, sit numine vostro.*
> *Pandere res alta terra et caligine mersas et*
> *spargere voces.*
> *In vulgum, ambiguas.*

Pour justifier l'allusion au genre *égyptien*, il mit en tête des premiers numéros une vignette représentant Bonaparte en sphinx, avec l'habit de consul et, sur la tête, une couronne fantaisiste.

Sous le soubassement, le monogramme romain

S. P. Q. R.

avec des caractères hiéroglyphiques.

Au-dessous, on lit :

« Trouvé dans les tombeaux des rois de Thèbes et réimprimé par Cox fils et Baylie, Great queen street, paroisse Saint-Gilles, à Londres. »

La vignette changeait souvent. Ainsi, au numéro 5, le sphinx est décapité.

Peltier l'explique ainsi :

« Nous avions cru, en commençant le premier numéro de ce journal, que le sauveur ambigu de la France se serait fait proclamer par le Sénat roi ou empereur des Gaules, au moment où l'on aurait fait connaître le résultat des votes pour le Consulat à vie, et, dans cette attente, nous lui avions déjà posé sur la tête une couronne dans un genre ambigu. Cependant notre couronne a été rejetée avec mépris. Dans notre colère, nous avons voulu la faire disparaître, mais comme cette couronne était inséparable de la tête de notre ambigu, la tête a tombé du coup qui a frappé la couronne et nous ne présentons plus, depuis quelque temps, qu'un squelette mutilé de la tête à la queue, qui nous fait honte à nous-même... »

Sous ces sarcasmes perce, sinon l'invitation, tout au moins l'espérance de voir, dans la réalité, tomber la tête de Bonaparte.

Une autre fois, le dessin montre Bonaparte présidant à l'empoisonnement des malades et des blessés de Jaffa, avec le pharmacien Rouyer, tandis que le médecin en chef Desgenettes s'éloigne avec indignation.

Et dans le texte, Peltier insiste fortement sur l'empoisonnement.

Une autre fois, il s'agit de la descente en Angleterre dont on commençait à parler.

« Un jeune guerrier, dit Peltier, est au milieu de la mer, dans un bateau plus grand ; il a l'air de s'enfuir devant John Bull, comme à Saint-Jean-d'Acre : son attitude est suppliante. »

Une autre fois, c'est une anagramme de la Révolution française. Anagramme : voleur ! Fi la nation corse !

Une autre fois encore :

Révolution française. Anagramme : UN ROI CORSE TUÉ A LA FIN.

Toujours l'invite à l'assassinat ! C'est encore l'anagramme de Buonaparte : NABOT A PEUR.

Ces ricanements de bête féroce étaient accueillis avec transport, non seulement chez les émigrés, mais aussi, il faut bien le dire, chez les hommes politiques anglais, tels que Windham, qui considéraient la paix d'Amiens comme un acte de trahison envers leur patrie.

Se sentant soutenu par cette marée de haine, Peltier ne craignit pas d'en appeler ouvertement à l'assassinat de Bonaparte. Il publia une ode sur le 18 Brumaire qui se terminait ainsi :

> Rome, dans ce revers funeste,
> Pour te venger, du moins il reste
> Un poignard aux derniers Romains.

Cette fois, c'était nettement la provocation. On ne pouvait, à Paris, feindre de l'ignorer ou la dédaigner.

Bonaparte chargea donc son ambassadeur de poursuivre Peltier devant les tribunaux anglais.

Cette plainte ne pouvait manquer d'émouvoir le ministère britannique. Mais, lord Hawkesburry, ministre des Affaires étrangères, fit remarquer à notre agent que Bonaparte se servait contre l'Angleterre et ses ministres des mêmes armes que celles employées par Peltier contre la France et le chef de son gouvernement.

En effet, pour contre-balancer l'effet produit par

l'*Ambigu*, Bonaparte, aussi entreprenant en journalisme qu'il l'était à la guerre, venait de faire publier à Paris un journal de même acabit que l'*Ambigu*.

C'était l'*Argus*.

L'*Ambigu* paraissait en français à Londres ; l'*Argus* paraissait en anglais à Paris.

L'*Ambigu* était l'organe des émigrés français réfugiés en Angleterre ; l'*Argus* se disait l'organe des républicains anglais qui avaient émigré d'Angleterre et d'Irlande sur le continent. Bonaparte le faisait distribuer gratuitement dans les colonies anglaises, jusqu'au fond des Indes. Il y a, à ce sujet, un ordre donné à Talleyrand dans une correspondance du 25 novembre 1802.

De ces deux journaux, c'était à qui rivaliserait de violence et de grossièreté.

Lord Hawkesburry disait :

Arcades ambo, id est : blackguards both.

Ignobles drôles ! oui, ils méritaient, l'un autant que l'autre, cette épithète !

Parallèlement à l'*Argus*, Bonaparte faisait donner le grave *Moniteur* avec moins de grossièreté dans la forme, mais avec autant de violence, aggravée par le caractère officiel. Il y était dit nettement que les ministres anglais étaient complices des complots dirigés contre la vie du Premier Consul.

Nous savons aujourd'hui que cette accusation était vraie, malheureusement pour l'honneur anglais.

« Cadoudal, disait Bonaparte, porte à Londres son ruban rouge comme une récompense de cette machine infernale qui détruisit tout un quartier de Paris et tua une trentaine de citoyens inoffensifs, femmes et enfants.

« S'il avait réussi, cela ne permet-il pas de croire qu'on lui aurait décerné l'ordre la Jarretière ! »

En réponse à la note remise par notre ambassadeur, les ministres anglais répondirent :

« Si ce qui est publié en Angleterre est *libellous or actionable*, c'est-à-dire diffamatoire et tombant sous le coup de la loi, les imprimeurs et les éditeurs sont susceptibles de châtiments : toutes facilités raisonnables vous seront données pour les poursuivre. »

Il fallait donc exercer une poursuite effective. C'est ce qui eut lieu. Ordre fut donné à l'attorney général de traduire Peltier devant le Banc du Roy.

On sait combien la justice anglaise est lente et formaliste. Le procès fut longtemps retardé ; il y avait eu un si long intervalle entre l'offense et la poursuite, que l'effet produit par la calomnie semblait presque éteint.

C'est le 21 février 1803 que le débat eut lieu devant la cour, présidée par lord Ellenborough et constituée en jury spécial.

Le spectacle était piquant de voir, à cette barre : d'un côté l'accusé, un simple journaliste vivant au jour le jour de sa plume ; de l'autre, le plaignant, journaliste aussi à ses heures, mais le héros des campagnes d'Italie, le conquérant de l'Égypte, le Premier Consul de la République française, le premier homme de son temps, au jugement unanime de ses contemporains.

Pour savoir à quel point il était piqué au vif, il faut se rappeler les paroles énergiques qu'il dit à la même époque, en pleine réception diplomatique, à lord Whitworth :

« Chaque vent qui souffle d'Angleterre ne m'apporte que haine ou outrage. »

L'avocat de Peltier était sir James Makintosh, la gloire du barreau anglais. Il venait de publier tout récemment une éloquente apologie de la Révolution française. Sa plaidoirie fut très habile :

« Messieurs, dit-il au jury, toute la presse du continent, de Palerme à Hambourg, est asservie, réduite à l'esclavage. A la marche que suit Napoléon, on peut craindre que, nulle part dans le monde, la pensée ne soit libre. La liberté de la pensée et celle de la presse n'ont plus qu'un refuge, l'Angleterre.

« Un seul asile de discussion est encore inviolable. Il est encore un petit coin de l'Europe où l'homme peut librement exercer sa raison sur les plus graves intérêts de la société, où il peut hardiment publier son jugement sur les actes des plus orgueilleux et des plus puissants despotes. La presse anglaise est libre encore ; elle est gardée par la libre constitution que nous ont transmise nos aïeux ; elle est gardée par les cœurs et les bras des Anglais, et je n'hésite pas à dire que, si elle doit succomber, elle ne succombera que sous les ruines de l'empire britannique. C'est une imposante considération, messieurs ; tout autre monument de la liberté a péri ; cet ancien édifice, élevé par la sagesse ou la vertu de nos pères, est encore debout ; il est debout, grâce à Dieu, solide et entier, mais il est debout seul et de toutes parts entouré de ruines. Dans ces circonstances extraordinaires, je le répète, je dois considérer ce débat comme le commencement d'une longue suite de luttes entre le plus grand pouvoir du monde et la seule presse libre qui subsiste en Europe ; et j'ai la confiance que vous vous considérerez vous-mêmes comme les sentinelles avancées de la liberté, ayant aujourd'hui à soutenir le premier combat que le droit de libre discussion livrera contre le plus formidable ennemi qu'il ait jamais rencontré. »

Puis il conclut par cette éloquente péroraison : « Dans cette cour où nous sommes réunis, Cromwell renvoya deux fois l'auteur d'une satire contre sa tyrannie, pour le faire convaincre et punir comme libelliste, et, dans cette cour, presque à la vue de l'échafaud dégouttant du sang de son souverain, sous le cliquetis des baïonnettes qui avaient chassé le Parlement avec outrage, deux jurys successifs délivrèrent le courageux satirique et déboutèrent le procureur général de l'usurpateur. »

Dans sa réponse, l'attorney général fut réservé et correct. Il se contenta de lire des citations de Peltier et il invoqua la raison d'État !

« Votre verdict doit réprouver tout projet de meurtre et d'assassinat.

« J'ai la confiance que votre verdict fortifiera les relations par lesquelles les intérêts de cette contrée sont liés à ceux de la France... »

Cette considération fit sans doute impression sur les jurés. Ils déclarèrent Peltier coupable ; il fut condamné à une faible amende ainsi qu'aux frais du procès.

Mais, si l'insulteur de Bonaparte fut condamné devant le Banc du Roy, on peut affirmer qu'il fut acquitté, au dehors, par la nation anglaise presque tout entière.

Ce fut un triomphe pour Peltier. Une souscription nationale fut ouverte à son profit. Les plus grands noms de l'aristocratie anglaise s'y rencontrèrent, avec ceux de l'émigration, pour payer, et bien au delà, l'amende et les frais du procès.

Et c'est ainsi que ce procès de presse, comme il arrive si souvent, tourna au préjudice du plaignant et au triomphe de l'accusé.

En tous pays, l'instinct du jury le porte à favoriser la liberté de la presse.

Le retentissement de ce procès ne pouvait manquer d'être considérable. L'Europe entière, accoutumée à rechercher ou à deviner dans le *Moniteur* la pensée de Bonaparte, son principal rédacteur, attendait avec curiosité ce que dirait l'organe officiel sur le procès de Londres.

L'article ne tarda pas à paraître. Le voici, tel qu'il fut apporté du cabinet du Premier Consul. Comme la plupart des récits officiels, il ne dit point la vérité, du moins en ce qui concerne l'origine de la procédure ; en revanche il reflète, avec une singulière netteté, l'état d'esprit de Bonaparte.

L'article parut le 3 mars 1803 :

« Un nommé Peltier a été condamné par les tribunaux de Londres pour avoir imprimé de misérables libelles contre le Premier Consul. On ne conçoit pas trop pourquoi le ministère anglais a voulu donner tant d'éclat à ceci.

« Comme les journaux anglais ont publié que c'était sur la demande de la France, et que même l'ambassadeur de France était présent au jugement, nous sommes pleinement autorisés à démentir l'une et l'autre de ces nouvelles ; le Premier Consul n'a appris l'existence de ces libelles que par la procédure.

« Dans le système de l'Europe, toutes les nations civilisées ont réciproquement des devoirs à remplir ; elles doivent se montrer d'autant plus de respect, que le système opposé, qui ne laisse pas d'avoir des partisans dans tous les pays, ne tendrait à rien moins qu'à nous jeter dans la barbarie et dans l'anarchie.

« On conçoit donc tout aussi peu l'intérêt qu'on peut avoir en Angleterre à soutenir et à autoriser toutes les infamies que vomissent les libellistes du pays, et moins encore celui qu'on y a à protéger les libellistes français qui s'y sont établis pendant la guerre, que l'on conçoit l'inutilité de cette procédure d'apparat et d'ostentation.

« L'*Alien-Bill* donne au ministère le pouvoir de chasser les étrangers et le ministère en use largement. Plus de vingt Français domiciliés et connus ont été renvoyés d'Angleterre sans plus de formalité.

« Nous connaissons des individus domiciliés et établis depuis trente ans à Londres qui ont, depuis peu, été atteints par cette mesure.

« Pourquoi donc s'amuser à traîner avec appareil, devant un tribunal respectable, des étrangers malfaiteurs tels qu'il en paraît toujours à la suite des grandes commotions politiques? Il suffit que les sous-ministres de lord Pelham leur disent sérieusement : n'écrivez plus, et ils se tairont ; et, s'ils ne le font pas, l'*Alien-Bill* donne le pouvoir de les chasser.

« Le roi d'Angleterre doit au respect de sa personne et à l'honneur de sa nation de mettre enfin un terme à ces outrages faits à un gouvernement et à une nation voisine avec qui il est en paix, et auprès de qui il tient des ambassadeurs aussi distingués par leur rang que recommandables par leurs qualités personnelles.

« Cependant, il faut convenir que, si cette procédure était inutile, elle a donné lieu au moins aux magistrats distingués du tribunal criminel de Londres de faire preuve de sagesse et de se montrer dignes d'administrer la justice chez une nation si éclairée et si recommandable à tant de titres. »

On ne peut que rendre hommage à la noblesse de ce langage ; en même temps il faut regretter qu'il ait trouvé si peu d'écho dans la presse anglaise, dont la violence ne fit que s'accroître.

Peltier ne voulut pas demeurer en reste avec la note méprisante du *Moniteur*. Il attendit quelques mois, au bout desquels il publia dans l'*Ambigu* une sorte de réplique sous forme de confession ; ce n'est point une excuse, c'est plutôt une apologie.

Le morceau ne manque point de verve ; on y trouve une certaine force de raisonnement. Peltier rappelle qu'au commencement de juin 1802 le gouvernement français fit établir à Paris l'*Argus*, rédigé par d'anciens révoltés irlandais. Le journal insultait journellement le roi et ses ministres ; il invitait les matelots britanniques à la désertion ; le gouvernement français avait pris mille abonnements et le faisait distribuer à profusion en Angleterre.

Parmi ceux qui s'occupèrent de cette propagande, Peltier prétend avoir reconnu M. Agasse, propriétaire du *Moniteur*, et aussi Fiévée, envoyé par Bonaparte en Angleterre d'où il adressait au *Mercure de France* des lettres perfides et calomniatrices.

C'est ce qui l'avait décidé à reprendre la plume pour défendre son pays d'adoption !

S'il n'a pas employé, dans cette guerre de plume, le ton grave et digne de la discussion, c'est que l'emploi était tenu par le *Courrier de Londres*. Il préféra les personnalités à la satire. C'était son genre habituel sous la Révolution. (*Actes des Apôtres*.)

A peine l'*Ambigu* paru, il fut dénoncé au gouvernement anglais par M. Otto, l'ambassadeur de Bonaparte ; il en trouve la preuve dans une lettre de M. Otto à lord Hawkesburry, en date du 25 juillet 1802, ce qui met à néant le démenti du *Moniteur* du 12 ventôse an XI.

Il conteste la thèse du gouvernement français qui prétend qu'il est du droit public des nations, et d'une obligation rigoureuse pour le gouvernement, de prévenir ou de punir toutes les atteintes aux intérêts et à l'honneur des puissances étrangères.

« Si ce principe était admis, dit-il assez justement, il n'y aurait plus de liberté quelconque de la presse dans aucun pays. En effet, chaque écrit, chaque paragraphe de papiers-nouvelles sur les projets d'agrandissement d'une puissance étrangère, chaque réclamation contre une injustice, serait une atteinte aux intérêts et à l'honneur de toute puissance qui voudrait léser autrui, assurée qu'il ne serait pas permis d'en parler. »

Peltier s'explique sur la vignette du sphinx décapité. Oui, c'est excessif, mais on en fait de pareilles tous les jours en Angleterre ; les caricatures du *Hogarth*, *Bonbury*, *Gillray*, courent les rues, et on ne fait qu'en rire.

Quant à l'ode du poignard, il convient qu'il a eu tort de laisser subsister en entier le mot « poignard ». Il aurait fallu mettre poign..., on aurait pu croire que c'était un poignet : invitation aux coups de canne, aux soufflets, aux coups de poing ; c'eût été moins grave !

Et enfin la parodie qu'il a faite de la fameuse harangue de Lepidus, invitant les Français à l'insurrection, il la revendique hautement.

« Oui, j'ai cherché à provoquer les Français à se mettre en insurrection ouverte contre ce gouvernement, à marcher contre lui en masse et en détachement, à le renverser de gré ou de force, à faire contre lui un 10 Août ou bien un 9 Thermidor, ou un 18 Brumaire, un 31 Mai ou un 21 Janvier; à jeter à bas consuls, ministres et sénateurs, à coups de *poignet* ou à coups de *poignard* ou à coups de baïonnette, à coups de pied ou à coups d'espingole, à coups de balai ou à coups de crosse, avec la diligence de Cayenne ou avec le rasoir national !

« Pourquoi cette rage? parce que le *Moniteur du 9 août avait paru!*

« Où l'on disait que Sa Majesté Britannique aurait été capable de récompenser de l'ordre de la Jarretière l'assassin du 4 Nivôse, si la machine infernale avait réussi.

« En lisant cela, toutes mes anciennes blessures se sont rouvertes ! »

Et Peltier appelle le latin à son aide, pour insulter plus grossièrement encore Bonaparte.

Cara deum soboles, magnum jovis excrementum!

Il ajoute que Mirabeau, contre qui tant d'épigrammes avaient été lancées, « était un factieux trop superbe pour traîner l'auteur d'une épigramme devant un tribunal ; il y avait assez du gentilhomme français en lui pour savoir qu'il se déshonorerait par là aux yeux de la France. Aussi ses restes sont-ils au Panthéon tandis qu'on verra un jour, dans les environs d'un égout de Montmartre, quelle différence de pompe il y aura entre les restes d'un Mirabeau et ceux du petit étranger dont on coupe déjà le col sur toutes les effigies dans les nouvelles monnaies qu'on vient de frapper à son coin. »

La guerre à coups d'épingle recommence de plus

belle, et plus perfide et plus grossière que jamais.

C'était surtout contre la femme de Bonaparte que s'acharnait Peltier.

Il savait bien qu'il touchait l'endroit sensible.

Il l'appelait couramment *Messaline*. Il répétait constamment que, si elle n'avait pas d'enfant de son second mariage, c'était sa faute à lui, c'est parce que Bonaparte était impuissant.

> Maître absolu, je puis tout en deux mots,
> Et ne puis faire un enfant à ma femme.

Il l'appelait le Maryland (mari lent).

« Mme Bonaparte s'était fait alors une si terrible réputation à la Martinique qu'aucun capitaine n'osait alors la repasser. » (Il veut dire : l'embarquer pour l'Europe, la prendre à bord.)

Voici que Bonaparte s'est installé aux Tuileries. Sa femme va demeurer au pavillon de Flore.

Pour Peltier, c'est une infâme profanation.

Que va-t-il dire?

« Si, d'un côté, le nom de Flore rappelait, d'une manière flatteuse pour elle, la déesse jeune et odoriférante dont les pas étaient semés de fleurs ; d'un autre côté, il retraçait la célèbre concubine qui, après avoir passé de main en main, tomba dans celle du grand Pompée. »

Et il trace ce tableau de famille :

« Paulette dit à Joséphine : Ne jouez pas la jeune

fille, tâchez seulement de paraître une femme bien conservée, etc., etc... »

C'est le ton habituel de ces cruels badinages. Quand il apprend la mort de Pichegru et le drame de Vincennes, Peltier devient tragique. Pichegru a été trouvé étranglé dans sa prison, aussitôt Peltier accuse Bonaparte de cette mort :

« *Pichegru was murdered,* » criait-on dans les rues de Londres.

Enfin, l'Empire est proclamé. La fureur des royalistes est à son comble ; Peltier s'en fait le grossier interprète :

« Une vieille Colombine, rebut de tous les paillasses de la Révolution, est chargée du soin de l'hérédité de cette nouvelle dynastie dans laquelle figurent déjà avec éclat des pendus, des bouchers, des fariniers, des marqueurs de billard, des cardinaux, des musulmans, des princes romains, des danseuses d'opéra, des courtiers de navires et des courtiers de galanterie, des voleurs, des sans-culottes amnistiés, des empoisonneurs, des étrangleurs, etc., etc...

« Ce petit singe vert de quatre pieds deux pouces, empereur héréditaire ! »

L'*Ambigu* dit qu'à Paris on prononce : « L'impure actrice », pour l'impératrice.

Il l'appelle couramment : haridelle, vieux sapajou de la Martinique, guenon, etc., etc...

Puis une caricature représentant Joséphine aux trois quarts nue, avec cette inscription : « Port libre. »

Toujours plus cruel et plus ignoble il dit :

« Dernièrement, Mme Bonaparte était fatiguée ; elle avait déjà veillé la nuit précédente ; il lui fallait encore attendre que son mari eût fini ce qu'il avait commencé. Elle bâillait, elle se distendait la mâchoire, ses fausses dents lui faisaient un mal horrible, son rouge coulait sur son sein ; à peine pouvait-elle se tenir éveillée avec de fréquentes prises de tabac, etc... »

Comment de pareilles goujateries ne provoquèrent-elles pas le dégoût chez ces gentilshommes anglais ou français, dont l'éducation était si raffinée et les manières si polies ? C'est ce que l'on a peine à concevoir.

Peltier ne recule pas devant les accusations d'inceste ; voici que le 6 juillet 1803, le Premier Consul entreprend un voyage dans le Pas-de-Calais. Peltier s'adresse sous forme de lettre au général :

« C'est ainsi que votre tendre union avec la jeune Paulette, votre sœur, aujourd'hui la veuve Leclerc, que le sentiment qui portait Lucien votre frère sur sa sœur Murat, que le mariage de Louis, votre frère, avec la jeune Hortense de Beauharnais et celui projeté d'Eugène Beauharnais avec la veuve Leclerc, que votre prédilection marquée pour Mme Louis, et que tout cet enchaînement bizarre de parentés qui fait regarder par les esprits superficiels votre famille comme une nouvelle famille d'Œdipe, c'est ainsi, dis-je, que toutes ces familiarités vous mettent de pair avec les patriarches de l'antiquité. »

Une autre fois, il prête à la jeune et charmante Paulette quantité de plaisanteries cruelles sur sa belle-sœur ; elle aurait dit que Bonaparte devrait la quitter, leur donner une belle-sœur jeune et jolie, vraiment Française, fraîche comme Hébé, etc.

Cependant Peltier voit grandir la gloire de Napoléon ; l'Empire s'affermit ; il traite d'égal à égal avec les grandes puissances de l'Europe.

A ce spectacle, Peltier étouffe de colère ; il n'espère plus que dans la mort ; il l'appelle ; il l'annonce :

« Bonaparte est menacé d'apoplexie ; il devient énorme et a la tête enfoncée dans les épaules. »

L'*Ambigu* racontait que l'Empereur avait des convulsions et tombait du haut mal.

Le mariage avec Marie-Louise met le comble à l'indignation de Peltier :

> Vive Napoléon ! C'est un chapon,
> Vive l'Impératrice ! C'est une dinde.

Etc., etc.

L'*Ambigu* s'attachait particulièrement à ridiculiser la nouvelle cour des Tuileries. Il publiait sur la vie intime de cette cour des indiscrétions plus ou moins piquantes, badines ou ironiques ; Pauline se moquait de la naïveté de Marie-Louise, comme elle se moquait autrefois du fard et des fausses dents de Joséphine.

Après avoir prédit la mort prochaine de Napoléon, il s'en prend au petit roi de Rome. Il plaisante sur son baptême ; il annonce même une fois sa mort.

Viennent les jours de la défaite et de la détresse nationale ; Peltier exulte : les malheurs de sa patrie ne sont qu'un nouveau prétexte à injurier Napoléon.

Il publie sur la retraite de Russie des détails épouvantables et souvent invraisemblables ; la réalité était suffisamment terrible ; inutile d'inventer.

« *Veni, vidi, redii*. Pour la seconde fois le petit César corse a déserté son armée. Le lâche coquin qui naguère pénétrait en Russie à la tête de quatre cent cinquante mille hommes, s'est cru trop heureux d'en sortir accompagné seulement de l'infâme Caulaincourt. »

Puis, des inepties, des stupidités.

Il dit que pendant la campagne de Russie, Napoléon s'enivrait tous les soirs, buvant pour s'étourdir.

En 1813, il prévoit et prédit la débâcle ; il n'y avait pas à cela grand mérite.

La grandeur de la chute impériale ne touche pas cette âme pétrie de bassesse. Peltier ne cesse, jusqu'à son dernier numéro, d'insulter Napoléon, de le piquer à son endroit sensible.

Pendant les Cent-Jours, il lui crie :

« Elle ne revient donc pas, ta Marie-Louise ? »

Il savait bien où blesser l'époux, le père et l'empereur.

Cet infâme journal subsista jusqu'en 1818.

Peltier revint à Paris en 1814 et s'échappa prudemment pendant les Cent-Jours.

Il faut dire, pour l'honneur de Paris, qu'il fut froidement accueilli, après la Restauration, même dans la société royaliste.

Peltier, qui avait toujours eu des goûts dispendieux et fait chère lie, finit par tomber du mépris dans la misère. Il mourut sur un grabat, dans un grenier.

Il rendit sa vilaine âme au diable en 1825.

TROISIÈME PARTIE

PENDANT

L'EMPIRE

CHAPITRE PREMIER

LISONS LE « MONITEUR » DE L'EMPEREUR

Le mot « Empereur » apparaît pour la première fois dans le *Moniteur* le 19 mai 1804, en tête de la première colonne. La veille, le Sénat avait proclamé l'Empire.

Toute velléité d'indépendance disparaissait.

A partir de ce moment, et, pendant toute la durée du règne, on n'entendit plus en France qu'une seule voix, celle de Napoléon. Lui seul parlait, et ce n'était que pour se louer.

Les rares journaux politiques qu'il avait laissés vivre, en dehors du *Moniteur*, forment une sorte d'orchestre jouant à l'unisson un air unique sur la grandeur de la France et le génie du souverain. Gare à celui qui laissait échapper une fausse note. Il était, sur l'instant, réprimandé, durement, impitoyablement, et, s'il récidivait, le bâton du chef d'orchestre ne tardait pas à s'abattre sur la tête de l'infortuné.

Jamais, à aucune époque, la pensée ne fut aussi rudement bâillonnée.

Rien, absolument rien, ne s'imprimait qu'avec la permission du Maître.

Les paroles de Tacite sur la tyrannie des Césars s'appliquent aux Français de cette époque :

« Certes, a dit l'illustre historien, nous avons donné un grand exemple de patience. De même que l'on a vu dans les temps anciens ce qu'il y a d'extrême en fait de liberté, de même nous avons vu de nos jours ce qu'il y a d'extrême en matière de servitude, puisque la délation a supprimé toute faculté de parole et de communication. »

Sous la République, on supprimait un journal purement et simplement, et, parfois aussi, on supprimait le journaliste. Cependant, comme le bourreau n'était pas longtemps le même, la vérité finissait par percer après la mort de celui qui l'avait étouffée.

Pendant l'Empire, si la vie du journaliste était épargnée, la propriété de son journal était continuellement en danger. Au moindre écart, le gouvernement la supprimait, et parfois se l'appropriait, sans aucune indemnité.

La fortune, créée par l'intelligence et le travail, comme celle des Bertin aux *Débats*, Napoléon la confisque sans pudeur. On verra plus loin les détails de cette indigne spoliation.

Le point de vue auquel il se plaçait, vis-à-vis de la presse, lui enlevait tout scrupule. Bien sincèrement, il considérait que les gazettes sont faites pour le service exclusif du gouvernement, et point du tout pour l'utilité, l'instruction ou le plaisir du public.

Par une singulière ironie, l'Empereur institua, par le sénatus-consulte même qui proclamait l'Empire, une *Commission de la liberté de la presse*.

Pas une seule fois cette Commission ne se réunit pendant les dix années de l'Empire.

Cela n'empêcha point, d'ailleurs, les lâches sénateurs qui en avaient fait partie de protester en 1814 contre la censure arbitraire, contre la suppression de la liberté de la presse. Ce furent ces prétextes qu'ils invoquèrent, entre autres, pour voter la déchéance de Napoléon.

Cette lâcheté des sénateurs n'est point la seule que l'histoire doive enregistrer. Il faut y joindre celle de la plupart des écrivains contemporains qui se laissèrent museler sans protester, exception faite pour Chateaubriand.

Oublions ce vilain spectacle pour suivre le nouvel Empereur dans sa carrière de journaliste.

Sa participation au *Moniteur* devient moins fréquente que sous le Consulat. Il ne va plus polémiquer avec la presse anglaise. Sans doute juge-t-il, avec raison, que le contact de la publicité compromet sa jeune majesté impériale.

Et puis, les guerres incessantes vont l'entraîner loin de Paris, sur les grandes routes de l'Europe, de Madrid à Moscou.

Ne va-t-il point perdre de vue, cachées par la fumée des batailles, les tentatives d'émancipation de quelques journalistes qui s'agitent, çà et là, dans l'espoir que son éloignement l'empêchera de les entendre et de les surveiller ?

Que l'on se détrompe !

Sans doute, sa collaboration directe au *Moniteur* se réduira à quelques articles courts, d'une polémique supérieure, dans lesquels tout mot porte. Mais, comme le dit Chateaubriand, il veillait aux articles du *Moniteur;* pas un n'échappe à sa critique de plus en plus exigeante. Les instructions qu'il donne à ce sujet sont innombrables ; sa correspondance en est remplie ; il les prodigue avec une singulière insistance, sans arrêt, sans répit.

Il n'y a presque pas de jour où il ne signale au Grand Prévôt de la presse, à son Ministre de la police, quelque écart de plume, quelque erreur ou quelque bévue.

Rien ne le détourne de cette tâche, ni la victoire, ni la défaite ; jamais sa vigilance ne s'endort.

Comment trouvait-il le temps d'éplucher les termes d'un article, de redresser telle opinion littéraire ou philosophique, de relever une expression qui le choquait, car il s'effarouchait de quelques syllabes imprimées, lui que nulle catastrophe ne troubla jamais !

Sur ce domaine de la presse, comme sur tous les autres, son activité est surhumaine, miraculeuse.

1804

C'est au mois de septembre 1804, moins de quatre mois après la fondation de l'Empire, que Napoléon se manifeste pour la première fois empereur-journaliste.

Son début est un article contre Paris.

L'esprit frondeur des Parisiens le froissait : il en était vivement affecté, bien qu'il fît mine de les mépriser et de les considérer comme de grands enfants.

Il boudait donc Paris. L'exécution du duc d'Enghien, le procès de Moreau avaient mécontenté les esprits. Une opposition se dessinait nettement dans toutes les classes de la société. Il était lui-même inquiet, préoccupé de son prochain couronnement ; ses projets d'invasion en Angleterre ne laissaient pas d'ajouter à son énervement.

Il commença par exhaler sa mauvaise humeur au Conseil d'État. Quelques jours après, il fit paraître, non pas au *Moniteur*, ce qui l'eût trop découvert, mais dans la *Gazette de France*, un article dont tout le monde lui attribua immédiatement la paternité, tant à cause de la ressemblance avec les paroles prononcées au Conseil d'État, que de l'énergie de la pensée et de la forme, l'une et l'autre vraiment napoléoniennes.

Thibaudeau, vivant alors dans l'entourage de Napoléon, ne nous laisse aucun doute sur l'origine de cet article.

Suivant un procédé qui lui était habituel, Napoléon s'inspire des exemples classiques qu'il puisait dans les écrivains de l'antiquité : on sait que ses œuvres fourmillent de ce genre d'allusions. Il voulut donc, en guise de menace aux Parisiens, rappeler les motifs qui avaient déterminé Constantin à quitter Rome et à transporter le siège de l'Empire à Byzance.

« J'ai cherché, écrit-il, les causes qui ont pu déterminer Constantin à fonder une nouvelle capitale.

« Il n'y a pas de doute qu'il n'ait été déterminé à cette vaste entreprise par les mêmes raisons qui ont engagé Dioclétien et Maximien à transférer le siège du gouvernement à Nicodeum et à Milan.

« Ces deux princes qui ont ramené l'ordre, la paix et la tranquillité dans Rome et dans l'Empire, qui se sont illustrés par des victoires éclatantes sur les Barbares de l'Asie et du Nord, vinrent, après tant d'exploits, triompher dans la capitale ; ils s'attendaient naturellement à y recevoir l'accueil que méritaient leurs travaux guerriers ; mais ils n'y trouvèrent qu'un peuple ingrat, inconstant, léger, qui, loin d'apprécier leurs services et de bénir la main qui avait cicatrisé ses blessures, cherchait à les tourner en ridicule. Toutes les fois qu'ils paraissaient dans le cirque, au théâtre, ou dans les autres lieux publics, ils étaient témoins des applications indécentes, des sarcasmes, des calembours qu'on se permettait en leur présence, tandis que les habitants des provinces se trouvaient honorés de la présence de leurs monarques, se pressaient sur leurs pas, et leur témoignaient la reconnaissance dont ils se sentaient pénétrés.

« La comparaison que firent ces empereurs ne se trouva pas à l'avantage de la capitale et les détermina sans doute à établir leur résidence habituelle dans des villes moins splendides à la vérité, mais où ils recevaient un accueil plus flatteur.

« Constantin paraît avoir eu les mêmes motifs à l'égard de Rome ; il n'a pas voulu s'exposer aux désagréments qu'avaient éprouvés ses prédécesseurs.

« Il est bien étonnant sans doute que Dioclétien et Constantin n'aient pas senti que, pour se venger d'une poignée de faquins, de gens sans aveu, de jeunes gens inconsidérés, ils entraînaient la ruine d'un grand nombre de commerçants et de propriétaires. Serait-ce que les meilleurs esprits ne tiennent point contre l'ingratitude? Quoi qu'il en soit, Rome est totalement déchue de son rang.

« Puisse cet exemple servir de leçon à la postérité ! »

En rappelant l'exemple de Constantin, Napoléon évoque son œuvre personnelle : restauration de l'ordre et de la religion, comme le fit l'illustre empereur romain. On sait qu'il se réclamait volontiers des grands réformateurs sociaux d'autrefois, de Constantin, aussi bien que de César et de Charlemagne.

Orgueil légitime, à cette heure de sa carrière. Ne méritait-il pas qu'on lui appliquât la glorieuse devise que Constantin fit graver sur son arc de triomphe :

QUIETIS CUSTOS

Dans les salons de Paris, nous disent les contemporains, on l'appelait : « le Tranquilliseur ».

La vigoureuse semonce aux Parisiens que nous venons de reproduire parut le 28 septembre 1804, sous la forme d'une lettre adressée au directeur de la *Gazette de France*.

Ce procédé indirect de communication aux Parisiens a été de nos jours employé par un autre chef d'État qui connaissait mieux que personne les finesses de Napoléon. Nous voulons parler de M. Thiers, alors président de la République française et ancien journaliste. Il se souvint de son premier métier. Les circonstances avaient quelque chose d'analogue. M. Thiers était lui aussi, pour le moment, brouillé avec Paris. Il souhaitait vivement l'élection de son candidat, M. de Rémusat, contre un obscur politicien, nommé Barodet, grand favori de Paris, dont il était à peine connu.

Thiers voulut plaider pour son candidat. Comme il ne pouvait le faire officiellement, il écrivit au *Figaro* une lettre qu'il signa « un vieil abonné ».

Les Parisiens la lurent, la trouvèrent spirituelle, et ils votèrent pour le candidat de l'opposition.

L'esprit des Parisiens n'a guère changé depuis Napoléon. Ils votent toujours contre le gouvernement, sans doute parce qu'ils le voient de trop près.

Pendant les mois de septembre et d'octobre 1804, Napoléon alla visiter les nouveaux départements créés sur la rive gauche du Rhin.

A cette date, commence dans sa correspondance une série de lettres où respirent contre les journaux une mauvaise humeur, une irritation, une susceptibilité sans cesse croissantes.

Il faut les lire pour se rendre compte de cet état d'esprit, incroyable chez un homme habituellement maître de soi.

C'est presque toujours à Fouché qu'il s'adresse, sûr d'être compris et d'être obéi à l'instant.

« Luxembourg, 9 octobre 1804.

« *Monsieur Fouché, ministre de la police générale.*

« Je vois avec peine que plusieurs journaux ont la rage de parler contre les philosophes et de les attaquer en masse, manière qui est d'autant plus extraordinaire que certains de ces écrivains criaient contre les prêtres. Mon intention est que vous teniez la main à ce que vos feuilles périodiques évitent tout ce qui pourrait tendre à réveiller des haines et des partis qui ont tous également contribué à troubler la tranquillité publique. On peut sans doute discuter différentes opinions, différentes théories, sans vomir des insultes contre tous les philosophes. Cet avertissement doit principalement être donné au *Mercure* qui paraît écrit avec plus de virulence et de fiel que n'en ont mis dans leurs écrits Marat et autres écrivains du même temps ; et ils avaient l'excuse que c'était une manière de faire aller la nation.

« Vous préviendrez les directeurs du *Mercure* et du *Journal des Débats* que je n'entends point que le nom des jésuites soit même prononcé, et que tout ce qui pourrait amener à parler de cette Société soit évité dans les journaux. Je ne permettrai jamais son rétablissement en France ; l'Espagne n'en veut pas ; l'Italie n'en veut pas non plus. Tenez-y donc la main, et faites connaître aux différents préfets qu'ils veillent à ce que le mouvement qu'on voudrait donner pour le rétablissement des jésuites n'ait pas même de commencement.

« N. »

Les rédacteurs du *Mercure* que Napoléon plaçait au-dessous de Marat s'appelaient Fontanes, Laharpe, Vauxelles, Morellet, Esménard, etc..., tous gens de talent et de bonne tenue littéraire.

1805

Avec l'année 1805, nous entrons dans une phase où éclate, avec encore plus de fureur, l'hostilité de Napoléon contre la presse.

Le 15 avril, il est à Lyon, en route pour Milan où il va se faire couronner roi d'Italie. Il écrit à Fouché :

« Les journaux parlent longuement de rumeurs existant dans leur imagination ou dans les instructions du cabinet anglais qui veut inquiéter l'Europe.

« Prenez des mesures pour qu'on ne parle plus dans aucun journal de... (illisible). Esménard montre ce qu'il ferait s'il pouvait se livrer à son essor malveillant. Veillez-le, supprimez-le à la moindre faute.

« Je désire connaître quel est celui qui se sert de mon nom pour faire de mauvaises plaisanteries. »

Le 17 avril, poursuivant son voyage, il est à Chambéry. Il écrit à Fouché :

« Le *Bulletin de l'Europe* est animé d'un mauvais esprit. Je suis étonné cependant de voir là Esménard. Faites-leur dire, pour leur bien, que les temps de la *Quotidienne* sont passés. Ils n'osent se livrer à leur mauvais génie ; on voit qu'ils sont contenus ; mais le bout de l'oreille perce. Par exemple, n'ont-ils rien de mieux à dire, en parlant des adresses, sur le bureau topographique ? J'entends que les journaux servent le gouvernement et non contre.

« Esménard est homme de mérite, mais Michaud est toujours un mauvais sujet. »

Le 20 avril, il s'installe au château impérial de Stupinigi, près Turin.

Le 22, il écrit à Fouché :

« Monsieur Fouché, les journaux se plaisent, dans toutes les circonstances, à exagérer le luxe et les dépenses de la cour, ce qui porte le public à faire des calculs ridicules et insensés.

« Il est faux que le château de Stupinigi soit si magnifique ; il est meublé avec d'anciens meubles que des serviteurs zélés du roi avaient cachés et qu'ils se sont empressés de restituer après le sacre.

« Faites faire des articles détaillés sur cet objet. On pourra même en tirer parti pour faire sentir l'amélioration de l'esprit public dans ce pays.

« Faites vérifier qui a fait mettre dans les journaux que M. Salicetti avait reçu un présent de deux cent mille francs du gouvernement génois ; ce fait n'est point à ma connaissance, et, fût-il vrai, les journaux n'auraient pas dû le publier, à moins qu'il ne leur ait été communiqué de Gênes. Réprimez un peu plus les journaux ; faites-y mettre de bons articles. Faites comprendre aux rédacteurs du *Journal des Débats* et du *Publiciste* que le temps n'est pas éloigné où, m'apercevant qu'ils ne me sont pas utiles, je les supprimerai avec tous les autres et n'en conserverai qu'un seul ; puisqu'ils ne servent qu'à copier les bulletins que les agents anglais font circuler sur le continent, qu'à faire marcher sur la foi de ces bulletins les troupes de l'empereur de Russie en Pologne, à contremander le voyage de l'empereur d'Autriche en Italie, à l'envoyer en Courlande pour avoir une entrevue avec l'empereur de Russie ; puisqu'ils ne me servent qu'à cela, je finirai par y mettre ordre. Mon intention est donc que vous fassiez appeler les rédacteurs du *Journal des Débats*, du *Publiciste*, de la *Gazette de France*, qui sont, je crois, les journaux qui ont le plus de vogue, pour leur déclarer que, s'ils continuent à n'être que des truchements des journaux et des bulletins anglais, et à alarmer sans cesse l'opinion en répétant bêtement les bulletins de Francfort et d'Augsbourg sans discernement et sans jugement, leur durée ne sera pas longue ; que le temps de la Révolution est fini, et qu'il n'y a plus en France qu'un parti ; que je ne souffrirai jamais que les journaux disent, ni fassent rien contre mes intérêts ; qu'ils pourront faire quelques petits articles où ils pourront montrer un peu de venin, mais qu'un beau matin on leur fermera la bouche. Il faut avoir bien peu de discernement pour ne pas voir qu'en annonçant que les empereurs d'Allemagne et de Russie vont s'aboucher, une pareille nouvelle ne peut que faire mauvais effet ; que, pour la donner, il faut qu'elle soit sûre ; que celle de la marche des Russes en Pologne ne peut pas faire un meilleur effet ; et ce n'est point ni à Augsbourg, ni à Francfort qu'ils auront des sûretés là-dessus, puisque cela est fait exprès. »

Deux jours après, nouvelle semonce, encore plus brutale :

« Stupinigi, 24 avril 1805.

« Faites imprimer quelques articles habilement faits pour démentir la marche des Russes, l'entrevue de l'empereur de Russie avec l'empereur d'Autriche et ces ridicules bruits, fantômes nés de la brume et du spleen anglais.

« Remuez-vous donc un peu plus pour soutenir l'opinion. Dites aux rédacteurs que, quoique éloigné, je lis les journaux ; que, s'ils continuent sur ce ton, je solderai leur compte ; qu'en l'an VIII je les ai réduits à quatorze. Je pense que ces avertissements successifs aux principaux rédacteurs vaudront mieux que toutes les réfutations. Dites-leur que je ne les jugerai point sur le mal qu'ils auront dit, mais sur le peu de bien qu'ils n'auront pas dit. Quand ils représenteront la France vacillante, sur le point d'être attaquée, j'en jugerai qu'ils ne sont pas Français ni dignes d'écrire sous mon règne. Ils auront beau dire qu'ils ne donnent que leurs bulletins : on leur a dit quels ils étaient, ces bulletins ; et, puisqu'ils doivent dire de fausses nouvelles, que ne le disent-ils à l'avantage du crédit et de la tranquillité publique ?

« Oiseaux de mauvais augure, pourquoi ne présagent-ils que des orages éloignés ? Je les réduirai de quatorze à sept, et conserverai, non ceux qui me loueront, je n'ai pas besoin de leurs éloges, mais ceux qui auront la touche mâle et le cœur français, qui montreront un véritable attachement pour moi et mon peuple.

« Vous savez la confiance que j'ai en vous ; je trouve

que vous ne donnez pas une assez grande direction à cette partie.

« Dites à Esménard que je vois avec peine qu'il fasse un journal. Je suppose que c'est le poète. S'il est dans le besoin, je préfère que vous lui donniez de quoi faire son voyage et qu'il vienne me trouver à Milan. »

L'irritation de Napoléon s'accroît, sans doute, à la lecture des journaux qui lui sont expédiés de Paris, car le 28 avril, il écrit encore à Fouché, de Stupinigi :

« La réforme des journaux aura bientôt lieu, car il est par trop bête d'avoir des journaux qui n'ont que l'inconvénient de la liberté de la presse sans en avoir les avantages, et qui, par malveillance ou ineptie, colportent tous les bruits propres à alarmer le commerce, et toujours dans le sens et dans la volonté de l'Angleterre.

« Dites aux rédacteurs que vous ne leur ferez aucune observation sur les petits articles ; qu'il n'est plus question aujourd'hui de n'être pas mauvais, mais d'être tout à fait bons ; car on ne les laissera pas jouir de bons revenus pour ne rendre aucun service et, au contraire, pour nuire. En répétant cela aux différents journalistes, et leur disant qu'ils ont encore trois ou quatre mois pour faire leurs preuves, ce sera à eux de faire leur profit de ces avertissements. »

Les reproches et la méfiance continuent à l'égard de Fouché lui-même, peu suspect pourtant de tendresse envers la presse.

« Les notes envoyées aux journaux sur l'armée de Brest relativement au général Sarrazin sont parties de vos bureaux. J'en ai la preuve matérielle. En général, rien n'est secret dans votre ministère. Je ne sais jusqu'à quel point vous pouvez vous fier à votre secrétaire intime ; il y a des gens dont l'intrigue est toujours l'élément. »

« De Milan, le 20 mai.

« Monsieur Fouché, mon intention est que désormais le *Journal des Débats* ne paraisse pas qu'il n'ait été la veille soumis à une censure. Vous nommerez un censeur qui soit un homme sûr, attaché, et ayant du tact, auquel les propriétaires du journal donneront douze mille francs d'appointements. C'est à cette seule condition que je permettrai que ce journal continue de paraître. La censure, toutefois, ne doit pas s'étendre sur le feuilleton ni sur les articles littéraires, mais seulement sur la politique et sur la partie littéraire qui pourrait être faite dans un mauvais esprit politique. Vous lui ferez contredire l'article relatif au duc de Brunswick ; il eût été bien plus naturel de croire fausse une nouvelle aussi absurde ; ou, dans le doute, comme cette nouvelle ne pouvait pas être agréable, d'en attendre la confirmation. Le plus mauvais esprit anime les rédacteurs. Si, malgré la censure, il leur échappe quelque bêtise de cette espèce, je n'aurai plus qu'à supprimer cette feuille. Faites connaître cette mesure aux journaux et prévenez-les que s'ils s'avisent de débiter des nouvelles par trop bêtes et dans de mauvaises intentions, j'en ferai autant de leurs feuilles. Toute nouvelle désagréable et désavantageuse pour la France, ils doivent la mettre en quarantaine, parce qu'ils doivent la supposer dictée par les Anglais. »

Dans la lettre qui suit perce déjà l'idée de la confiscation :

« De Milan, le 20 mai 1805.

« La *Gazette de France* est le journal qui me paraît le mieux dirigé, dans le meilleur esprit. Il a d'ailleurs l'adresse de se procurer de très bonne heure les nouvelles de Londres. Il est animé d'un bon esprit national. Son titre d'ailleurs se trouve très heureux pour être conservé, il ne rappelle aucun souvenir fâcheux de la Révolution. Protégez-le le plus que vous pourrez en lui envoyant tous les renseignements qui viendraient à votre connaissance.
« Je vous ai déjà fait connaître l'intention où je suis de nommer un censeur auprès du *Journal des Débats*. Ce journal me paraît d'ailleurs tout à fait déchoir, il ne donne plus que des nouvelles de vieille date de l'étranger. Il serait peut-être bon de réunir le feuilleton de ce journal à la *Gazette de France*, mais il faudrait que les rédacteurs de la *Gazette de France* ne changeassent pas, et que M. Geoffroy continuât à rédiger le feuilleton. Mais le titre de lois, du pouvoir législatif, actes du gouvernement, etc., ne convient plus. Il sera d'ailleurs fort heureux d'arracher ce journal des mains de Bertin, agent d'intrigues et de trahison. Si la chose ne se fait pas de gré à gré, pré-

parez-la toujours, car au premier mauvais article des *Débats*, je le supprime. »

Quelle idée bizarre de faire permuter les rédacteurs d'un journal à l'autre, comme on fait passer un capitaine d'un régiment dans un autre !

Napoléon ne dédaigne pas de descendre jusqu'aux potins recueillis sans doute dans ses bulletins de police. Rien n'échappe à son flair de journaliste. Ainsi, dans une lettre du 22 mai 1805, il dit à Fouché :

« De faire faire des articles contre la princesse Dolgorouki qui, à Rome, se livre à des bavardages inutiles et inconvenants.

« Vous savez qu'elle a vécu longtemps avec un chanteur, que ses diamants viennent de Potemkin et sont le prix de sa honte. Il vous sera facile d'avoir des renseignements sur elle et de la couvrir de ridicule. Elle tient à passer pour une femme d'esprit, est liée avec la reine de Naples, et, ce qui est tout aussi choquant, avec Mme de Staël. »

« Le 1er juin 1805.
« A Fouché.

« Il faut que l'esprit des journaux soit dirigé dans ce sens d'attaquer l'Angleterre dans ses modes, ses usages, sa littérature, sa constitution. »

Le 10 juillet, en revenant du couronnement de Milan, il s'arrête un instant à Varennes (sur Allier), le temps de charger Cambacérès de faire mettre un article dans le *Moniteur*. Il ne perd jamais de vue son

Moniteur, car il savait que, par lui, il se rendait moralement présent à Paris, dont il était si souvent éloigné.

Il arrive à Fontainebleau, et de là écrit à Fouché, le 15 juillet :

« La *Gazette de France* me paraît marcher fort mal. Je ne sais pourquoi elle débite la sotte nouvelle du mariage du prince Eugène avec la reine d'Etrurie. Il y a beaucoup d'autres articles inconvenants. Recommandez au rédacteur d'être plus sensé. »

Quel nouveau méfait a donc commis la *Gazette*, dont, naguère, il paraissait si satisfait ?

Il écrit de Boulogne à M. Gaudin, ministre des finances :

« 31 août 1805.

« Mon intention est que la *Gazette de France* cesse, à compter d'aujourd'hui, à courir. Donner des ordres pour qu'elle soit arrêtée à la poste et ce, jusqu'au 1er vendémiaire. »

Toute critique sérieuse étant interdite, les flatteurs se donnèrent carrière. Les journalistes tolérés s'abaissaient aux plus basses adulations, aux plus viles platitudes. On ne saurait dire qu'elles étaient désagréables à Napoléon ; cependant, l'excès lui donna quelquefois la nausée.

On avait cherché à lui fabriquer une généalogie remontant aux sources les plus illustres.

L'ancien lieutenant d'artillerie trouvait suffisante sa petite noblesse corse ; il répliqua fièrement dans le *Moniteur* :

« Du 14 juillet 1805.

« Ces recherches sont bien puériles, et, à tous ceux qui demanderaient de quel temps date la maison de Bonaparte, la réponse est bien facile : elle date du 18 Brumaire.

« Comment ! Dans le siècle où nous sommes, peut-on être assez ridicule pour amuser le public de pareilles balivernes? Si c'est un écrivain qui a voulu faire la cour à l'Empereur par cet article, c'est bien le cas de le dire : Il n'y a rien de dangereux comme un sot ami. »

« Du camp de Boulogne, 1er septembre 1805.

« *A Fouché.*

« La *Gazette de France* met une note relative à la Prusse qui est fausse et qu'elle n'aurait pas dû mettre sans la permission du ministre. Mon intention est que ce journal soit suspendu jusqu'au 1er vendémiaire, parce que c'est la première fois qu'il montre de mauvaises intentions. La première fois qu'il montrera le même esprit, il sera supprimé. »

Après la victoire d'Austerlitz, Napoléon est venu habiter au château de Schœnbrunn. Les occupations militaires ne lui font pas perdre de vue les journaux.

Le 15 décembre, il écrit à Joseph :

« Je blâme les articles que le *Journal de Paris* ne cesse de publier et qui sont du plus sot et du plus mauvais goût. »

1806

Au mois de janvier 1806, il est à Munich pour le mariage d'Eugène de Beauharnais ; son esprit est occupé par les plus hautes pensées politiques et militaires ; mais il ne cesse de guetter les journaux. Un jour, lisant le *Journal de l'Empire*, il voit qu'au bas d'une comédie de Colin d'Harleville on avait mis :

« Vu et permis l'impression et la mise en vente d'après décision de S. Ex. le sénateur ministre de la police générale, en date du 9 de ce mois.

« Par ordre de Son Excellence, le chef de division de la liberté de la presse.

« P. Lagarde. »

Napoléon commence par adresser à Fouché une sévère remontrance.

« 22 janvier 1806.

« J'ai lieu d'être étonné de ces nouvelles formes que la loi seule pouvait autoriser. S'il était convenable d'établir une censure, elle ne pouvait l'être sans ma permission. Lorsque ma volonté est que la censure n'existe pas, j'ai lieu d'être surpris de voir, dans mon empire, des formes qui peuvent être bonnes à Vienne ou à Berlin. S'il existe sur cela un usage que je ne connais point, faites-m'en un rapport. J'ai longtemps calculé et veillé pour parvenir à rétablir l'édifice social ; aujourd'hui je suis obligé de veiller pour maintenir la liberté publique. Je n'entends pas que les Français deviennent des serfs. En France, tout ce qui n'est pas défendu est permis ; et rien ne peut être défendu que par les lois, par les tribunaux ou par des mesures de haute police, lorsqu'il s'agit des mœurs ou de l'ordre public.

« Je le dis encore une fois, je ne veux pas de censure, parce que tout libraire répond de l'ouvrage qu'il débite, parce que je ne veux pas être responsable des sottises qu'on peut imprimer, parce que je ne veux pas enfin qu'un commis tyrannise l'esprit et mutile le génie. »

Le souverain le plus constitutionnel, le plus libéral n'aurait pas mieux dit.

Napoléon jugea le cas assez important pour faire connaître publiquement sa pensée, et ce fut, comme d'habitude, par la voie du *Moniteur*.

L'article est évidemment dicté par l'Empereur, c'est presque la reproduction de sa lettre à Fouché le 22 janvier 1806 :

« Sa Majesté a été surprise d'apprendre par cet article (du *Journal de l'Empire*) qu'un auteur aussi estimable que M. Colin d'Harleville avait eu besoin de l'approbation pour imprimer un ouvrage qui porte son nom.

« Il n'existe point de censure en France. Tout

citoyen français peut publier tel livre qu'il lui plaira, sauf à en répondre. Aucun ouvrage ne doit être supprimé, aucun auteur ne peut être poursuivi que par les tribunaux, ou d'après un décret de Sa Majesté, dans le cas où l'écrit attenterait aux premiers droits de la souveraineté et de l'intérêt public. Nous retomberions dans une étrange situation, si un simple commis s'arrogeait le droit d'empêcher l'impression d'un livre ou de forcer un auteur à en retrancher ou à y ajouter quelque chose.

« La liberté de la pensée est la première conquête du siècle. L'Empereur veut qu'elle soit conservée ; il faut seulement que l'usage de cette liberté ne préjudicie ni aux mœurs, ni aux droits de l'autorité suprême, et ce n'est sans doute qu'un écrivain dépravé qui peut y porter atteinte ; ce ne serait aussi qu'un prince faible qui pourrait tolérer une licence destructive des fondements de l'ordre social et de la tranquillité des citoyens. La liberté et la civilisation n'existent qu'entre les extrêmes ; c'est aussi entre les extrêmes que l'administration et la législation doivent se maintenir. »

Étrange profession de libéralisme dans la bouche de Napoléon !

Quelle impression fit cette remontrance sur Fouché ? Le fin ministre ne s'y laissa pas prendre, si nous en croyons le commentaire qu'il en donne dans ses *Mémoires :*

« Napoléon, dit-il, voulait surtout qu'on eût la bonhomie de croire que dans l'intérieur on jouissait d'un régime doux et d'une libéralité touchante. Ce fut d'après ce motif que, pendant la même campagne (1806), il affecta de me tancer par la voie du *Moniteur* et dans ses bulletins, pour avoir refusé, à Colin d'Harleville, l'autorisation d'imprimer une de ses pièces.

« Où en serions-nous, s'écria-t-il hypocritement, « s'il fallait avoir la permission d'un censeur en « France pour imprimer sa pensée? »

« Moi qui le connaissais, je ne vis dans cette boutade qu'un avis indirect pour me hâter de régulariser la censure et nommer des censeurs. »

Fouché n'avait point tort, car un mois plus tard, à peine rentré à Paris, Napoléon applique lui-même la censure à propos d'un livre qui ne pouvait avoir rien de bien séditieux. C'était : *les Mémoires de Louis XIV.*

« Le 24 février 1806.

« *A Cambacérès.*

« Je suis instruit qu'il s'imprime un ouvrage intitulé : *Mémoires de Louis XIV*, écrits par lui-même, chez un libraire nommé Garnery, rue de Seine, hôtel de La Rochefoucauld. Envoyez chercher ce libraire et dites-lui qu'il ne l'imprime pas, sans que vous l'ayiez lu.

« Un ouvrage de cette nature ne peut s'imprimer sans que la police en soit instruite. Lisez effectivement cet ouvrage et dites-moi ce que vous en pensez. »

Au mois de février 1806, Napoléon est de retour à Paris. Son attention se porte sur la presse religieuse.

Il y remarque un manque d'uniformité. C'est un défaut qui le choque particulièrement. Vite, qu'on mette les curés au pas! Et ce sera chose facile; on supprimera tous les journaux de cette espèce et on les remplacera par un seul. Dès lors, point de danger de diversité, ni de contradictions. Les abonnés perdront leurs feuilles respectives et ne feront, bon gré mal gré, qu'une seule phalange autour de l'unique journal religieux subsistant. On aura ainsi une sorte de milice d'abonnés ecclésiastiques dont le colonel sera l'archevêque de Paris.

Fouché est chargé de l'organisation par l'ordre suivant :

« *A Fouché.* « Paris, le 7 février 1806.

« M. Portalis m'a fait connaître l'existence de plusieurs journaux ecclésiastiques et les inconvénients qui peuvent résulter de l'esprit dans lequel ils sont rédigés, et surtout de la diversité des opinions en matière religieuse.

« Mon intention est, en conséquence, que les journaux ecclésiastiques cessent de paraître, et qu'ils soient réunis en un seul journal qui se chargera de tous leurs abonnés. Ce journal devant servir spécialement à l'instruction des ecclésiastiques s'appellera *Journal des Curés.* Les rédacteurs en seront nommés par le cardinal archevêque de Paris. »

Voilà donc un nouveau journal dont l'idée appartient bien à Napoléon. Le *Journal des Curés* vécut jusqu'en 1811. Après quoi, ses abonnés reçurent en son lieu et place, par ordre du souverain, le *Journal de Paris*.

Au fur et à mesure que nous avançons dans cette étude, nous constatons une surveillance de plus en plus ombrageuse, une sorte d'irritabilité maladive à l'égard des journalistes et aussi une rudesse de langage inouïe, impliquant à la fois la crainte et le mépris.

Napoléon est mécontent de tout le monde, des rédacteurs et de la police, oui, même de la police qui pourtant les choisit et les soudoie la plupart du temps. Qu'a-t-il donc à craindre, le vainqueur d'Austerlitz? Est-ce parce qu'il voit l'opinion publique s'écarter de lui, et que, malgré son dédain de l'humanité, il voudrait en obtenir les suffrages et gagner l'assentissement des cœurs et des esprits?

Il n'y réussit point à son gré ; aussi va-t-il serrer de plus en plus l'étau qui étrangle les journaux.

L'écrivain, si « attaché » qu'il soit, suivant l'expression même de Napoléon, se laisse facilement influencer par l'atmosphère d'indépendance qui flotte dans les salles de rédaction. Ne serait-il pas plus simple que les articles fussent rédigés dans les bureaux du Ministère?

C'est de cela qu'il avise Talleyrand le 6 mars 1806.

« Mon intention est que les articles politiques du *Moniteur* soient faits par les Relations extérieures.

« Et, quand j'aurai vu pendant un mois comment ils sont faits, je défendrai aux autres journaux de parler politique autrement qu'en copiant les articles du *Moniteur*. »

Le 12 novembre 1806, le vainqueur d'Iéna est à Berlin. Il travaille pendant deux jours, sans sortir, dans le cabinet du grand Frédéric. Il passe en revue les immenses intérêts dont il a la charge sur la surface du continent presque tout entier. Il en voit, d'un clin d'œil, les détails les plus légers et les plus lointains. Ainsi, un jour il a parcouru les journaux de Naples, nés sous la jeune royauté de Joseph. Il les trouve mal faits, et il prend le temps de le signifier à son frère.

« De Berlin, le 12 novembre 1806.

« Vos gazettes ne contiennent que de petits détails d'assassinats et de meurtres. Cela sert merveilleusement le but des ennemis qui est de faire croire que tout est sens dessus dessous dans le royaume de Naples.

« Défendez qu'on n'imprime désormais que ce qui est important ! »

Pendant ce séjour à Berlin qui dura exactement un mois, du 24 octobre au 25 novembre, Napoléon recommence dans la presse, et particulièrement dans le *Moniteur*, cette compagne de plume qu'il avait menée jadis au temps du Consulat contre l'Angleterre. Cette fois, c'est la Prusse qui en est l'objet.

A l'instigation de l'Empereur, le journal officiel est rempli d'invectives et d'imputations de toute sorte contre le parti militaire prussien. Il y avait alors à Berlin une sorte de Ligue des patriotes à la tête de laquelle se trouvait Hardenberg, le célèbre réformateur. La reine Louise la soutenait ardemment. Hardenberg répliquait au *Moniteur* dans les journaux prussiens. Le souverain journaliste se plaisait à cette petite guerre ; il la menait comme la grande, avec une rare habileté, mais aussi, il faut bien le dire, avec infiniment moins de tact et de mesure.

Non content de ce qu'il faisait mettre dans le *Moniteur* et dans les autres journaux français, il en vint, pendant son séjour à Berlin, à créer dans la capitale prussienne un petit journal, dans le genre de ceux qu'il avait fondés en Italie et en Égypte ; cette gazette émanait d'une sorte de bureau d'esprit public, établi sous la direction d'un nommé Lange. Le journal était l'organe de l'occupation française. Il s'appelait : *le Télégraphe*.

On y travaillait à répandre l'idée que la journée d'Iéna avait brisé les liens traditionnels entre la dynastie prussienne et les provinces de la monarchie. C'était la thèse habituelle du sieur Lange. Elle a quelque analogie avec celle que nous voyons soutenir par la presse française de nos jours sur le prétendu antagonisme de la Prusse et des États du Sud de l'Allemagne. Thèse plus séduisante que juste ! Nous savons par expérience que l'Allemagne tout entière forme un bloc contre la France.

Si Napoléon s'était contenté de chercher à diminuer le prestige de la dynastie prussienne, au moyen d'une thèse purement politique, il n'y aurait qu'à lui donner raison. Soulever l'opinion contre ses ennemis, les exciter les uns contre les autres, c'était son droit de belligérant.

Malheureusement, pour sa mémoire de journaliste, il ne s'arrêta pas là. Il chercha à déconsidérer personnellement le Roi et surtout la Reine. Contre celle-ci surtout, qui était l'idole de l'armée et du peuple, le *Télégraphe* prodiguait les attaques les plus violentes et les plus perfides. On voudrait croire que Napoléon les ignorait. Cette supposition n'est guère admissible, car il en était du *Télégraphe*, organe de l'occupation française, comme des journaux de qui il disait : « Ils ne mettent que ce que je veux. »

D'ailleurs, ces imputations à l'égard d'une reine, d'une femme à qui il n'avait pas le droit de reprocher l'excès même de son patriotisme, Napoléon ne les a-t-il pas reproduites, avec une insistance de mauvais goût, dans les Bulletins de la Grande Armée, lus par le monde entier et destinés à l'immortalité?

Si l'on en croit les historiens allemands, la petite gazette berlinoise, créée par Napoléon, reprochait à la reine Louise, comme le font les Bulletins, d'avoir quitté le soin de ses affaires intérieures et les graves occupations de la toilette pour se mêler des affaires de l'État. On l'accusait de « susciter partout le feu dont elle était possédée ». On y parlait, avec une ironie perfide, de la fameuse gravure où elle était comparée à lady Hamilton de fâcheuse mémoire, « appuyant la main sur son cœur en regardant le bel empereur de Russie ». On y racontait qu'on avait trouvé le portrait d'Alexandre dans sa chambre et l'on prétendait que c'était à l'influence de ce prince que « cette femme, autrefois timide et modeste, était devenue turbulente et guerrière ».

Ces attaques contre une femme, aggravées par l'immense publicité des Bulletins, causèrent une impression pénible dans toute l'Europe et même à Paris, bien que les mœurs sociales eussent beaucoup perdu de l'esprit chevaleresque qu'elles avaient eu sous l'ancien régime.

L'impératrice Joséphine, elle-même, en fut scandalisée.

Et, les autres n'osant s'en charger, ce fut elle qui adressa quelques timides reproches à Napoléon.

L'Empereur comprit qu'il était allé trop loin; il répondit avec une douceur inaccoutumée à Joséphine, dans une lettre du 6 novembre 1806 :

« Tu me parais fâchée, lui écrit-il, du mal que je dis des femmes. Il est vrai que je hais les intrigantes au delà de tout ! »

Le mois suivant, Napoléon est lancé à la poursuite de l'armée russe. Rude campagne dans la neige et dans la boue ! Ne pensez point qu'il oublie les journalistes et les écrivains de Paris. Loin de là !

Le 31 décembre, de Pultusk où l'on vient de se battre, il signifie sa mauvaise humeur à Fouché.

« Si M. Chénier se permet le moindre propos, faites-lui connaître que je donnerai l'ordre qu'il soit envoyé aux îles Sainte-Marguerite. Le temps de la plaisanterie est passé ; qu'il reste tranquille. C'est le seul droit qu'il ait.

« Ne laissez pas approcher de Paris cette coquine de Mme de Staël. »

1807

Entre toutes les années de Napoléon, celle de 1807 est surchargée d'événements, de soucis, de labeurs, de préoccupations de toute sorte.

C'est l'année d'Eylau, de Friedland, de Tilsitt.

C'est aussi l'année où s'ouvre à l'amour, pour la seconde fois, le cœur du grand capitaine. Après Joséphine qu'il avait sincèrement aimée, il se prend de passion pour une belle Polonaise, la comtesse Walewska.

A travers les batailles, les voyages, les négociations, les entrevues princières et les nouvelles amours, l'attention qu'il a jusqu'ici portée à la presse va-t-elle faiblir? Il s'en faut!

Nous allons le voir s'occuper plus ardemment que jamais des journaux, de son *Moniteur* surtout, et stimuler le zèle du farouche gardien qu'il a donné aux journalistes en la personne du préfet de police. Bien plus, dans une de ses journées de travail les plus touffues, journée dans laquelle il envoie les instructions les plus variées et les plus importantes à ses généraux, à ses ministres, à son Conseil d'État, nous avons la surprise de le voir, par une diversion inattendue, se laisser aller à tracer un plan idéal de journal tel qu'il le comprend et le souhaite pour son goût autant que pour le bien de son Empire. Ce programme, écrit comme à loisir, est daté d'un petit village perdu de la Pologne, dont le nom, jusque-là ignoré, est maintenant connu du monde entier, parce qu'il a donné asile à Napoléon pendant quelques jours.

C'est Osterode.

En ce moment, la situation de l'Empereur est des plus périlleuses. Il est loin de sa capitale. Ses communications sont mal assurées, et voilà qu'il se livre à un passe-temps littéraire comme un journaliste qui aurait des loisirs.

Admirons une fois de plus cette merveilleuse souplesse d'esprit.

Il vient d'écrire longuement à Champagny au sujet d'une loi à établir sur la librairie. C'est, dit-il, un moyen d'améliorer l'esprit public ; mais il en est un autre auquel le ministre n'a pas pensé : celui du journal, d'un bon journal.

Voici cette lettre curieuse entre toutes, et qui justifie une fois de plus le titre de journaliste que nous avons donné à Napoléon.

Elle est datée du camp impérial d'Osterode, 7 mars 1807. Ce terme pompeux désignait une humble maison couverte de chaume dans une misérable bourgade.

Napoléon y vécut tout un mois, partagé entre le travail et l'amour, l'amour de qui il a dit : « C'est la distraction du guerrier et l'écueil du souverain. »

« Camp impérial d'Osterode, 7 mars 1807.

« (*Pour Champagny*).

« Il est un moyen dont le ministre ne parle pas : c'est l'existence d'un bon journal dont la critique fût éclairée, bien intentionnée, impartiale et dépouillée de cette brutalité injurieuse qui caractérise les discussions des journaux existants, et qui est si contraire aux véritables mœurs de la nation.

« Les journaux actuels ne critiquent pas dans l'intention de dégoûter la médiocrité, de guider l'inexpérience, d'encourager le mérite naissant, de rétablir la considération due aux grands modèles ; tout ce qu'ils publient est fait pour décourager, pour détruire.

« Peut-être le ministre de l'Intérieur devrait-il intervenir pour y porter remède. Mais on ne peut se dissimuler qu'en évitant un écueil, on en rencontre un autre sur la rive opposée ; il pourrait arriver qu'on n'osât plus rien critiquer, que l'on tombât dans l'abus non moins grand du panégyrisme, et que les auteurs de ces mauvais ouvrages dont on est inondé, se voyant loués dans des feuilles périodiques qu'on est obligé de lire, se persuadent qu'ils ont créé des œuvres de génie, et que de si faciles triomphes multiplient encore leurs imitateurs.

« Il est quelques hommes de lettres qui ont montré des talents pour la poésie ; on pourrait en citer dix ou douze. Il serait utile que le ministre fît faire de bons articles de critique sur leurs ouvrages, dans lesquels on les avertirait avec ménagement de leurs fautes, dans lesquelles ils peuvent être tombés ; on les louerait de ce qu'ils ont fait de bien ; on les encouragerait sans les aduler. Le lendemain du jour où un article de cette espèce aurait paru dans le *Moniteur*, le ministre écrirait à l'auteur de l'ouvrage, ou, ce qui vaut mieux, lui accorderait une grâce. Une grâce ainsi accordée est une sanction du livre.

« L'inconvénient du moment actuel est qu'on ne forme pas d'opinion en faveur des hommes qui travaillent avec quelque succès. C'est là que l'influence du ministre peut opérer d'une manière utile.

« Un jeune homme qui a fait une ode digne d'éloges, et qui est distingué par un ministre, sort de l'obscurité, le public le fixe et c'est à lui de faire le reste. »

Pour nous qui sommes habitués à la liberté, cette conception d'une sorte de pensionnat littéraire avec distribution de prix ne manque point de naïveté. Il ne semble pas qu'elle ait choqué, ou même fait sourire les contemporains.

Napoléon quitte Osterode pour aller s'installer dans le petit château de Finkenstein où il retrouve, avec plus de confortable et de discrétion, le charme de la présence de Mme Walewska.

Il n'y a rien de changé dans ses sentiments à l'égard de la presse ! Mauvaise humeur perpétuelle, semonces constantes à Fouché. Il lui écrit :

« Finkenstein, 4 avril 1807.

« Les journaux sont, en général, mal dirigés. Il est peut-être difficile d'y porter remède. Cependant je désirerais que vous veillassiez à ce qu'ils ne parlassent jamais de l'intérêt de la dynastie nouvelle qu'ils ont l'air d'appuyer sur un parti. Que cet obscur *Courrier français* dise tant qu'il voudra des injures au *Journal de l'Empire*, mais qu'ils ne m'y entremêlent pour rien. Le *Courrier français* et le *Journal de l'Empire* suivent le même système ; l'un attribue tout le malheur de la Révolution à la philosophie ; comme si, dans tous les temps, les hommes ne s'étaient pas divisés, déchirés et persécutés. Tout cela est absurde sans doute, mais il est tout aussi absurde que le journal le *Courrier français* se constitue mon défenseur et veuille voir ma cause dans l'intérêt des encyclopédistes ou de Champfort, de Diderot, etc... Il me semble que ce n'est pas trop exiger que de les laisser déraisonner et se battre, pourvu qu'il ne soit pas question des affaires actuelles.

« Tout le monde lit le *Journal de l'Empire* et, s'il tend à faire du mal à l'État, nous n'avons pas besoin que le *Courrier* nous en prévienne. Je ne veux pas rétablir le crime de lèse-majesté ; je n'attache aucune importance aux débats des folliculaires ; cependant je ne veux pas qu'on laisse un journal parler des Bourbons, de la dynastie, comme le fait le *Courrier français*. Ne peut-il donc pas défendre sa cause sans y entremêler le gouvernement? Qu'on soit athée comme Lalande, religieux comme Portalis, philosophe comme Regnauld, on n'en est pas moins fidèle au gouvernement, bon citoyen. De quel droit donc souffrir ouvertement qu'on vienne dire à ces individus qu'ils sont mauvais citoyens? C'est du style des *Frères et Amis*, et s'il osait dire sa pensée tout entière, vous verriez qu'il n'y a que sa clique qui me soit attachée. Les ecclésiastiques, vingt millions d'hommes attachés au culte, sont tous de l'ancien régime.

« La première fois que ce journal parlera des Bourbons ou de mes intérêts, supprimez-le.

« Quant au *Journal des Débats*, il est certain qu'il pousse l'esprit de parti jusqu'à la persécution. Un temps viendra où je prendrai des mesures pour confier ce journal, qui est le seul qu'on lit en France, entre des mains plus raisonnables et plus froides. L'esprit de parti étant mort, je ne puis voir que comme une calamité dix polissons, sans talent et sans génie, clabauder sans cesse contre les hommes les plus respectables, à tort et à travers.

« Mais je n'y prends d'autre intérêt que l'intérêt littéraire. Contenez-les dans les bornes, défendez-leur également de parler des Bourbons et de la dynastie. »

Cette préoccupation à l'égard des Bourbons est constante chez Napoléon. Il savait bien qu'ils étaient ses seuls concurrents.

« *A Fouché*. « Finkenstein, 14 avril 1807.

« Je ne sais pas pourquoi le *Journal de l'Empire* instruit l'ennemi que le général Dufresse a deux mille bons soldats dans l'île d'Aix à opposer à l'ennemi. Est-ce aux journaux à donner des détails si précis? Cela est fort bête. S'il avait quadruplé, encore passe. »

« *A Fouché*. « Même date.

« La *Gazette de France* n'a point d'énergie. On ne trompe point les Français. Je vois dans son numéro du 4 avril qu'elle veut faire accroire que cette mesure est un moyen de paix. Pourquoi anticiper et vouloir dire mieux que ce qui est dans le message? C'est de la maladresse. Ce n'est pas dans le caractère français ; il méprise ce qui montre de la faiblesse.

« Tout cela, ce sont des fleurs blanches. »

« *A Fouché.* « Le 15 avril.

« Il faut donner à l'opinion une direction plus ferme que celle que lui donne la *Gazette de France*. Il n'est pas question de parler sans cesse de paix, c'est le bon moyen de ne pas l'avoir, mais de se mettre en mesure de défense sur tous les points. »

C'est à Finkenstein qu'il reçut la réponse de Champagny à sa lettre du 7 mars, dont l'objet était, on s'en souvient, l'encouragement à donner aux belles-lettres.

Il y répond le 19 avril par de longues observations du plus haut intérêt. Napoléon a écrit là un véritable manuel littéraire à l'usage des gouvernements.

Comment ne pas s'arrêter encore devant l'admirable spectacle de ce chef d'État retenu dans le fond de la Pologne par les nécessités militaires les plus graves, au lendemain de sanglantes batailles, à la veille de nouveaux combats, et qui se délasse de ces sombres préoccupations en dissertant sur la littérature, comme pourrait le faire un monarque oisif dans un royaume tranquille?

Il écrit donc à Champagny qu'il ne faut pas compter pour éclairer le public « sur les critiques de nos journaux qui sont dirigés quelquefois par la haine, plus souvent par l'esprit de satire, et toujours par le désir d'amuser les oisifs, et jamais dans l'intention d'éclairer le public ».

Napoléon oppose à ce genre de critique une conception qui nous paraît bizarre aujourd'hui, mais qui était la conséquence logique de son système de gouvernement, réglementant les esprits et les corps.

Il voudrait une critique officielle rédigée par des membres de l'Institut !

Un ouvrage paraît, pièce de théâtre ou tragédie ; aussitôt le ministre le signale à l'Institut et lui demande d'en faire l'examen sous le rapport de l'art, de la langue et du goût.

« Voilà, dit Napoléon, la véritable critique, la critique honorable et bien différente de celle qui s'exerce sur ces tréteaux où l'on prononce sur les auteurs de nos jours, non par des jugements, mais par des sarcasmes sans intérêt pour l'art ni le goût et dans des intentions malignes et perfides.

« Le second rapport a pour objet l'établissement d'un journal littéraire. Cet établissement paraît inutile quand on considère qu'il y a déjà trop de journaux ; qu'on ne les lit que pour y trouver de l'amusement et que plus un article de critique est rempli de sarcasmes, plus il amuse. Mais dans un État comme la France, il est un journal nécessaire, c'est un *Moniteur*. C'est une charge qu'il faut supporter. Rien n'empêche de consacrer la dernière de ses pages à des articles de critique littéraire, faits par des hommes que le ministre désigne. Cet ouvrage périodique est cher, mais aussi beaucoup de personnes le lisent sans s'abonner, ou se réunissent pour en partager les frais ; il est traduit dans les pays étrangers ; il est copié par les journaux des départements. La partie du *Moniteur* qui se trouverait exclusivement destinée à la littérature devrait être distincte des autres, à raison des matières graves dont celles-ci sont remplies. On réunirait dans ce journal les deux idées, celle du ministre et celle de l'Empereur, puisqu'on y ferait insérer et les articles de critique susceptibles de paraître dans un journal spécial de littérature et les critiques plus graves, plus approfondies qui auraient été demandées par le ministre à l'Institut, de la part de l'Empereur.

« On ne peut s'empêcher de considérer encore les avantages de cette seconde idée. Il y a à présent une grande division dans les opinions littéraires. Pour sortir de cette anarchie, il faut épurer et rétablir dans leurs droits l'usage et le bon goût. Rien ne peut mieux conduire à ce but qu'une critique sérieuse d'un bon ouvrage faite par un corps qui réunit tout ce qui reste de talents distingués, et qui ne ferait qu'obéir à un ordre supérieur, qui serait déjà pour l'ouvrage critiqué une preuve de succès et un témoignage d'estime. Cette critique, ne dût-elle s'exercer que sur quatre ou cinq productions littéraires dans une année, serait toujours d'un très grand effet, d'un effet sûr. Rien n'apprend mieux à bien parler la langue que la lecture de la critique du *Cid* et des *Commentaires* de Voltaire sur Corneille. La vue que l'on se propose n'est donc pas nouvelle ; mais on s'est tellement éloigné de la bonne route, qu'une institution qui parviendrait à y ramener, aurait l'attrait de la nouveauté, l'intérêt d'une bonne discussion et l'avantage de faire sortir un bon ouvrage de la classe commune. »

Nous voyons dans cette lettre un nouveau témoignage de la prédilection de Napoléon pour son *Moniteur*, journal nécessaire, dont il voudrait qu'on pût dire : c'est le mieux fait des journaux !

Au bout de deux mois et demi, Napoléon quitte cette féconde solitude de Finkenstein ; il livre la bataille de Friedland. A Tilsitt, il est à l'apogée de sa gloire. Enfin, il revient à Saint-Cloud, le 27 juillet. Après un repos de quelques heures, il reprend les rênes de son empire, et, toujours soucieux de la presse et des journalistes, il s'informe de ce qui s'est passé dans ce milieu pendant son absence.

On se souvient que, l'année précédente, il a supprimé tous les journaux ecclésiastiques pour n'en laisser subsister qu'un seul, le *Journal des Curés*. Il paraît que celui-là ne le satisfait guère plus que les autres, car il écrit à Portalis :

« Saint-Cloud, 14 août 1807.

« Rendez-moi compte de ce que c'est que le *Journal des Curés*. Des plaintes s'élèvent contre cette feuille. Elle paraît être dans le plus mauvais esprit et contraire aux libertés de l'Église gallicane et aux maximes de Bossuet. Quel est donc cet étrange fanatisme qui tend à renverser la doctrine de nos pères ? etc..., etc...

« Comment le *Journal des Curés* peut-il proclamer des principes si opposés à cette doctrine? »

Le même jour à Fouché :

« Qu'est-ce que c'est que le journal intitulé : le *Journal des Curés?* Qui le rédige? On se plaint du numéro 113. Rendez-m'en compte.

« Quel est ce Bertin qui demeure rue Saint-Honoré, n° 37? »

La question de Napoléon relativement à ce Bertin correspond à l'une des crises périodiques de colère qu'il avait contre le *Journal des Débats* devenu le *Journal de l'Empire*. Et celle-ci n'est pas la moins violente, si l'on en juge par le ton de la lettre qu'il écrivit ce même jour à Lavalette ; on regrette qu'un si grand génie descende de sa toute-puissance pour se livrer à de pareilles invectives et à de telles menaces vis-à-vis d'un honnête homme qui exerçait, avec autant de dignité que de modération, sa profession de journaliste.

Et qu'on ne croie pas que ces menaces soient de vaines paroles ; c'est vers cette époque, le 7 septembre 1807, que Napoléon écrivait à Fouché :

« Je suis le maître chez moi. Quand un homme m'est suspect, je le fais arrêter. »

Voici donc la lettre sur Bertin écrite dans un délire de despotisme :

« 14 août 1807.
« *A Lavalette.*

« J'approuve beaucoup que M. Bertin de Vaux cesse toute influence, directe ou non, sur le *Journal de l'Empire*. Je suis trop bien instruit des relations qu'il a eues à l'étranger dans d'autres temps pour que je ne sois pas satisfait du parti qu'il prend. En effet, son existence ne peut être sûre et à l'abri de tout retour dans des circonstances imprévues, qu'en ne se mêlant plus d'aucune manière d'influence politique.

« Tout cela ne serait pas vrai, que j'en ai tellement le préjugé, qu'il est un des hommes de France qui a le plus besoin de se conduire avec prudence et d'éviter tout ce qui tendrait à l'impliquer dans des affaires politiques. Car il est temps, enfin, que ceux qui ont directement ou indirectement, pris part aux affaires des Bourbons, se souviennent de l'histoire sainte et de ce qu'a fait David contre la race d'Achab. Cette observation est bonne aussi pour M. de Chateaubriand et pour sa clique. Ils se mettront, par la moindre conduite suspecte, hors de ma protection.

« Quant à la place d'agent de change, je m'en ferai rendre compte. Si M. Bertin est bien famé sous les rapports d'argent, ce que je crois, je le nommerai, et verrai avec plaisir que M. Fiévée acquière à son profit ses deux douzièmes du journal. Je suppose qu'il connaît bien maintenant l'esprit dans lequel je veux qu'il soit rédigé, et qu'il est bien convaincu que celui qui reçoit mes bienfaits et dont les écrits influent directement sur l'opinion, doit suivre une marche droite et franche, agir et parler enfin comme aurait parlé un bon serviteur de David aux partisans de la dynastie précédente. »

Au milieu des innombrables occupations qui l'ont assailli à son retour de Tilsitt, Napoléon n'a garde d'oublier son propre journal, le *Moniteur*. Quand il n'a point le temps de dicter personnellement un article, il en fournit le canevas : l'indication est si nette, si précise, que le rédacteur n'aura aucune peine à traduire et à développer la pensée du maître, en sorte qu'elle demeurera intacte quand elle passera sous les yeux du public.

En voici un exemple daté de Saint-Cloud, le 28 août 1807 :

« Faites faire des articles qui fassent ressortir la conduite du roi de Suède qui a abandonné honteusement une de ses villes à l'ennemi. Il faut que ces articles soient rédigés d'une manière sérieuse et fassent sentir qu'abandonner une ville et la laisser à la merci de l'ennemi est non seulement d'un mauvais prince, mais que c'est violer ce qu'on doit aux peuples, même en pays conquis ; que livrer quatre cents pièces de canon et une ville où la première contrescarpe n'est pas sautée et où la brèche n'est pas faite, c'est déshonorer ses armes et trahir l'honneur. Il faut faire faire de longs articles qui développent ces deux idées et qui peignent bien la légèreté, l'inconséquence, et la folie du roi de Suède. Il faut faire surtout un long article qui soit une espèce de plaidoyer contre lui. »

Napoléon ne se contente pas de rédiger ou d'inspirer ou simplement de surveiller les journaux. On ne s'étonnera pas qu'il sache aussi comment il faut les administrer. Comme c'est lui qui paye, il regarde de près les comptes; l'on n'ignore pas qu'il était fort économe des deniers publics, autant que de ses deniers personnels.

Le 7 septembre 1807, il se fait présenter les comptes de l'*Argus*, ce journal qu'il a fondé pour combattre la presse anglaise. Ces comptes lui paraissent un peu trop élevés; sur-le-champ, il écrit à son ministre des Relations extérieures, de qui dépend l'*Argus* :

« Rambouillet, le 7 septembre 1807.

« *A Monsieur de Champagny.*

« Sur les dépenses secrètes des Affaires extérieures, on paye le journal l'*Argus*. Ce journal augmente toutes les années. Il est convenable d'en fixer définitivement le prix par un marché authentique. Il n'y a pas de raison pour qu'on ne porte pas bientôt cette dépense à cinquante mille écus.

« S'il doit tant coûter, autant le supprimer. »

Le *Moniteur* lui-même, l'organe favori de sa pensée, sa propre émanation, n'échappe pas à ses critiques de comptable et d'économe !

« Je ne conçois pas, dit-il, pourquoi on alloue pour la rédaction du *Moniteur* quinze mille francs à peu près par an, ni à quel titre un monsieur Saint-Marc, déjà porté pour un voyage à Varsovie, se retrouve à cet article. »

Quel bon administrateur de journal eût fait Napoléon !

1808

La correspondance impériale continue à nous apporter en 1808 de nombreux témoignages de l'activité journalistique de Napoléon.

C'est l'année des affaires d'Espagne ; peu d'honneur, beaucoup de soucis ! Bien entendu, la consigne est de n'en point parler. La mauvaise humeur de l'Empereur se donne carrière au plus petit écart des journaux, si timides pourtant. C'est toujours sur le *Journal des Débats* que sa bile retombe. Il écrit le 10 mars à Fouché :

« Paris, le 10 mars 1808.

« Témoignez mon mécontentement au rédacteur du *Journal des Débats* qui n'imprime dans cette feuille que des bêtises. Il faut être bien niais pour dire, dans un article de *Hambourg*, que le roi de Suède peut mettre, avec le secours de l'Angleterre, une armée de cent mille hommes sur pied. Faites-lui faire un article dans son numéro de demain pour se moquer de ces cent mille hommes.

« ... Nos journaux sont en vérité bien bêtes, et cette bêtise a de l'inconvénient, parce que cela donne une importance morale à des princes qui ne sont rien. »

Cette manière brutale de traiter des écrivains de valeur a quelque chose de choquant; mais il ne faut pas oublier que Napoléon écrivait familièrement à Fouché; ces expressions grossières sont comme des boutades échappées dans le feu de la conversation.

Il faut convenir qu'il ne se gênait guère d'autre part, avec les plus hauts personnages; aucun n'est à l'abri de ses traits moqueurs et mordants.

Sur un collaborateur aussi distingué que Rœderer, n'écrit-il pas à Joseph le 25 mars :

« Si c'est Rœderer ou Miot qui vous ont donné ce conseil, je ne m'en étonne pas, ce sont des imbéciles. »

Toutefois, s'il fait fi des journalistes, il attache aux gazettes une grande importance; elles font partie de son système de gouvernement. Ainsi, de Bayonne, en même temps qu'il envoie ses régiments à Murat, il lui écrit :

« 29 avril 1808.

« Prenez en mains de gré ou de force la direction de la *Gazette* et faites-la paraître tous les jours. »

« Et le 30 avril.

« Je suppose que vous êtes maître de la *Gazette de Madrid* et que vous y faites mettre tous les jours des articles. »

Dans ses longues instructions militaires et politiques, il dit à Murat, le 17 avril :

« Vous ferez faire des pamphlets et des articles de journaux pour diriger les esprits... »

Pendant son séjour à Bayonne, énervé par les difficultés des affaires d'Espagne, il s'en prend, une fois de plus, aux *Débats*, le bouc émissaire de la presse :

« *A Fouché.* « Bayonne, 21 avril.

« Le *Publiciste* et le *Journal des Débats* s'attachent à mettre dans leurs feuilles tout ce que la calomnie a de plus atroce et de plus vil, même ce qu'il y a de plus bête, contre le prince de la Paix. Les ennemis de ce prince font imprimer cela en Espagne comme tiré des journaux français. Faites faire de nombreux articles, où, tout en traitant légèrement ce ministre, on fasse sentir la bassesse de ces imputations.

« Je désire qu'on ne permette pas aux journaux d'être l'instrument de ces plates calomnies. Le *Journal des Débats* se distingue surtout par les bêtises qu'il ne cesse de mettre. »

Nouvelle algarade, deux jours après :

« *A Fouché.* « Bayonne, 23 avril.

« Le *Journal de l'Empire* continue à se mal comporter. Les articles de Rome n'ont pas le sens commun et sont dans un mauvais esprit. Faites venir le rédacteur et engagez-le à se taire, puisque le *Moniteur* ne dit rien. Ce jeune homme est influencé par les vieux coquins qui étaient accoutumés à faire de ce journal un brandon de discorde dans l'État. Les affaires de Rome ne regardent aucun journal. Veillez à cela spécialement ; quand il y aura quelque chose à dire, le *Moniteur* le dira. »

Le jeune homme, c'est Étienne, journaliste de talent, dont nous aurons à reparler ; et, comme on le devine, les vieux coquins dont il subit l'influence, ce sont ses directeurs, les propriétaires du journal, les Bertin.

La mauvaise humeur s'accentue et les gros mots redoublent :

« Bayonne, 25 avril.
« *A Fouché.*

« Le *Journal de l'Empire* continue à mal aller... Ce jeune homme est un malveillant et un sot : dites-lui cela de ma part. S'il ne change pas, je changerai le rédacteur. Je suppose que c'est un sot qui se laisse diriger par la clique. Ce qui fait voir la différence du *Journal de Paris* au *Journal de l'Empire*, c'est la manière dont l'article de Copenhague est rédigé dans l'un et dans l'autre. Le *Journal de Paris* évite de dire ce qui a des inconvénients.

« Le sieur Étienne est cause de l'agitation qui existe aujourd'hui en France sur les affaires de Rome. Faites donc chasser les vieux rédacteurs si animés contre l'administration actuelle.

« J'avais également défendu aux journaux de parler

des prêtres, des sermons et de la religion. Le *Journal des Débats* ne donne-t-il pas des extraits de sermons, homélies et autres choses de cette espèce ! La police voudra-t-elle donc enfin faire exécuter mes volontés ? N'est-il pas ridicule et contraire aux choses saintes de les voir compromises dans des feuilles qui contiennent tant d'inutilités et de choses fausses !

« Faites tourner en ridicule les articles de journaux qui disent qu'on a trouvé quatre cents millions chez le prince de la Paix. »

Quelle conduite tenait donc Fouché, au reçu de ces furieuses épîtres ?

Il faisait venir les rédacteurs à son cabinet, au rapport, comme on dit en style militaire. Leur faisait-il part des aménités du maître ? Cela est probable, car Fouché ne se gênait pas avec eux ; on prend des libertés avec les gens que l'on paye. Mais, sans doute aussi, comme il avait grand soin de ménager l'avenir, rejetait-il sur Napoléon l'odieux et la responsabilité des horions qu'il était chargé de distribuer.

Il était pourtant bien difficile aux journaux de ne pas laisser percer le mécontentement général que soulevaient les affaires d'Espagne. Napoléon répète toujours les mêmes mots : on dit des bêtises. « On répand à Paris, écrit-il le 21 mai, un tas de bêtises sur les affaires d'Espagne. »

Hélas ! si l'on disait des bêtises à Paris, c'est lui qui en faisait en Espagne !

Il n'admet pas qu'on parle des souverains espagnols. En général, écrit-il, à Fouché le 11 juin, « il est temps qu'on ne parle plus de cette famille. Faites-le dire aux journalistes et tenez-y la main. »

Bientôt survient la catastrophe de Baylen. Quel opprobre sur ses armes jusqu'alors vierges de toute souillure ! Une capitulation en rase campagne ! C'est à Bordeaux qu'il l'apprend et il en verse des larmes de rage. Plus moyen de dissimuler. L'Europe entière est informée. Que va dire le *Moniteur?* Que dira Napoléon lui-même, se demande-t-on partout?

Écoutons-le exhaler sa colère dans le *Moniteur.* Quels accents tragiques !

« Il y a peu d'exemples d'une conduite aussi contraire à tous les principes de la guerre. Ce général, qui n'a pas su diriger son armée, a ensuite montré, dans les négociations, encore moins de courage civil et d'habileté. Comme Sabinus Titurius, il a été entraîné à sa perte par un esprit de vertige ; il s'est laissé tromper par les ruses et les insinuations d'un autre Ambiorix ; mais, plus heureux que les nôtres, les soldats romains moururent tous les armes à la main. »

Cette réminiscence classique est tirée de Plutarque et de César, les deux historiens que Napoléon avait pratiqués, avec tant de ferveur, en sa studieuse jeunesse.

Dans ses propres *Commentaires* sur les campagnes de Jules César, Napoléon raconte en détail l'incident de Titurius : on ne peut s'empêcher de voir, en effet, une certaine analogie entre la catastrophe de Sabinus et celle de Dupont à Baylen.

Le chef romain avait eu le tort, comme Dupont avec Castanos, de parlementer avec le Gaulois Ambiorix et d'ajouter foi à ses discours. « En principe, a dit Napoléon, on ne doit jamais discuter avec un ennemi en armes. »

La conséquence que Napoléon tire de Baylen, c'est qu'il faut de plus en plus empêcher les journaux de parler. Nul doute qu'il ne sente déjà l'orage s'approcher, et il sait qu'à Paris Talleyrand et Fouché guettent l'instant de sa chute. Aussi sa préoccupation constante est-elle d'éviter le moindre bruit, le moindre trouble moral ou matériel; son empire est comme une chambre de malade. Rien ne doit troubler sa tranquillité.

Ainsi, s'étant arrêté à Metz dans son voyage à Erfurt, il apprend qu'on cause théologie dans les journaux. Cela lui paraît grave, car il y a en ce moment les affaires de Rome, et elles marchent aussi mal que les affaires d'Espagne. Aussi écrit-il à Fouché le 23 septembre :

« Le *Publiciste* du 22 septembre agite des questions théologiques ; cela n'est que d'un mauvais effet. Ne peut-on pas laisser les questions théologiques aux prédicateurs? J'avais déjà fait connaître mon intention que les journaux cessassent de s'en occuper. Qu'est-ce que cela fait que les prêtres soient mariés ou non? Il faut éviter de troubler l'État pour ces bêtises. »

Au mois de novembre 1808, Napoléon entre en Espagne. Qu'on empêche les journaux d'en parler, avant qu'il n'ait parlé lui-même.

« Aranda, 25 novembre.
« *A Fouché.*

« Empêchez les journaux de donner des nouvelles ridicules. C'est toujours le même homme de Bayonne qui, hier, écrivait en mal et qui aujourd'hui écrit des absurdités. Ne serait-il pas convenable que les journaux attendent les nouvelles officielles ? »

Sans doute, cela serait convenable, mais alors où serait l'intérêt des journaux ? Car, les nouvelles officielles, ou bien elles arrivent tardivement, ou bien elles sont manifestement fausses.

Cependant bientôt Napoléon a ramené la victoire. Il est devant Madrid. Il envoie au Corps législatif des trophées, des drapeaux pris sur l'ennemi. Ce fut l'occasion d'un incident piquant. Le président du Corps législatif, Fontanes, alla porter à l'Impératrice les félicitations et les hommages de l'Assemblée. Joséphine commit l'étourderie de dire, en sa réponse, que cette Assemblée représentait la nation.

Quand Napoléon lut cette phrase dans le *Moniteur*, il sursauta d'indignation et il écrivit lui-même en marge :

« L'Impératrice n'a point dit cela ; elle sait bien qu'il n'y a qu'un représentant de la nation, c'est moi ! »

Et, immédiatement, saisissant sa plume de journaliste, il envoya au *Moniteur* l'entrefilet suivant, qui reproduisait la note ci-dessus, avec l'atténuation que comportait un démenti adressé officiellement à un corps de l'État :

« 15 décembre 1808.

« S. M. l'Impératrice n'a point dit cela ; elle connaît trop bien nos constitutions, elle sait trop bien que le premier représentant de la nation, c'est l'Empereur, car tout pouvoir vient de Dieu et de la nation. Dans l'ordre de nos constitutions, après l'Empereur, vient le Sénat, après le Sénat, le Conseil d'État ; après le Conseil d'État est le Corps législatif ; après le Corps législatif viennent chaque tribunal et fonctionnaire public dans l'ordre de ses attributions. »

1809

Le prestige de Napoléon est encore intact, mais son empire glisse déjà sur la pente fatale qui le conduira, en peu d'années, jusqu'à l'effondrement.

La situation se complique à l'intérieur comme au dehors. Il faut faire front de toutes parts. Le journaliste impérial s'y emploie, avec autant d'ardeur que le souverain. Celui-ci fait marcher les soldats ; l'autre ne s'entend pas moins bien à manœuvrer les journaux afin de prévenir l'opinion, la corriger, ou la pousser dans le sens qui lui convient.

Ainsi le 1er janvier, il est à Benvenute, dans l'ardeur de la poursuite contre les Anglais : il sait que l'opinion en France juge sévèrement la guerre d'Espagne ; il vient d'apprendre les intrigues de Fouché et de Talleyrand, et les armements de l'Autriche. Il faut donc réchauffer l'enthousiasme. Aussi, en annonçant à Fouché ses victoires sur les Espagnols et les Anglais, lui écrit-il :

« Faites relever tout cela dans les journaux, faites faire des caricatures, des chansons, des noëls populaires ; faites-les traduire en allemand et en italien pour les répandre en Italie et en Allemagne. »

La gravité des nouvelles le ramène à Paris. Dans sa course rapide, arrêté un instant à Valladolid, malgré les soucis de l'heure présente, il prend la peine de démentir un entrefilet bien inoffensif de la *Gazette de France* :

« Valladolid, 10 janvier 1809.

« La *Gazette de France* dit que j'ai accordé deux cent cinquante mille francs de gratification au sieur Touron, intendant de la province d'Erfurt. Demandez à ce journal où il a pris cette nouvelle et faites-la démentir. »

Enfin, il est arrivé, en brûlant les étapes, à Paris. Quelques jours après, le 29 janvier, il écrit à Fouché :

« Je ne sais pas pourquoi on parle toujours de l'histoire de la Vendée. La *Gazette de France* ne sait ce qu'elle dit. Est-ce pour encourager une nouvelle Vendée qu'on ne cesse de parler de l'ouvrage de

M. de Beauchamp? Faites témoigner mon mécontentement au rédacteur de la *Gazette de France.* »

Il lui faut maintenant chercher des appuis contre l'Autriche qui arme et qui arrête ses courriers. Il désire l'appui de la Russie : la presse lui en fournira les moyens. Aussi écrit-il à son ambassadeur à Pétersbourg, Caulaincourt :

« Paris, le 24 mars.

« Que quelques articles soient mis dans les journaux de Pétersbourg sur la proclamation du prince Charles et sur les articles de la *Gazette de Pétersbourg* relatifs à la Turquie. »

Et, comme il sait tout, et qu'il pense à tout, il écrit ce même jour à Fouché :

« Pourquoi le *Journal des Débats* donne-t-il des proclamations du prince Charles qui ne sont pas dans le *Moniteur?* Il faut que ce M. Étienne soit un grand imbécile ! Où a-t-il pris ces observations qu'il a faites, qui n'ont pas le sens commun et qui peuvent déplaire à la Russie? »

A mesure que les événements se précipitent, son irritabilité s'exaspère contre la presse. Mécontent de soi, il s'en prend à tout le monde. Ainsi Joseph, nouvellement roi d'Espagne, a voulu avoir son *Moniteur.*

Napoléon n'admet pas cela. C'est l'objet de deux

lettres, l'une à Clarke, l'autre à Joseph. Il y donne en même temps une excellente leçon de journalisme. Voici d'abord la lettre à Clarke :

« Paris, 27 mars.

« Il paraît à Madrid un *Courrier d'Espagne*, rédigé en français par des intrigants et qui peut être du plus mauvais effet. Écrivez au maréchal Jourdan pour qu'il n'y ait aucun journal français en Espagne, et qu'on ait à supprimer celui-là. Mon intention est de ne souffrir partout où sont mes troupes aucun journal français, à moins qu'il ne soit publié par mes ordres. D'ailleurs les Français ne reçoivent-ils point les gazettes de France?

« Quant aux Espagnols, on doit leur parler dans leur langue.

« Il faut que votre lettre à ce sujet soit un ordre positif. »

Et maintenant, voici la lettre à Joseph :

« 27 mars.

« J'ai lu aujourd'hui cinq numéros d'un *Courrier espagnol* rédigé en français. Je ne sais pas à quoi peut servir cette gazette. Si c'est pour agir sur l'armée, n'aurait-il pas été convenable que j'en connusse le rédacteur et qu'il eût ma confiance? Si c'est pour influer sur la France et sur l'Europe, il serait bien naturel qu'on me laissât ce soin, au moins pour ce qui regarde la France.

« On se permet dans ce journal des discussions littéraires sur Paris, et l'on s'y établit à l'égard de la France le Don Quichotte des Espagnols. Que cela s'écrive en espagnol et pour des Espagnols, ce n'est que ridicule ; mais cela est très inconvenant en français.

« La France engagée en Espagne d'une manière si cruelle doit espérer au moins l'avantage de régénérer ce pays et de le rendre à des idées plus libérales. On ne peut donc considérer que comme des malveillants ceux qui, dans ce moment, osent publier en français que l'Espagne était bien administrée sous Charles IV.

« Il faut supprimer cette gazette ou la faire rédiger en espagnol. J'ai ordonné qu'on en arrêtât partout les exemplaires. »

Napoléon a bien raison. Si l'on veut agir sur l'esprit d'un peuple, il faut lui parler dans sa propre langue et non dans une langue étrangère, surtout dans celle du vainqueur.

Le voici enfin victorieux, non sans peine, à Wagram. Il va à Schœnbrunn ! Le château impérial sera son cabinet de travail pendant des semaines. Il suit de près les journaux de Paris. Pour le moment, il est fort mécontent d'eux, de la *Gazette de France* en particulier. Il en écrit à Fouché le 24 juillet :

« Les journaux sont extrêmement mal rédigés. Vous verrez, dans le numéro de la *Gazette de France* que je vous envoie, qu'on y fait entendre que la Prusse veut nous déclarer la guerre, que la Russie est contre nous. Faites connaître aux rédacteurs de cette gazette que je la supprimerai, si elle continue à imprimer de pareils articles : que j'ai même été sur le point d'en signer le décret. Donnez aussi des ordres positifs pour qu'aucune gazette ne fasse mention du pape.

« Quel est le rédacteur de la *Gazette de France?* Sur quelles données écrit-il de pareilles lettres de Berlin?

« Donnez donc une meilleure direction aux journaux. Pourquoi parlent-ils avec emphase d'une prétendue révolution arrivée à Bologne, en Italie? Les journaux italiens peuvent en parler, cela les regarde, mais les journaux de Paris ne sont point insignifiants en Europe. Le *Journal des Débats* pouvait se dispenser de donner de l'importance à cet événement.

« En général, mes journaux sont toujours prêts à s'emparer de ce qui peut nuire à la tranquillité publique et donner de fausses idées sur notre position. »

« Schœnbrunn, 24 juillet 1809.

« *A Fouché.*

« Je vous envoie un numéro de la *Gazette de France* où vous verrez un nouvel article de Berlin.

« Donnez ordre au reçu de cette lettre que le rédacteur soit arrêté et mis en prison, pour avoir mis dans son journal plusieurs articles de Berlin dont le but est de mettre en doute l'alliance de la France et de la Russie, et d'injurier nos alliés. Vous retiendrez ce rédacteur pendant un mois en prison et vous nommerez un autre à sa place. Vous me ferez connaître de quelle source proviennent ces articles.

« En général, on dirige horriblement les journaux. On effraye, depuis deux mois, le continent, de la grande expédition anglaise. On dirait en vérité que, à la police, on ne sait pas lire ; on n'y pourvoit à rien. »

Un journal de Bruxelles, l'*Oracle*, a publié une nouvelle fausse ! Qu'on arrête le rédacteur ! Mais quelques jours après, il apprend que la faute en est à un rédacteur du *Journal de Paris*. Eh bien, que Fouché fasse arrêter ce dernier !

« Les journaux vont de mal en pis. Il faudra finir par en supprimer un ! »

Fouché ne lit donc pas attentivement les gazettes ? Il ne voit donc pas à quel point elles sont stupides ?
Aussi va-t-il être vertement tancé.

« Schœnbrunn, le 17 août 1809.

« *A Fouché.*

« Vous trouverez ci-joint une lettre du sieur Hédouville qui vous fera voir l'imbécillité des journaux, et, en particulier, du *Journal de l'Empire*, qui copient les bulletins que font circuler les agents des Anglais qui en ont dans les principales villes du continent.

« Il serait bien important que vous vous occupassiez de cet objet. Si un rédacteur ne suffit pas, il faut en nommer deux ou trois pour lire les dépêches et en extraire tout ce qui ne serait pas bon à imprimer.

. . . .

« Déclarez-leur positivement que le premier qui sera

dupe de ces bruits, et imprimera de mauvais articles, je supprimerai sa gazette. »

Pendant ces mois de juillet et d'août passés à Schœnbrunn, la correspondance de Napoléon trahit une nervosité aiguë, une sorte de fureur d'âme singulière. Les expressions qu'il emploie descendent à la vulgarité et à la brutalité ; il n'épargne personne, Clarke, Élisa, Fouché, Lefèvre, Jérôme surtout à qui il prodigue les épithètes de lâche, incapable, prétentieux ! Et le pape lui-même, dans une lettre à Joseph, est traité de « fou furieux qu'il faut enfermer ».

Napoléon n'a-t-il point honte, en lui-même, de ce langage de gendarme ou de geôlier? Oui, car dans un *post-scriptum* à Fouché, il a soin de lui dire :

« Écrivez partout qu'on n'en parle pas dans les gazettes ! »

1810

Notre dessein étant de montrer que Napoléon, en pleine souveraineté, ne cessa de s'occuper du journalisme, il suffira pour l'année 1810 de publier toute une série de lettres se rapportant à cette époque. La figure de l'Empereur-journaliste s'y dessine en pleine lumière sans qu'il soit besoin de commentaires :

« Paris, 25 janvier 1810.
« *A Fouché.*

« Il y a dans le *Publiciste* un article qui paraît fait en faveur des moines espagnols. Faites sentir au rédacteur l'inconvenance de pareils articles et le risque qu'il court de faire supprimer son journal.

« Faites faire des articles qui peignent la férocité de ces moines, leur ignorance et leur profonde bêtise, car les moines d'Espagne sont de vrais garçons bouchers. »

« Le 18 février.
« *A Champagny.*

« Vous enverrez au sieur Laforest (ambassadeur en Espagne) le *Moniteur* de demain, pour qu'il y voie quels sont mes principes sur les princes français, et que, lorsqu'ils oublient les liens qui les unissent à la France, j'ai le droit de les rappeler ou de les faire agir d'abord pour l'intérêt de la patrie. »

« 18 février.
« *A Fouché.*

« Je ne puis qu'être mécontent de l'esprit des journaux. Qui est-ce qui a autorisé la *Gazette de France* à dire que MM. Léon de Beauveau, de Noailles, de Mortemart doivent faire bientôt un voyage en Allemagne, chargés de missions? Que veut dire ceci? Je le remarque, parce que, depuis longtemps, je vois les journaux se mêler de ce qui ne les regarde pas et n'être remplis que de nouvelles incertaines. »

« 12 mars.
« *A Fouché.*

« Je me plains souvent des journaux, mais je crois qu'on ne leur a jamais donné d'ordres assez positifs. Voici ce qu'il faudrait écrire aux rédacteurs :

« Les rédacteurs ne doivent publier aucunes nouvelles relatives à des choses que j'ai faites, tirées soit des journaux étrangers, soit des correspondances étrangères. Cela n'est pas difficile à faire. Si un journal étranger dit que j'ai été à la Comédie, les journaux français ne doivent pas le répéter ; que j'ai fait un traité, pris tel ou tel acte, ils ne doivent pas le dire ; car une chose relative au gouvernement ne doit pas venir de l'étranger. Ainsi, en suivant cette règle, moitié des plaintes auxquelles donnent lieu les journaux n'existerait pas. Il est ridicule que ce soit dans un journal d'Allemagne qu'on apprenne que j'ai envoyé des tapisseries des Gobelins à l'empereur d'Autriche. Il est évident que le journaliste qui tire une pareille nouvelle d'un journal allemand est un imbécile et n'est pas admissible à la justification. »

« Le 16 mars.

« *A Fouché*.

« La *Gazette de France* donne aujourd'hui des détails sur l'archiduchesse Marie-Louise qui sont indécents, d'autant plus qu'ils ne sont pas d'un style clair ; on ne sait ce qu'il veut dire. »

« Saint-Cloud, 31 mars.

« Tenez la main à ce que les journaux n'impriment aucun des discours tenus à l'Impératrice, avant que vous les ayiez vus. Celui qui lui a été adressé à Bar-sur-Ormain n'a pas le sens commun. »

Ici s'arrêtent les communications de Napoléon à Fouché.

Le ministre de la police est tombé, pour la seconde fois, en disgrâce. Il est remplacé par son plus mortel ennemi, par Savary, chef de la police personnelle de Napoléon, son âme damnée, son homme à tout faire.

L'événement a lieu le 3 juin 1810.

C'est donc Savary qui va recevoir désormais les instructions, les avertissements et aussi les remontrances, car Napoléon est un maître toujours mécontent. La première communication est du 4 août 1810. Il s'agit du budget des dépenses de presse. Napoléon trouve sans doute que Fouché était trop généreux. Il va inviter Savary à serrer les cordons de la bourse ; déjà, il avait fait supprimer par les affaires étrangères l'*Argus*, « parce que, dit-il, il ne rend pas un service proportionnel à ce qu'il me coûte ». Voici de nouvelles économies à faire.

« *A Savary*. « Trianon, 4 août 1810.

« Je réponds à votre lettre par laquelle vous me demandez mes ordres, relativement à des dépenses à payer avec les fonds des journaux. Faites entrer vos propositions à cet égard dans le budget que vous devez me présenter pour les dépenses des six derniers mois de 1810.

« Mon intention est qu'il ne soit payé de traitement aux rédacteurs de journaux que lorsque leur journal rapportera quelque chose.

« Le *Mercure* ne rapportant rien, je ne veux pas qu'il soit rien payé à ses rédacteurs.

« Le *Publiciste* ne produit que mille francs. Il est hors
« de sens de donner six mille francs pour sa rédaction. »

Napoléon ne veut pas de cumul ; que chacun soit payé suivant le travail fourni, c'est-à-dire aux pièces.

« Il ne doit rien être payé au sieur Garat qui jouit du traitement de sénateur et d'une sénatorerie.

« Quant aux autres historiographes, mon intention est qu'ils ne soient payés qu'en tant qu'ils travaillent réellement. »

Voilà de la bonne économie !

Savary se met à l'œuvre. C'est un fonctionnaire diligent. Il remet à l'Empereur trois rapports. Mais ses capacités ne sont point à la hauteur de son zèle. Il n'a point, en ces matières délicates, l'expérience et la dextérité de Fouché. Aussi ses rapports n'ont-ils point paru satisfaisants à Napoléon qui le lui dit nettement :

« Fontainebleau, 14 octobre.

« *A Savary.*

« Ces rapports ne sont pas clairs et ne donnent pas une idée suffisante de la situation des choses. Je désire :

« 1º Que vous me remettiez sous les yeux tout ce que j'ai fait, il y a plusieurs années, sur les journaux et les ordres qu'a donnés le ministre de la police, lorsqu'on les a fait contribuer et qu'on leur a donné un rédacteur.

« 2º Que vous me fassiez un rapport très détaillé sur les sieurs Bertin de Vaux. J'ai dans l'idée qu'il est prouvé que les sieurs Bertin étaient en correspondance avec l'Angleterre ; que leur journal a été fondé avec les fonds des Anglais, et qu'ils ont toujours été ennemis du gouvernement.

« Je désire que vous me remettiez toutes les preuves que vous devez avoir contre eux, afin de bien m'éclairer. Car, si je me trouve fondé dans cette opinion à leur égard, mon intention est, non seulement de leur interdire leur propriété sur les journaux, sans leur donner aucune indemnité, mais encore de leur interdire tout droit d'imprimer, et de les éloigner à cinquante lieues de Paris.

« Il serait par trop scandaleux que des intrigants, ennemis de l'État, et à la solde de l'étranger, continuassent à exercer une influence quelconque dans les lettres. »

Savary est un bon chien de police. S'il a moins de flair que Fouché, il est plus sûr. Il fait donc son enquête sur les Bertin. Plus que jamais, ils sont la bête noire de Napoléon. Cette disgrâce va leur coûter cher. Napoléon désire être encore mieux renseigné, mais, en attendant, comme, au fond, il est fixé, il dit à Savary de préparer la confiscation pure et simple du *Journal de l'Empire*, c'est-à-dire des *Débats*, et, cette fois, ce sera à son profit personnel.

« Faites-moi, dit-il, une proposition pour le *Journal de l'Empire*, de manière que la direction de ce journal soit confiée à l'intérêt particulier qui le ferait marcher, mieux que tout autre mobile. Mais il faut que ce soit des particuliers de l'opinion desquels je ne puisse douter. »

Presque chaque jour amène une nouvelle réprimande au journal des Bertin. On ne lui pardonne rien. Ne faut-il pas préparer des prétextes pour la confiscation prochaine ?

« Fontainebleau, 14 novembre 1810.

« *A Savary*.

« Je vois dans le *Journal de l'Empire* qu'on y appelle le nouvel archevêque de Paris, administrateur du diocèse. Faites connaître au rédacteur qu'on ne devrait pas se permettre d'employer un pareil titre en parlant du cardinal Maury. Le cardinal est archevêque de Paris, et il doit toujours être désigné comme tel. Je n'entends pas qu'on l'appelle autrement, et je suppose que le cardinal lui-même ne reçoit ni ne prend d'autres titres.

« Les journaux doivent être les premiers à reconnaître ce que le gouvernement reconnaît. Tout continue de prouver que ce *Journal de l'Empire* est dans une mauvaise direction. »

« 17 novembre 1810.

« *A Savary*.

« Le *Journal de l'Empire* a donné le décret de la réunion du Valais que le *Moniteur* n'a pas donné.

« D'où a-t-il tiré ce décret qu'il n'était pas dans mes intentions de faire paraître? »

1811

Nous ne donnerons pas toutes les lettres écrites par Napoléon à Savary, ou à ses autres ministres, pendant l'année 1811. C'est la monotone litanie des semonces, des réprimandes, pour la plus légère indiscrétion, pour un mot malheureux. C'est l'éternelle menace de l'arrestation ou de la confiscation. On a mis un censeur au *Journal de l'Empire*, et, bien entendu, le censeur manque de vigilance et d'esprit.

Nous avons eu la chance de trouver un ordre de rédaction de cette époque et voici à quelle occasion :

La plupart du temps, Napoléon donnait verbalement à Maret ses ordres relatifs à la rédaction du *Moniteur*. Maret vivait à ses côtés ; il l'avait constamment sous la main.

Nous savons qu'il n'aimait pas écrire. L'état d'effervescence intérieure, la fébrilité du cerveau, la rapidité de sa pensée étaient autant d'obstacles. Il avait de la peine à se relire. Pour les autres, sauf deux ou trois déchiffreurs habiles et accoutumés, son écriture était impénétrable, énigmatique autant que lui-même.

Parmi les rares autographes de Napoléon, il en existe un qui émane de Napoléon journaliste ; c'est un ordre de rédaction, destiné au *Moniteur*, écrit à deux heures du matin dans la nuit du 20 avril 1811. Il a dû, comme le croyait Napoléon, arriver tardivement ; Maret était probablement couché et la mise en pages du *Moniteur* était terminée. A cette époque de presse à bras, l'impression lente exigeait beaucoup de temps (1).

A grand'peine avons-nous pu déchiffrer cet autographe, l'un des plus illisibles de Napoléon ; encore y a-t-il trois à quatre mots qu'il nous a été impossible

(1) Voir ci-contre ce curieux autographe.

de deviner. Les mots sont liés les uns aux autres, sans points ni virgules.

En voici, pour ainsi dire, la traduction :

« *A Maret.*

« S'il en est temps faites supprimer la relation anglaise relative à l'affaire de... et la dépêche du duc de... ainsi que l'article anglais sur la guerre de Russie, de plus les dépêches anglaises relatives à...

« Napoléon. »

Cette écriture passionnelle, tortueuse, tourmentée, indique bien clairement la surexcitation et la précipitation.

Mais aussi, admirez la magnifique signature !

Elle s'épanouit dans un sentiment d'orgueil immense, avec une vigueur incomparable. La signature elle-même, le paraphe en lasso, tout est produit par un seul jet de la plume.

C'est bien le grand Empereur qui signe. Il est à l'apogée de sa gloire et de son bonheur. Il vient, enfin, d'avoir un héritier.

« L'avenir est à moi, » s'est-il écrié.

> Mil huit cent onze ! O temps où des peuples sans nombre
> Attendaient prosternés...

Relevons en cette année 1811 un petit incident qui ne manque pas de piquant.

Il s'agissait d'annoncer à la France que la nouvelle Impératrice était enceinte. Le rédacteur s'était servi du terme « grossesse. »

L'Empereur, à qui on apporta les épreuves de l'article, écrivit en marge :

« C'est inconvenant. »

Et il refit ainsi la phrase :

« Sa Majesté l'Impératrice, vu son état, n'a pu assister à la parade. »

Dans un cas analogue, Louis XIV voulant annoncer la fausse couche de la duchesse de Bourgogne, avait prononcé cette simple phrase :

« La duchesse est blessée. »

Vers cette même époque, Napoléon donne à Savary sa théorie personnelle sur la manière dont doit être rédigée la rubrique des nouvelles de la Cour.

Les journaux étaient remplis des faits et gestes de sa sœur Élisa, promue récemment grande-duchesse de Toscane. Cela déplaisait fort à Napoléon, qui n'aimait point qu'on s'occupât d'une personne autre que la sienne.

Il ordonne donc à Savary, le 17 décembre 1811, d'arrêter ce débordement de réclame, et il ajoute :

« C'est ridicule ! l'Europe s'embarrasse peu de ce que fait la grande-duchesse. Les souverains laissent imprimer ce qu'ils font, mais c'est malgré eux et pour empêcher les bruits ridicules. On laisse mettre dans les journaux que l'Empereur a été à la chasse ; c'est parce que le public qui n'en entendrait pas parler ferait des nouvelles. Il y a de grands intérêts attachés à ce que font les souverains, au lieu qu'aucun intérêt n'est attaché à ce que fait la grande-duchesse. »

Aussi n'y a-t-il plus rien à lire dans le *Moniteur*. Il est difficile d'imaginer un journal plus vide, plus nul, plus dépourvu d'intérêt.

Trois lignes pour mentionner que l'Empereur est allé chasser le cerf dans la forêt de Saint-Germain.

Aucun fait d'ordre intérieur ou extérieur. C'est le néant absolu, systématique. Ne sachant sans doute avec quoi remplir son journal, un jour, le rédacteur en chef insère un article soporifique de plus de deux colonnes sur l'emploi du sulfate de fer dans la médecine prophylactique.

Nous l'avons déjà remarqué, à toute époque, le *Moniteur* est encombré de médecine.

Dieu sait pourtant si Napoléon se moquait de la médecine !

1812

En l'année 1812, les journaux sont, les uns matés, les autres confisqués ou domestiqués ; ils ne sollicitent plus guère l'attention de l'Empereur. C'est le silence de l'abjection, comme a dit Chateaubriand. Chacun retient son souffle, pressentant la catastrophe prochaine.

La seule mention, qui offre quelque intérêt, consiste dans le blâme sévère que Napoléon infligea lui-même dans le *Moniteur* au roi Murat, pour avoir abandonné la Grande Armée après le passage de la Bérésina.

Les lignes suivantes sont de l'Empereur lui-même :

« Le roi de Naples étant indisposé a dû quitter le commandement de l'armée qu'il a remis entre les mains du vice-roi. Ce dernier a plus l'habitude d'une grande administration ; il a la confiance entière de l'Empereur. »

Murat, si durement souffleté devant l'opinion publique, n'eut connaissance de la note du *Moniteur* qu'à son retour à Naples.

La suite de l'incident devient plaisante : Murat fait écrire à l'Empereur par le duc de Gallo pour le prier de réprimander vertement le rédacteur du *Moniteur* qui avait osé parler du roi « avec aussi peu de convenance que de circonspection ».

Murat ne se doutait pas que ce rédacteur était l'Empereur lui-même.

1813

L'année 1813 n'apporte aux journaux, comme à la France elle-même, que mécomptes, désillusions, trahisons, catastrophes ; l'Empereur a toute l'Europe à dos. A l'égard des journaux, il n'a plus qu'une préoccupation, celle de les empêcher absolument de parler. Entre temps, il semble avoir été fort ému d'un article publié par le *Journal de Leipzig*, car il ne parle pas moins, dans une lettre à Berthier, que d'arrêter sur-le-champ le gazetier, de le traduire devant une commission militaire et de le faire fusiller « s'il y a la moindre malveillance ! »

La lecture des journaux ne lui est guère agréable, cela se conçoit. En général, écrit-il à Savary, le 20 décembre 1813, « les journaux sont rédigés avec bien peu d'esprit ».

C'était, évidemment, peu spirituel de parler de défaites, d'invasion, d'armées perdues, du typhus de Mayence, et de toutes les horreurs de cette douloureuse époque !

1814

1814 ! Comme il l'écrivait à Augereau, Napoléon a repris « les bottes et la résolution de 93 ».

Le maître journaliste qu'il est n'oublie point de faire manœuvrer ses journaux à l'égal de ses bataillons. Les feuilles publiques sont lues par l'ennemi ; il faut donc qu'elles participent à la défense commune.

Dès le lendemain de la bataille de Brienne, le 1er février, Napoléon écrit à son frère Joseph ; « il est convenable que les journaux montrent Paris dans l'intention de se défendre et beaucoup de troupes comme y arrivant de tous côtés ».

Mensonge ! Mais combien légitime à cette heure suprême !

Le lendemain, 3 février, il est entré à Troyes. On lui apporte les journaux de Paris ; cette lecture l'indigne. Aussitôt, il donne cours à sa fureur en termes véhéments :

« *A Savary.* « Troyes, 3 février.

« Il est impossible de rédiger les journaux avec plus de maladresse qu'on ne fait. Si c'est pour rendre la France ridicule, on y réussit parfaitement. Après des phrases pompeuses, on dit qu'on est armé de fusils de chasse, on dit qu'on a de bons fusils, qu'on vient d'avoir cent hommes, etc... Tout cela est pitoyable et fait un mal affreux.

« Lorsqu'on n'a à nombrer que cent hommes, pourquoi s'aviser de nombrer?

« Pourquoi dire qu'on a des fusils, quand personne n'en doute? Qu'on a des fusils de chasse quand il n'en est pas question? Pourquoi apprendre qu'on attache de l'importance à ces fusils?

« Il faut vous occuper un peu de cette partie si importante de votre ministère.

« L'extrait de la correspondance du bulletin ne peut pas être imprimé. Il faudrait avoir quelqu'un qui comprît bien l'importance de ce qu'il faut dire, ou ne pas dire. »

On ne saurait mieux définir la direction qu'il faut donner à la presse dans les temps de guerre. Comprendre l'importance de ce qu'il faut dire ou ne pas dire! C'est là tout l'art du journaliste. Il en sait user, lui, le maître journaliste! Le congrès de Châtillon est ouvert! Il y a envoyé Caulaincourt, lequel a dîné chez lord Castlereagh. Aussitôt Napoléon écrit de mettre dans le *Moniteur* quelques lignes pour montrer que son ambassadeur a été comblé de prévenances.

Mais, comme il est mal servi à Paris ! Ni Joseph, ni Savary ne savent tirer parti de la presse. Napoléon s'irrite de cette incapacité ou de cette inertie, autant qu'il s'indignerait de la défection d'un corps d'armée.

Voyez quelle admirable lettre il écrit sur ce sujet à Savary et quelle conception merveilleuse il a du journalisme en temps de guerre. Admirons aussi cette liberté d'esprit du grand homme au moment même où il se débat dans les plus formidables difficultés.

La lettre est datée du château de Surville, vis-à-vis de Montereau. Et c'est la vingtième des lettres qu'il écrivit, en cette journée du 19 février, lettres comportant les ordres les plus variés, les plus urgents, politiques, militaires et diplomatiques.

« Château de Surville, 19 février 1814.

« *A Savary.*

« Les journaux sont rédigés sans esprit. Est-il convenable, dans le moment actuel, d'aller dire que j'avais peu de monde, que je n'ai vaincu que parce que j'ai surpris l'ennemi, et que nous étions un contre trois. Il faut, en vérité, que vous ayiez perdu la tête à Paris pour dire de pareilles choses, lorsque, moi, je dis partout que j'ai trois cent mille hommes, lorsque l'ennemi le croit et qu'il faut le dire jusqu'à satiété.

« J'avais formé un bureau pour diriger les journaux. Ce bureau ne voit donc pas ces articles? Voilà comme, à coup de plume, vous détruisez tout le bien qui résulte de la victoire ! Vous pourriez bien vous-même lire ces choses-là, savoir qu'il n'est pas ici question d'une vaine gloriole, et qu'un des premiers principes de la guerre est d'exagérer ses forces et non pas de les diminuer. Mais comment faire comprendre cela à des poètes qui cherchent à me flatter et à flatter l'amour-propre national au lieu de chercher à bien faire?

« Il me semble que ces objets ne sont pas au-dessus de vous, et que, si vous vouliez y donner quelque attention, de pareils articles, qui ne sont pas seulement des bêtises, mais des bêtises funestes, ne seraient jamais imprimés.

« Au moins, si on ne voulait pas dire que nos forces sont immenses, fallait-il ne rien dire du tout. »

Le lendemain, il se bat à Montereau; il culbute les alliés. A peine la bataille gagnée, il retourne à ses préoccupations de journaliste. Ah ! comme il doit, en ce moment, regretter Fouché ! Celui-ci était autrement alerte que Savary, et il s'entendait supérieurement à manier l'opinion publique. Il faut donc que Napoléon se résigne à enseigner lui-même à Savary le métier de directeur de la presse. Il le fait avec une maëstria incomparable pour cette époque où l'information était à peu près inconnue. Il rédige pour Savary un véritable cours de reportage ; il lui indique les sources où il faut puiser les renseignements ; il entre lui-même dans de tels détails, il les énumère avec une si poignante émotion, qu'il n'y a plus pour ainsi dire qu'à copier sa lettre et à la publier toute palpitante dans le *Moniteur*. L'article qu'il demande est tout fait. Et comme il remuerait le cœur de Paris et de la France, s'il était publié tel quel !

« Nogent, le 21 février.
« *A Savary.*

« Monsieur le duc de Rovigo, il y a bien peu de ressources à la police. Elle sert bien mal. Au lieu des bêtises dont on remplit chaque jour les petits journaux, pourquoi n'avez-vous pas des commissaires qui parcourent les pays d'où nous avons chassé les ennemis, et recueillent les détails des crimes qu'ils y ont commis?

« Il n'y aurait rien de plus fort pour animer les esprits que le récit de ces détails.

« Dans ce moment, il nous faut des choses réelles et sérieuses, et non pas de l'esprit en prose et en vers.

« Les cheveux me dressent sur la tête des crimes commis par les ennemis, et la police ne pense pas à recueillir un seul de ces faits ! En vérité, je n'ai jamais été plus mal servi ! Il est des habitants connus dans les communes et dont les récits excéderaient la croyance.

« Des juges de paix, des maires, des curés, des chanoines, des évêques, des employés, des anciens seigneurs qui écriraient ce qu'ils nous disent, voilà ce qu'il faut publier. Or, pour avoir ces lettres, il faudrait les leur demander. Il ne faut pour tout cela ni esprit ni littérature. Des femmes de soixante ans, des jeunes filles de douze ans ont été violées, par trente ou quarante soldats. On a pillé, volé, saccagé et brûlé partout. On a porté le feu à la mairie dans les communes. Des soldats et des officiers russes ont dit partout sur leur passage qu'ils voulaient aller à Paris, mettre la ville en cendres après avoir enlevé tout ce qu'ils y trouveraient. Ce n'est pas en faisant un tableau général que l'on persuadera. Le prince de... s'est couvert de boue. Il a volé et pillé partout où il a passé. Pourquoi ne pas citer ce fait? Il est impossible que les bourgeois de Paris et les hommes du gouvernement ne reçoivent pas des lettres de toutes les parties d'où les ennemis ont été contraints de se retirer. Ne peut-on pas recueillir ces lettres et les imprimer? C'est alors, après que tous les détails particuliers auront été signalés, que des articles bien faits seront d'un bon résultat. Ce seront des tableaux faits sur les éléments dont tout le monde connaîtra la vérité. Les préfets sont en général des hommes connus et estimés ; ils devraient écrire au ministre de l'Intérieur et celui-ci ferait imprimer leurs lettres. »

Ce tableau des horreurs de l'invasion en 1814 a retrouvé, hélas ! son application au moment même où nous écrivons.

En 1914, en 1915, 1916, comme en 1814, les cheveux se dressent sur la tête, suivant la forte expression de Napoléon, en présence des crimes commis par les ennemis.

Tout au moins, le développement de la presse a-t-il permis de les dénoncer à l'indignation du monde civilisé.

Pour parer à l'insuffisance de Savary, Napoléon faisait rédiger chaque jour des bulletins qui devaient être insérés au *Moniteur* sous le titre de « nouvelles de l'armée »; c'est ce que nous appelons aujourd'hui « des communiqués ».

Il aurait voulu les répandre par toute la France. Savary n'y a point pensé. Il le lui reproche durement.

« Troyes, le 24 février 1814.

« La police est si nulle en France, que vous n'avez même pas pensé à faire réimprimer les bulletins en petit format pour les envoyer par toute la France, par tous les moyens. En vérité, il est difficile d'être plus inerte qu'on ne l'est à Paris. Les bulletins, tirés à quarante mille exemplaires et envoyés par toutes les voies, devraient être dans toutes les mains. Vous dormez à Paris et dites des bêtises. »

Napoléon ne se rendait pas compte de l'abaissement des caractères, ni de l'ébranlement profond qu'avaient subi les plus fermes sous l'accumulation des désastres.

Enfin, dans une dernière lettre à Joseph, il précise, avec infiniment de raison, le rôle des journaux en face de l'ennemi.

« Bourg de Noës, à Troyes, 24 février.

« Il est nécessaire que les journaux de Paris soient dans le sens des craintes de l'ennemi. Les journaux ne sont pas l'histoire, pas plus que les bulletins ne sont l'histoire. On doit toujours faire croire à son ennemi qu'on a des forces immenses. »

Précepte salutaire autant qu'habile, à l'usage des correspondants de guerre. Leur devoir n'est pas de dire la vérité pour les historiens de l'avenir. Qu'ils se contentent, pour l'instant, de tromper l'ennemi.

1815

Pendant cent jours, par un coup d'audace inouïe, Napoléon redevient maître de la France et par conséquent de la presse.

La correspondance officielle ne contient plus que quelques brèves indications relatives aux journaux. Elles présentent peu d'intérêt. Nous nous contenterons d'en citer une seule, parce qu'elle montre une fois de plus le journaliste dans l'Empereur.

Le 12 mai, il demande à Savary de rédiger lui-même un article pour le *Journal de l'Empire*, l'ancien *Débats*, qui venait de se rallier par une volte-face des plus inattendues.

« Je désirerais que, dans ce moment, il parût un petit récit de ce qui s'est passé à Austerlitz avec l'empereur Alexandre, lorsqu'il fut coupé par Davout. On y joindrait la copie signée du petit billet qu'il écrivit au crayon et qui doit être aux archives de la secrétairerie d'État.

« Comme personne n'est plus à même que vous de faire ce récit, faites-le avec le plus de détails possible. Ce sera un bon article non signé pour le *Journal de l'Empire*. »

Voici l'incident auquel Napoléon fait allusion. En 1805, les généraux russes, poursuivis à outrance par Davout, réussirent à l'arrêter en lui montrant un billet de la main d'Alexandre, affirmant qu'il y avait un armistice conclu entre les deux armées, française et russe. C'était faux. Il y avait bien un armistice, mais il concernait uniquement les armées française et autrichienne.

Par la publication qu'il demandait à Savary, Napoléon voulait convaincre Alexandre d'un mensonge qui n'était, à vrai dire, qu'une ruse de guerre, un peu risquée, pour un souverain.

Mais le billet original ne put être produit... Il avait disparu en 1814 de la secrétairerie d'État où il avait été déposé.

Le récit demandé par Napoléon ne parut donc pas dans le *Journal de l'Empire*.

CHAPITRE II

UN ARTICLE DE NAPOLÉON CONTRE TACITE

Le nom de Tacite a toujours hanté l'esprit de Napoléon. L'immortel empereur nourrissait une antipathie violente contre l'immortel historien.

Non seulement il le haïssait, mais il le craignait, comme s'il eût redouté d'être jugé à son tour par un nouveau Tacite.

Il le connaissait à fond, autant qu'il connaissait Plutarque, pour lequel, dans sa jeunesse, il s'était tant passionné.

N'étant pas grand latiniste, il avait lu Tacite dans dix à douze traductions, italiennes ou françaises. C'est lui-même qui l'a dit à Wieland, dans la célèbre conversation qu'il eut, en 1807, avec le Voltaire allemand.

Napoléon, qui prétendait s'égaler à Auguste et à César, en voulait à Tacite de la sévérité avec laquelle il avait traité César, Auguste et leurs successeurs.

Il en parlait souvent. Il saisissait toutes les occasions de le discuter, devant les hommes de lettres, les écrivains, les historiens. Il le critiquait avec sagacité, mais avec parti pris.

Il ne se contenta pas de l'attaquer en toutes occasions par la parole ; il en vint à le combattre par sa plume de journaliste, sans doute pour soulager publiquement son ressentiment et pour donner de l'éclat à sa thèse favorite. Un article, manifestement inspiré par lui, parut dans les *Débats* le 11 février 1806.

Panckoucke, le traducteur de Tacite, et d'autres contemporains, y reconnurent la pensée impériale telle qu'elle s'était manifestée en maintes circonstances, dans les conversations où se plaisait ce merveilleux causeur.

Nous donnons donc ce curieux morceau comme une production certaine de Napoléon journaliste.

« Nos écrivains philosophes, qui généralement méprisaient assez les anciens, eurent pour Tacite une tendresse particulière. Sénèque et Tacite furent les objets de toute leur affection ; Tacite, surtout, fixa leur enthousiasme ; il devint pour eux le premier des écrivains ; ils le regardèrent comme le plus beau modèle que l'antiquité eût transmis à l'imitation des temps modernes. Pourquoi cette espèce d'engouement exclusif pour Tacite ? Pourquoi cette emphase avec laquelle on prononçait son nom ? Pourquoi ce culte voué à un seul écrivain de l'antiquité ?

« Il y a donc quelque chose de mystérieux dans le culte que nos écrivains philosophes avaient exclusivement voué à Tacite ; on se demande comment il se fait que ces grands contempteurs de l'antiquité aient choisi pour leur idole un auteur ancien, qu'ils aient pu se résoudre à appeler sur lui tous les respects, toute la vénération de leur siècle. L'idée qu'on se forme généralement de Tacite ajoute encore au mystère de cette espèce de religion ; on se représente un écrivain excessivement grave et sévère, dont l'obscurité a quelque chose de sacré, dont l'intelligence est interdite aux profanes, dont tous les mots sont des sentences et dont toutes les sentences sont des oracles. Cette physionomie de l'historien des empereurs, ce caractère qui le distingue est une des raisons du choix que nos philosophes en ont fait pour le représenter à l'adoration publique ; un écrivain de génie dont le style eût été simple, clair et naturel, n'aurait pas aussi bien servi leur enthousiasme ; il n'y a pas beaucoup de mérite à admirer ce que tout le monde entend ; il est même piquant de diffamer ce que tout le monde admire. L'engouement des adorateurs d'un écrivain tel que Tacite n'avait presque pas de juges ; il eût fallu entendre cet auteur pour apprécier la mesure d'admiration qu'il mérite.

« La haine des tyrans, qui semble avoir guidé la plume et enflammé le génie de Tacite, les peintures énergiques et sublimes de la cour et des crimes des empereurs romains, qui se trouvent dans ses admirables ouvrages, étaient de plus une recommandation bien forte pour lui, auprès d'un parti qui haïssait essentiellement l'autorité et qui ne pouvait souffrir le frein du gouvernement ; ces pauvres philosophes étaient tourmentés d'un esprit de faction et de révolte qui puisait sans cesse dans les écrits de Tacite de nouveaux aliments. »

Cet article, où sont condensées les diverses appréciations de Napoléon contre Tacite, Napoléon l'a répété en toute occasion, avec l'obstination qui le caractérisait. La plupart du temps, c'était lui qui jetait sur le tapis ce nom détesté, car il aimait la discussion, et même la contradiction quand elle ne sortait pas du tête-à-tête.

Il s'essaya d'abord, aux premiers jours de janvier 1806, au lendemain d'Austerlitz, devant les membres de l'Institut venus pour lui rendre hommage.

S'adressant au secrétaire perpétuel, le vénérable Suard, qui était un fin lettré, il lui dit :

« N'est-il pas vrai, monsieur le secrétaire perpétuel, que Tacite, qui est un grand esprit, n'est pas du tout le modèle de l'histoire et des historiens? Parce qu'il est profond, lui, il prête des desseins profonds à tout ce qu'on fait et à tout ce qu'on dit. Mais il n'y a rien de plus rare que des desseins ! Tacite est l'historien d'un parti, et le peuple romain n'était pas du même parti que Tacite. Il aimait ces empereurs dont Tacite veut toujours faire peur, et l'on n'aime point des monstres ! Et son style, le croyez-vous sans reproche ? Après l'avoir lu, on cherche ce qu'il pense. Moi, je veux qu'on soit clair ! »

Une autre fois, se promenant dans les jardins de la Malmaison, il entreprend Fontanes, lettré délicat, nourri, comme Suard, de l'antiquité classique.

« Cet historien, lui dit-il, nous explique fort bien comment les Césars s'étaient rendus odieux par leurs débauches et leurs cruautés. Mais d'où vient que ces empereurs étaient en même temps les idoles du peuple ? C'est ce que Tacite ne dit pas et ce qu'il faudrait nous expliquer. »

Une autre fois, au Cercle des Tuileries, on prononce devant lui le nom de Tacite :

« Ne me parlez pas de ce pamphlétaire, s'écrie-t-il avec colère, il a calomnié les empereurs ! »

Quand, au lendemain d'Erfurt, il se fit présenter Gœthe, il ne manqua pas d'interroger l'illustre écrivain sur son sujet favori :

« — Êtes-vous de ceux qui aiment Tacite ? lui dit-il.
« — Oui, Sire, beaucoup !
« — Eh bien ! pas moi ! »

Et, comme s'il n'eût pas osé se risquer à discuter avec un fier interlocuteur tel que Gœthe, Napoléon se tourna vers un autre grand écrivain allemand, qui assistait à l'entretien, Wieland, et il lui déclara tout net ce qu'il pensait de Tacite.

« Connaissez-vous un plus grand et souvent plus injuste détracteur de l'humanité? Aux actions les plus simples, il trouve des motifs criminels. Il fait des scélérats profonds de tous les empereurs, sans faire admirer le génie qui les a pénétrés. Ses *Annales* ne sont pas une histoire de l'Empire, mais un relevé du greffe de Rome. Lui qui parle sans cesse de délations, il est le plus grand des délateurs. Et quel style !

quelle nuit toujours obscure ! Je ne suis pas un grand latiniste, moi, mais l'obscurité de Tacite se montre dans dix ou douze traductions italiennes et françaises que j'ai lues, et j'en conclus qu'elle lui est propre ; qu'elle naît de ce qu'on appelle son génie autant que de son style. Je l'ai entendu louer de la peur qu'il fait aux tyrans : il leur fait peur des peuples, et c'est là un grand mal pour les peuples eux-mêmes. N'ai-je pas raison, monsieur Wieland ? »

Le vieil écrivain ne parut pas convaincu ; il cita Racine qui a nommé Tacite *le plus grand peintre de l'antiquité*, et, finalement, il se rangea parmi les admirateurs de l'historien latin.

« J'ai affaire à trop forte partie, décidément, » répliqua l'Empereur, et il reprit pour Wieland et pour les académiciens de Weimar les considérations qui sont développées dans son article sur Tacite.

Napoléon ne pouvait être impartial en parlant de Tacite. Ne sentait-il pas qu'il prenait lui-même place parmi les tyrans ? N'avait-il pas sur la conscience un crime d'État tel que l'exécution du duc d'Enghien ? Cette oppression sous laquelle il avait courbé la France ne serait-elle pas dénoncée un jour à la postérité, comme celle des empereurs romains ?

Or, Napoléon avait toujours devant les yeux la postérité. Il disait souvent : « Que dira de moi l'Histoire ? Que dira la Postérité ? »

Suivant son expression, la Postérité était la véritable immortalité de son âme.

Il redoutait donc d'être jugé par un nouveau Tacite. Certaines mesures brutales, l'asservissement total de la parole et de la plume, le système policier, le despotisme sans frein, cette cour purement militaire, cette armée de janissaires dévoués jusqu'à la mort, ce cortège de flatteurs et de courtisans, tout cela ne rappelait-il pas le règne des Césars et les Césars ne font-ils pas naître les Tacite?

Et voilà qu'à l'époque même de Tilsitt, à l'apogée de sa gloire et de sa puissance, une voix éloquente s'élève et lui jette à la face le nom de Tacite.

Celui qui parle ainsi est Chateaubriand, le premier des écrivains contemporains, la gloire des lettres françaises, au dire de Napoléon lui-même.

Chateaubriand, au retour de son voyage en Terre Sainte, venait d'acheter *le Mercure* avec l'argent que lui avait rapporté le *Génie du christianisme*, et il débutait dans le journalisme par un véritable chef-d'œuvre d'éloquence et de courage, par un article qui mérite d'être cité ici, car c'est une page historique.

Ce fut comme un coup de tonnerre dans le ciel de l'Empire, au milieu du silence universel.

Voici cette admirable page, parue le 4 juillet 1807 :

« Lorsque, dans le silence de l'abjection, l'on n'entend plus retentir que la chaîne de l'esclave et la voix du délateur ; lorsque tout tremble devant le tyran, et qu'il est aussi dangereux d'encourir sa faveur que de mériter sa disgrâce, l'historien paraît, chargé de la vengeance des peuples.

« C'est en vain que Néron prospère, Tacite est déjà né dans l'Empire. Il croît inconnu auprès des cendres de Germanicus, et déjà l'intègre Providence a livré à un enfant obscur la gloire du maître du monde.

« Si le rôle de l'historien est beau, il est souvent dangereux ; mais il est des autels comme celui de l'honneur qui, bien qu'abandonnés, réclament encore des sacrifices. Le Dieu n'est point anéanti parce que le temple est désert. Partout où il reste une chance à la fortune, il n'y a point d'héroïsme à la tenter ; les actions magnanimes sont celles dont le résultat prévu est le malheur et la mort.

« Après tout, qu'importent les revers, si votre nom, prononcé dans la postérité, va faire battre un cœur généreux deux mille ans après notre vie ? Nous ne doutons pas que, du temps de Sartorius, des âmes pusillanimes, qui prenaient leur bassesse pour de la raison, ne trouvassent ridicule qu'un citoyen obscur osât lutter contre toute la puissance de Sylla. »

Il était impossible de blesser plus au vif l'orgueil de Napoléon ! Le coup alla le frapper en plein cœur. Lui, le vainqueur de tant de batailles, le souverain le plus puissant de l'Europe, être comparé à Néron ! Parler d'abjection en face de l'homme qui se flattait d'avoir rétabli l'honneur français ! Être menacé dans la postérité par la flétrissure d'un nouveau Tacite !

« Chateaubriand, dit-il à Fontanes en présence de Duroc, croit-il que je suis un imbécile, que je ne le comprends pas ? Je le ferai sabrer sur les marches de mon palais ! »

Napoléon prétendait être l'héritier des empereurs romains. Il s'en déclarait presque solidaire. Il le dit un jour à M. de Narbonne :

« Ne vous y trompez pas : je suis un empereur romain ; je suis de la meilleure race des Césars, celle qui fonde. Chateaubriand, dans je ne sais quel numéro du *Mercure*, m'a sourdement comparé à Tibère qui ne remuait de Rome que pour aller à Capri. Belle idée ! Trajan, Dioclétien, Aurélien, à la bonne heure, un de ces hommes nés d'eux-mêmes et qui soulèvent le monde ! »

Grande fut donc la colère de Napoléon. Il supprima le *Mercure* et du même coup ruina Chateaubriand pour qui le journal était le seul moyen d'existence.

L'illustre écrivain songea à quitter une seconde fois la France ; il voulut rejoindre aux États-Unis le général Moreau.

Heureusement, il avait un ami sage en la personne de Fontanes.

Le grand maître de l'Université s'interposa habilement.

A Napoléon, il dit, pour l'apaiser :

« Ne frappez pas Chateaubriand. Son nom illustre votre règne. Chateaubriand sera immortel dans le règne de Napoléon. Voudriez-vous que l'on pût dire un jour : « Napoléon l'a tué ou l'a jeté en prison ! » Quelle tache sur votre gloire ! »

Et à Chateaubriand, il dit :

« Il ne faut pas agacer les dents du lion. Allez écrire de nouveaux chefs-d'œuvre dans la paix des champs. »

Docile à ce sage conseil, Chateaubriand alla terminer *les Martyrs* dans le paisible exil de la Vallée-aux-Loups.

Il faut dire à l'honneur de Napoléon qu'il ne garda pas longtemps rancune à son adversaire. Son esprit était grand et il admirait la grandeur chez autrui. Il chercha lui-même un terrain de rapprochement ; il voulut faire décerner à Chateaubriand le grand prix décennal, et, sans doute conseillé par Fontanes, il le fit nommer de l'Académie française.

Il pensa même à lui procurer un dédommagement matériel, en lui donnant la direction générale des bibliothèques de l'Empire, sinécure grassement rétribuée.

Les choses étaient en train de s'arranger, et, chose surprenante, Chateaubriand allait devenir fonctionnaire impérial, lorsque éclata une brouille, définitive cette fois.

Ce fut à l'occasion du discours de réception à l'Académie. L'auteur y blâmait sévèrement l'attitude de son prédécesseur, Marie-Joseph Chénier, à la Convention.

Napoléon voulut en prendre lui-même connaissance avant la lecture publique.

Il se méfiait de ce « cerveau brûlé » de Chateaubriand, comme il disait.

A la lecture des passages où Chateaubriand attaquait la Révolution et la Convention, il entra en fureur. Devant Duroc, qui lui avait apporté le manuscrit, il s'écria en manière de prosopopée :

« S'il était là, devant moi, je lui dirais : « Vous
« n'êtes pas de ce pays ! Si vous êtes mal en France,
« allez-vous-en ! etc., etc. »

Chateaubriand se vengea cruellement, et sans grand courage, à l'heure de la défaite, en 1814.

Sa brochure : *Bonaparte et les Bourbons*, aida puissamment à la Restauration, à ce point que Louis XVIII put dire qu'elle avait, pour sa cause, mieux valu qu'une armée.

Plus tard, exilé à son tour, Napoléon jugeant hommes et choses avec sérénité, a dit, en pensant à l'article du *Mercure* et au pamphlet de 1814 :

« Chateaubriand, malgré son libelle, est un bon Français. »

CHAPITRE III

METTERNICH VEUT FAIRE
UNE CONCURRENCE AU « MONITEUR »

> « Les gazettes valent à Napo-
> léon une armée de trois cent
> mille hommes. »
> (1805. Metternich.)

Les ennemis de Napoléon, frappés de l'adresse avec laquelle il maniait contre eux l'arme du journalisme, furent tentés de l'imiter.

Parmi ceux-là, le plus illustre et, sans contredit, le plus redoutable, Metternich, conçut l'idée d'opposer au *Moniteur* de l'Empire le *Moniteur* de la coalition.

« C'est, disait-il, un fait nouveau dans l'histoire, que celui d'un souverain qui s'entretient directement et fréquemment avec le public. Napoléon a inauguré cette méthode et il en a tiré de grands avantages. Au contraire, les gouvernements coalisés gardent le silence ; c'est un grand désavantage pour eux, car la parole de Napoléon, ne rencontrant ni contradiction ni démenti, finit par influencer l'opinion à notre détriment. Il faut le suivre, l'imiter. Il faut que nous le combattions sur le terrain du journalisme comme sur le terrain militaire. »

Cette idée prit corps dans l'esprit de Metternich, lorsqu'il était ambassadeur à Berlin. Il conçut un programme de journal qui ne dut pas lui coûter beaucoup de peine, car il était tout simplement calqué sur le *Moniteur* français.

A cette époque de 1805, et depuis plusieurs années déjà, toutes les chancelleries d'Europe avaient les yeux braqués sur le *Moniteur*.

Chaque numéro était dévoré, scruté, disséqué, analysé dans le détail, car on y cherchait la pensée de Napoléon. La plupart du temps, le journal parlait clair ; parfois il se taisait sur certains événements, et, alors, son silence était plus éloquent que bien des phrases.

Metternich fut donc le premier à constater quel surcroît de puissance apportaient à Napoléon ses gazettes, ajoutées à son génie et à ses canons.

Il consigna le fruit de ses réflexions dans un Mémoire adressé aux puissances alliées, et qui est daté de quelques jours après la bataille d'Austerlitz. On va voir quelle analogie il présente avec le plan du journal idéal dont Napoléon esquissa le programme en 1807, dans sa solitude de Finkelstein.

« IDÉE POUR LA FONDATION D'UN JOURNAL SOUS LA PROTECTION ET AVEC LA COLLABORATION DES PUISSANCES ALLIÉES.

« Berlin, 5 décembre 1805.

« Ce journal serait l'organe de la bonne cause, le dépôt des nouvelles officielles des armées alliées, le censeur de celles de l'ennemi. Il se composerait :

« 1° D'une partie politique ;
« 2° D'une partie littéraire ;
« 3° D'une espèce de feuilleton.
« 1° La partie politique renfermerait :
« *a*) Les nouvelles officielles des armées alliées qui scraient, ainsi que tous les *Inserenda*, communiquées au rédacteur principal par les ministres des puissances coalisées.
« *b*) Les nouvelles publiées officiellement par l'ennemi ; des remarques des rédacteurs éclaireraient ces pièces et en feraient la censure.
« *c*) Des mémoires politiques propres à guider l'opinion publique vers le but commun.

« 2° La partie littéraire s'occuperait principalement de la recension et critique des ouvrages politiques publiés par la France et ses adhérents ; elle ferait connaître également les ouvrages qui servent à les réfuter et les bons ouvrages politiques en général.
« 3° Le feuilleton serait le dépôt d'articles de moindre valeur, d'anecdotes, etc...

« Ce journal paraîtrait, ou imprimé sur deux colonnes en allemand et en français, ou contiendrait des articles secrets (!) dans les deux langues, au choix des collaborateurs.

« Metternich. »

Deux jours après, Metternich envoya une lettre explicative de ce projet à son chef direct, le vice-chancelier de l'Empire, comte Cobentzel, le négociateur du traité de Campo-Formio.

Ce document dénote chez Metternich une sagacité d'esprit peu commune, et une faculté d'observation qui font prévoir le maître futur des conseils de l'Europe.

Sans doute le style de Metternich paraîtra un peu lourd et dépourvu d'élégance, mais la pensée est saisissante de clarté, et il ne faut pas oublier que la lettre fut rédigée en français par un homme qui pensait en allemand.

SUR LES BULLETINS FRANÇAIS DES ARMÉES
ET IDÉES POUR LA FONDATION D'UN JOURNAL

Metternich à Cobentzel.

« Berlin, 7 décembre 1805.

« Le gouvernement français a depuis longtemps réduit en système la calomnie la plus atroce contre les princes et les peuples avec lesquels il veut se brouiller ou qui se trouvent en guerre avec lui. Cette tactique devrait ne produire qu'un faible effet, tous ses éléments ne reposant que sur le mensonge ordinairement le plus grossier ; on ne saurait néanmoins se cacher que l'opinion publique finit par prendre plus ou moins les plis que nos ennemis veulent lui donner. La dignité du silence qu'observe le bon parti n'impose pas au peuple ; on nous condamne parce que nous nous taisons, et il suffit d'être en pays étranger, sur un point surtout que Bonaparte a choisi de préférence pour y répandre tout ce que vomissent tous les jours contre nous d'odieux folliculaires, pour ne pas pouvoir douter de la vérité que je viens de prononcer. Les bulletins journaliers de l'armée française, qui se publient et dont on inonde l'Allemagne et l'Europe entière, sont une invention nouvelle et méritent la plus sérieuse attention. Bien moins destinés à rapporter des faits militaires qu'à égarer le public sur l'esprit et les principes de notre gouvernement et de nos peuples, le cabinet de Bonaparte s'est mis en contact journalier avec toutes les classes de la société. Il s'est dépouillé du style officiel pour adopter celui de la conversation la plus familière ; chaque bulletin met en scène des personnages dont les noms respectables inspirent de la confiance et des gens du peuple qui confirment ce que l'on veut faire prendre pour esprit public dans la Monarchie autrichienne, et ce qui finit par être pris pour tel par des millions d'hommes.

« Des articles de journaux ont sous ce rapport tellement égaré l'esprit public, qu'on oppose à tout ce qu'on peut dire pour rectifier les faits des pièces réputées officielles.

« J'ai envoyé aux rédacteurs des feuilles de Berlin et à M. de Hofer, à Hambourg, un article. J'ignore s'il parviendra à le faire agréer aux rédacteurs des gazettes sur lesquelles M. de Bourrienne exerce encore une autorité tellement sévère que les feuilles sont constamment soumises à sa censure avant de paraître et qu'il raye et soumet à son bon plaisir tous les articles qui lui conviennent ou lui déplaisent. Les gazettes de Hambourg étant généralement répandues en Europe, cette surveillance n'a pu échapper aux soins du gouvernement français et il serait fort à désirer que des démarches réunies et faciles dans un moment où les liens les plus intimes viennent d'être contractés par tant de puissances prépondérantes, missent enfin un terme à l'odieuse prétention de la France de détériorer l'esprit allemand par nos propres feuilles publiques.

« Ces différents points de vue se trouvent consignés dans plusieurs de nos précédentes dépêches ; j'ai cru de nouveau devoir appeler l'attention de la Cour sur un objet de la plus haute importance en ce qu'il est de l'intérêt le plus général. »

Cette proposition parvint à Vienne le lendemain d'Austerlitz. Le gouvernement autrichien et la Cour étaient affolés par la défaite. Ni M. de Cobentzel, ni surtout son timide empereur, l'un et l'autre encroûtés dans la routine et esclaves d'une étiquette surannée, n'étaient hommes à descendre dans l'arène du journalisme. C'était bon pour un révolutionnaire et un parvenu tel que Napoléon !

Metternich, génie positif autant que persévérant,

ne se rebuta pas. Il revint à la charge trois ans après, auprès de M. de Stadion qui avait remplacé Cobentzel.

M. de Stadion, sans avoir l'envergure de Metternich, était un esprit ouvert, une intelligence alerte. Metternich lui adressa le 23 juin 1808, de Paris même, une lettre « sur la nécessité de prendre de l'influence sur la presse ! »

Placé auprès de Napoléon, l'observant avec sagacité, épiant ses gestes, Metternich saisissait sur le vif tous ses procédés, tous ses systèmes. Aussi voulait-il reprendre à son profit les avantages que retirait Napoléon du *Moniteur* et des autres journaux qu'il avait mis sous sa dépendance.

La lettre à M. de Stadion est de 1808. A cette époque, Metternich était pressé de réaliser son idée, car il sentait les premiers craquements de l'empire napoléonien et il voyait dans la presse des coalisés une mine capable de le faire sauter plus promptement.

RAPPORT SUR LA NÉCESSITÉ
D'EXERCER UNE INFLUENCE SUR LA PRESSE

Metternich à Stadion.

« Paris, 23 juin 1808.

« J'ai une idée confuse d'avoir un jour attiré l'attention de Votre Excellence sur les rédacteurs des gazettes de Francfort et d'Augsbourg.

« Il est de la plus urgente nécessité d'influer de manière ou d'autre sur les gazettes en général et particulièrement sur ces deux qui ne cessent de répandre les mensonges souvent les plus ridicules sur notre compte. C'est d'elles que sont extraits la plupart des articles qui se trouvent dans les feuilles françaises. Pourquoi ne communiquerait-on pas à ces différentes gazettes des nouvelles vraies ; pourquoi ne dirigerait-on pas leurs correspondants à Vienne, ne les censurerait-on pas sur les lieux où ils publient leurs feuilles ?

« Une faute immense que tous les gouvernements, et le nôtre en particulier, ont commise depuis le commencement de la Révolution française est celle de regarder comme inutile, comme au-dessous de leur dignité et de celle de la bonne cause et enfin comme dangereux de parler avec le public, de lui parler vrai, de ne jamais cesser de lui parler. Cette vérité n'est jamais plus incontestable que quand on a des Français pour adversaires. Aussi ont-ils beau jeu ; ils n'ont fait qu'occuper une place vide en s'emparant de tous les bureaux de journalistes et on ne peut pas leur reprocher de se taire ; ils ont relevé l'arme que nous avions assez méprisée pour la jeter et s'en servent maintenant contre nous.

« On a confondu partout l'usage de la chose avec son abus, l'état de pamphlétaire avec celui d'écrivain politique, de raisonneur avec celui de conteur pur et simple de faits simples et corrects. L'opinion publique est le plus puissant des moyens, un moyen qui, comme la religion, pénètre dans les recoins les plus cachés, et où les mesures administratives perdent leur influence ; mépriser l'opinion publique est aussi dangereux que mépriser les principes moraux ; si ces derniers peuvent renaître même là où on aurait voulu les étouffer, il n'en est pas ainsi de l'opinion ; elle demande un culte particulier, une suite et une persévérance soutenues. La postérité croira à peine que nous ayions gardé le silence comme une arme efficace à opposer aux clameurs de la partie adverse, et cela dans le siècle des mots !

« Qui pourrait trouver à redire que nous ne souffrions point qu'on pourrisse le public de mensonges sur notre compte? Il n'y a pas une des susdites feuilles qui ne dise, sous la rubrique de Vienne, que nous sommes en pleine négociation sur des objets importants, ou qui ne publie des mensonges sur des faits et des individus. Ce n'est pas le public qui peut démêler si une nouvelle est vraie ou fausse. Une nouvelle fausse a l'air d'être vraie s'il ne se trouve personne pour la démentir, et je place Napoléon à la tête du public crédule. Il y a une grande différence entre ce qu'il conçoit et ce qu'on lui insinue ; on ne le ferait que très difficilement changer sur ce qu'il veut, mais on peut surprendre sa crédulité.

« Je supplie Votre Excellence de vouer à cet objet une attention particulière. Rien de plus facile que d'éviter toute forme officielle dans ces publications, qui n'ont de mérite qu'autant qu'elles ne portent pas cette empreinte.

« Je lui parle d'un lieu où plus qu'autre part je puis apprécier le succès des soins que prend le gouvernement afin d'influencer le public dans son sens.

« Les gazettes valent à Napoléon une armée de trois cent mille hommes, qui ne surveillerait pas mieux l'intérieur et effrayerait moins l'extérieur qu'une demi-douzaine de folliculaires à ses gages. »

Metternich se montre dans ce rapport un digne émule de Napoléon journaliste. Avec quelle justesse de vues, avec quelle finesse d'esprit, il parle de l'opinion publique, cette nouvelle venue dans l'histoire, dont Napoléon était si préoccupé, et qu'il redoutait tout en ayant l'air de la mépriser !

Inutile de dire qu'il ne fut pas écouté ; il eut contre lui la diplomatie autrichienne, prude et routinière ; on ne lui répondit même pas.

Metternich, quand il fut nommé ambassadeur à Paris, en 1806, ne tarda pas à entrer dans l'intimité de la cour. C'était un grand seigneur, insinuant, parfait courtisan, galant avec les dames et admirateur avoué de Napoléon. Aussi lui faisait-on partout bon accueil.

Napoléon lui-même le recherchait et se plaisait à sa conversation.

Un jour, — c'est Metternich lui-même qui nous le raconte dans ses Mémoires posthumes, — ils s'entretenaient tous les deux de l'indiscrétion des journaux.

C'était à propos d'une nouvelle, d'ailleurs fausse, qu'avaient publiée les gazettes de Paris sur le départ de l'ambassadeur.

« Je vous prie, lui dit Napoléon, d'être convaincu que je serais personnellement très fâché de votre départ, mais ces diables de journalistes forment un État dans l'État. »

Metternich, souriant, en convint et observa qu'il était difficile de maintenir l'ordre et la discipline avec de telles gens.

« Oh ! oui, répliqua Napoléon, ils essaient souvent de me donner la loi à moi-même. »

CHAPITRE IV

LE PERSONNEL DES JOURNALISTES AU TEMPS DE NAPOLÉON

Il faut mettre à part la noble équipe des *Débats*, si habilement dirigée par les Bertin. Elle mérite une place d'honneur. Nous lui consacrerons un chapitre spécial.

Joignons-y des hommes de valeur tels que Rœderer, Maret, Fontanes. Ils furent attirés hors de la sphère journalistique à laquelle ils appartenaient ; Napoléon en fit de hauts fonctionnaires grassement payés, mais aussi strictement « enchaînés ».

Quant au reste, quelle piètre galerie ! Quelle absence absolue de caractère ! Quelle docilité à servir ! Quel empressement à se précipiter dans les bureaux de la police pour y toucher les gages de leur domesticité ! Cette bassesse est déconcertante !

Il faut bien l'avouer, Napoléon ne rencontra pas chez les journalistes, et, d'une manière générale, chez les intellectuels de l'époque, l'esprit de résistance et d'indépendance qu'il trouva chez les prêtres et les évêques !

Les gens de plume auraient-ils pu, avec un peu plus de dignité, élever une barrière morale contre le despotisme de Napoléon ? Il est permis de le penser, car Napoléon redoutait l'opinion publique, et, s'il l'avait trouvée un peu plus résistante, il aurait été contraint de la ménager, autant pour son bien que pour celui de la nation.

Passons-les donc rapidement en revue, ces journalistes du Consulat et de l'Empire. Ce n'est pas que notre profession ait grand honneur à tirer de ces ancêtres. Loin de là !

BENJAMIN CONSTANT

Suisse à la Jean-Jacques, coureur d'aventures galantes, passant de l'amour orageux avec Mme de Staël au culte platonique avec Mme Récamier, transformant en épanchements littéraires les phases de sa vie intime, cœur et esprit mobiles, imprégné du scepticisme et de l'incrédulité du dix-huitième siècle ; c'est le type de l'incohérence.

Ses variations politiques lui ont valu une place d'honneur dans le dictionnaire des girouettes.

Il soutint d'abord le Directoire, puis accepta d'entrer au Tribunat. Ses relations avec Mme de Staël combinées avec des intrigues politiques l'obligèrent à demeurer à l'étranger pendant le temps de l'Empire.

Rentré à Paris en 1814, il mena dans les *Débats* une violente campagne royaliste. Rien ne peut donner idée de la fureur avec laquelle il fonça sur l'Empereur, exilé inoffensif pour le moment. Il faut citer quelques phrases qui paraissent incroyables de la part d'un écrivain dont le talent n'était pas sans charme ni délicatesse.

On venait d'apprendre le débarquement de Napoléon à Cannes. Chacun à Paris pensait que c'était là une aventure de casse-cou, sans lendemain.

Benjamin Constant écrit :

« Nous subirons sous Bonaparte un gouvernement de mamelucks. »

« C'est Attila, c'est Gengis-Khan, plus terrible et plus odieux. Il prépare les ressources de la civilisation pour régulariser le massacre et pour administrer le pillage.

« Une année du règne de Louis XVIII n'a pas fait répandre autant de larmes qu'un seul jour du règne de Bonaparte.

« Je n'irai pas, misérable transfuge, me traîner d'un pouvoir à l'autre, couvrir l'infamie par le sophisme et balbutier des mots profanes pour racheter une vie honteuse. »

Cet article parut dans les *Débats* le 19 mars 1815.

Le lendemain, Napoléon entrait aux Tuileries.

Trois semaines plus tard, en avril, le « misérable transfuge » acceptait de l'Empereur une place de conseiller d'État.

A cette absence de principes, Benjamin Constant ne joignait pas le courage.

Quand il vit Napoléon à Paris, il se crut perdu. Il ne songea qu'à en finir avec la vie. Il se réfugia chez un ami et, déjà, il commença ses apprêts, certain qu'il ne ferait que devancer de quelques heures le châtiment.

Une dépêche le mande aux Tuileries, raconte Edgar Quinet. Il obéit, non sans crainte. Napoléon le reçoit d'un air riant. C'est à lui qu'il veut parler de liberté et de constitution ; c'est à lui qu'il veut s'ouvrir.

« Et sachant qu'il s'adresse à un écrivain, c'est la liberté de la presse qu'il invoque. Il est pleinement converti sur ce point. L'interdire serait un acte de folie. Qu'au reste, Benjamin Constant lui apporte ses idées, ses vues ; il est prêt à accepter ce qui est possible.

« Tout cela entremêlé de caresses et de sourires, comme en ont les maîtres du monde. Ces discours ne durèrent pas moins de deux heures. »

Benjamin Constant se laissa facilement enguirlander. Pendant les quelques jours où Napoléon parut assuré sur le trône, il garda l'attitude du parfait courtisan.

C'était, de part et d'autre, une comédie. Chacun savait qu'il reprendrait sa liberté et agirait selon sa vraie nature, dès que le spectacle aurait pris fin ; tout le monde, sauf peut-être Napoléon, savait qu'il serait de courte durée !

ESMÉNARD

C'était un poète de très petite envergure. Il avait publié un livre : *De la Navigation*, qui passa à l'époque pour une manière de chef-d'œuvre ! Les vers qui le composent sont d'une rare médiocrité. Il passa au *Mercure*, fut nommé censeur des théâtres et de la librairie, puis chef de la première division du ministère de la police générale.

Il était particulièrement le protégé de Savary. « Esménard m'a servi fidèlement », a écrit ce dernier dans ses *Mémoires*. Si l'on ajoute à ce certificat qu'il était payé par la police pour faire de l'esprit et des belles phrases sur les conversations des salons et rapporter les anecdotes littéraires du moment, et qu'en outre il adressait les rapports de cette nature à Napoléon, on conviendra qu'Esménard ne laisse guère d'autre souvenir que celui d'un délateur. Fouché l'appelait « le faiseur de Savary ». Cela n'empêcha point Esménard d'entrer à l'Institut.

ÉTIENNE

Celui-ci est de qualité bien supérieure.

Comme Esménard, cependant, il accepta un poste au ministère de la police. Il reçut de Savary les fonctions de censeur au *Journal de l'Empire* avec la mission de briser les velléités d'indépendance qui cherchaient à se faire jour dans la feuille des Bertin.

Il est vrai qu'il se fit beaucoup prier pour accepter ces fonctions, où le profit était plus grand que l'honneur. Savary l'avait connu et apprécié à l'armée, où il avait souvent suivi Maret en qualité de secrétaire particulier. Étienne avait même été plusieurs fois employé par l'Empereur à écrire sous sa dictée, au bivouac, lorsque son cabinet était encore éloigné.

Étienne avait plu à Napoléon. Et, sans doute, il put difficilement refuser une situation offerte avec l'agrément de Napoléon lui-même.

Avant de faire partie du ministère de la police, Étienne avait été nommé directeur au *Journal de l'Empire*, vers 1808. Il avait deux douzièmes sur les bénéfices du journal, le seul qui fût alors prospère. Pour bien marquer le caractère de sa fonction, le gouvernement lui fit verser ces deux douzièmes dans la caisse du ministère, et lui donna en échange des appointements fixes de fonctionnaire.

Il convient de dire, pour dégager sa mémoire de ce parfum de police, qu'Étienne s'honora un jour par un trait de caractère qui n'était point commun à cette époque de veulerie morale. Il eut le courage de refuser l'insertion d'un article dicté par l'Empereur lui-même. Voici en quelle occasion :

Napoléon, mécontent et peut-être jaloux des fréquentes visites que Metternich rendait à l'impératrice Marie-Louise, s'était soulagé par une violente diatribe contre le gouvernement de son beau-père, l'Empereur d'Autriche, et il en avait ordonné l'insertion dans le *Journal de l'Empire*.

Étienne refusa net, soutenant que cet article n'était pas digne de Sa Majesté.

Napoléon insista. Étienne tint bon, et le souverain reconnut à la fin qu'Étienne avait raison.

S'il savait ainsi maintenir, vis-à-vis du souverain, son autorité directoriale, c'est qu'il se considérait, par délégation, le maître absolu dans l'intérieur du journal, et il le faisait sentir en toute occasion à ses subordonnés. Parmi ceux-là, il y en avait un d'humeur peu traitable et redouté de tous. C'était le célèbre feuilletoniste Geoffroy. Étienne et lui ne s'entendaient guère, ni en politique, ni en littérature, ni en quoi que ce fût. On va voir de quel style Étienne lui signifiait ses décisions. La lettre est écrite à l'un des Bertin. Elle vaut la peine d'être citée ici, à titre d'intermède.

« 15 décembre 1808.

« Je vous prie, monsieur, de vouloir bien apprendre à M. Geoffroy que Sa Majesté m'a nommé rédacteur principal du *Journal de l'Empire*, et que ma fonction ne se bornait point à la censure de cette feuille.

« Ayez la complaisance de lui dire qu'il ne doit point se permettre de travestir dans son feuilleton, comme il l'a fait aujourd'hui, les articles que je crois devoir insérer dans le corps du journal, et que, s'il se permet encore une fois un pareil mépris pour l'autorité que le gouvernement m'a confiée, il me forcera à prendre des mesures qui répugnent à mon caractère. J'ai supprimé les passages en question...

« Je vous prie de lui renouveler aussi l'invitation que je lui ai faite plusieurs fois de ne point annoncer de comestibles, et surtout de n'en point recevoir. Il y a quelques jours encore qu'un marchand de moutarde s'est présenté au bureau du journal et a cru pouvoir exiger qu'on annonçât sa marchandise, parce que M. Geoffroy en avait accepté des échantillons. Tout cela est de la dernière indécence et je suis très décidé à ne pas souffrir de pareilles vilenies dans un établissement comme celui que je dirige.

« Rappelez aussi à M. Geoffroy, je vous prie, qu'il lui a été accordé 3 000 francs pour ses entrées ; qu'il a voulu par là assurer son entière indépendance, et que, s'il ne renvoie pas sur-le-champ les loges qu'on a acceptées des théâtres, cette somme ne lui sera plus payée.
« Étienne. »

Il faut noter que Geoffroy se montrait parfois irrévérencieux envers les talents dramatiques d'Étienne, lequel avait écrit de nombreuses pièces pour le théâtre. Geoffroy voyait en lui un auteur vendu à l'autorité ; cela suffisait pour qu'il l'accablât de ses sarcasmes.

C'est surtout par l'intermédiaire de Maret, son ancien patron, que les instructions journalistiques de Napoléon parvenaient à Étienne. Bien souvent, il se plaignit d'avoir été mal compris ou mal obéi, car c'était un maître difficile en toutes choses. Maret amortissait les coups et les reproches. Un jour, il écrit à Étienne, de Bayonne :

« Je crois que vous devez être tranquille sur l'opinion que Sa Majesté a de votre travail. »

Une autre fois, il lui donne des conseils de prudence. C'est encore de Bayonne qu'il écrit, aux temps difficiles des affaires d'Espagne, contre lesquelles se cabrait l'opinion :

« Tenez-vous toujours et pour quelque temps dans la plus grande réserve, dût le journal en souffrir un peu ! Il y a des moments où il faut carguer ses voiles. L'orage passé, vous pourrez marcher avec plus de sécurité. Soyez sûr qu'au fond on ne vous fait aucun reproche très grave. Le moment passé, c'est ce fond-là qui restera. »

Beaucoup plus tard, aux heures sombres de 1813, Maret adresse à Étienne une sévère réprimande pour avoir, contre son gré, inséré son nom dans le journal. Cette publication avait sans doute quelque inconvénient sur le moment. Les reproches de Maret sont tempérés d'une amicale indulgence. C'est une lettre qu'on lira avec intérêt ; elle est inédite.

« Mon cher Étienne, je vous fais gronder par le ministre afin de vous donner plus de force pour résister, si l'on veut encore mettre mon nom en avant. Je vous avais prié, il y a longtemps, de ne jamais mettre mon nom dans votre journal. J'avais bien mes raisons. Vous me l'avez promis ; je pense que vous avez eu aussi vos raisons pour manquer à votre promesse. Mais je vous assure à l'avance que, quelles qu'elles soient, je les trouverai mauvaises. Si vous adoptez cette maxime du grand Frédéric, qu'un mensonge est bon pendant vingt-quatre heures, à vous permis, et il m'est permis aussi de croire qu'il n'y a rien de plus nuisible quand les vingt-quatre heures sont passées et d'exiger qu'on ne se serve pas de mon nom pour faire ce bien ou ce mal-là. Il faudrait que ce bien fût d'une nécessité évidente pour qu'il me convînt d'y concourir au prix du ridicule. Vous m'avez fait de la peine et vous me faites du mal, mon cher Étienne, je vous le dis pour m'en venger.

« Maret. »

Avant de quitter Étienne, portons au crédit de sa mémoire un très beau geste qu'il eut à la fin de sa longue existence.

C'est une protestation émue et éloquente contre le bannissement des Napoléon :

« De tous les militaires et de tous les écrivains qui n'ont point parcouru, sans quelque succès, la double carrière des armes et des lettres, je crois être le seul envers lequel l'Empereur Napoléon se soit montré constamment injuste; non seulement, je n'ai jamais eu part à la moindre de ses faveurs, mais j'ai toujours été pour lui l'objet d'une espèce d'aversion dont je n'ai jamais pu m'expliquer la cause.

« Si de pareilles dispositions n'ont point affaibli mon admiration pour l'homme prodigieux qui éleva si haut la fortune de la France, du moins m'ont-elles laissé toute ma liberté d'esprit et de cœur nécessaire pour voir en lui, à travers l'éclat éblouissant qui l'environnait, le fondateur d'un pouvoir d'autant plus absolu, d'autant plus dangereux que l'ami de la liberté, même en y portant atteinte, aurait craint de trahir les intérêts de son pays.

« Le péril est passé. Napoléon ne vit plus, mais sa gloire est immortelle, elle est toute française, et c'est un héritage dont nous n'avons pas le droit de priver nos enfants. »

Noble protestation et bien rare, parmi les nombreux obligés de Napoléon !

GUIZOT ET PAULINE DE MEULAN

Ces deux noms doivent être unis dans ce livre, comme ils le furent dans la vie !

Vers 1810, la rédaction du *Mercure* comptait, parmi ses membres les plus modestes, un jeune homme de vingt-deux ans, sérieux, austère même, adonné aux travaux historiques. C'était Guizot. Il collaborait aussi au *Publiciste* de Suard. Dans ce milieu d'intellectualité supérieure et de moralité élevée, il prit goût à la politique, bien qu'il fût alors dangereux de paraître seulement s'y intéresser. Guizot était passionné pour la culture allemande. On pouvait alors justement l'admirer dans Kant, Klopstock, Herder, Schiller et Gœthe. Il était d'ailleurs à peu près le seul à les comprendre et à les apprécier ; alors, comme aujourd'hui, rares étaient les Français qui connussent la langue allemande. On ne laissait pas, dans les bureaux de rédaction, de le plaisanter sur son enthousiasme germanique. Et parfois, on reculait, épouvanté, devant les fastidieux et indigestes articles qu'il apportait sur les historiens allemands.

Ce jeune homme discret et sérieux était entré dans le monde des lettres par la protection de Chateaubriand, à l'occasion du livre des *Martyrs*. Ce livre parut en 1809. Il eut un succès pénible et contesté. Guizot, qui professait un culte pour l'auteur du *Génie du christianisme*, voulut défendre les *Martyrs*. Il eut la chance que Suard le lui permît dans les colonnes du *Publiciste*. Chateaubriand l'en remercia par une lettre pompeuse, comme tout ce qu'il écrivait. « Cela, disait-il à Guizot, me console de ces saltimbanques littéraires qui dansent dans le ruisseau pour amuser les laquais. »

Cette apostrophe désignait, évidemment, les journalistes à la solde de Napoléon et de Fouché.

Chateaubriand recommanda Guizot à Maret, duc de Bassano, qui le prit à l'essai aux Affaires étrangères. Mais Guizot n'y séjourna guère. Il bifurqua vers l'Université où il fut accueilli avec une extrême bienveillance par le grand maître, M. de Fontanes.

Ce lettré épicurien, tout-puissant auprès du plus puissant souverain d'Europe, dont il était le favori intellectuel, accueillait volontiers les gens de lettres. Il n'y avait, d'ailleurs, aucune communauté d'esprit entre Fontanes et Guizot.

Tout en rendant justice à ses travaux historiques qui commençaient à être connus, Fontanes plaisantait fort le jeune homme sur son engouement pour les intellectuels allemands. Il se déclarait hautement l'ennemi de ces professeurs, de ces pédants ; il soutenait qu'ils n'avaient rien découvert, rien ajouté aux trésors de la science ; il les niait tous en masse, philosophes, poètes, historiens et philologues.

Or, en ce temps-là, dans la rédaction du *Publiciste*, il y avait une jeune fille de bonne famille, éprise elle aussi de politique et de littérature. Elle se nommait Pauline de Meulan. On remarquait en elle un curieux mélange des élégances intellectuelles de l'ancien régime combinées avec la franchise et l'allure parfois rude de la Révolution.

Elle travaillait pour venir en aide à sa famille, ruinée comme tant d'autres par les bouleversements politiques. Elle écrivit au *Publiciste;* ses articles eurent sur-le-champ beaucoup de succès.

Un jour qu'elle était malade de chagrin et de fatigue, Guizot fit un article pour elle, sans se nommer. L'intimité vint bientôt entre ces deux êtres, telle qu'on peut l'imaginer dans cette pure atmosphère de sentiments et d'idées. Ils se marièrent en 1812.

Guizot n'a point brillé d'un vif éclat parmi les journalistes de l'Empire. Son jeune âge, et le genre sévère de son talent, l'expliquent assez. On redoutait sa prose, souvent ennuyeuse. Mlle Pauline de Meulan lui fait doucement remarquer, un jour, qu'il a déjà écrit cinq articles sur Wallenstein et qu'on a beaucoup de peine à en placer deux autres encore sur le même sujet. En 1810, il fut chargé du feuilleton sur le Salon. Pauline ne lui cacha pas qu'elle l'appréciait mieux comme auteur que comme critique d'art.

Guizot était dans les rangs de l'opposition, si l'on peut donner ce nom à une résistance, distinguée mais négative et silencieuse, la seule qui fût possible contre la toute-puissance de Napoléon.

Pendant les Cent-Jours, il fit partie de la petite cohorte de journalistes qui émigra à Gand. Il écrivit un ou deux articles dans le journal de Louis XVIII, et il avoue s'être fort ennuyé le reste du temps.

JAY

Encore un journaliste « attaché », comme disait Napoléon, c'est-à-dire attaché à la police.

Il faisait partie de cette institution sous Fouché, et plus tard sous Savary.

Il avait été l'élève du premier au collège des Oratoriens de Niort, et, plus tard, il fut chargé de l'éducation de ses trois fils.

Sous le ministère de Savary, il entra dans les bureaux de la police générale. Sa fonction principale consistait à traduire ou analyser les productions anglaises qui abondaient dans ce ministère. Il y ajoutait ses observations personnelles, et le tout était placé directement sous les yeux de l'Empereur qui suivait de près, comme on sait, les affaires anglaises.

Il prit, dans les dernières années de l'Empire, la direction du *Journal de Paris* avec mission, dit Savary, de lui donner une tournure libérale, autant que le comportaient les circonstances.

Cette mission n'était pas exempte de quelque ironie, émanant du duc de Rovigo !

MÉHÉE DE LA TOUCHE

Celui-là est un simple mouchard et le plus méprisable de tous. Il faut bien, à la honte de la presse, le compter parmi les journalistes autorisés et payés par Napoléon.

Il avait pourtant des antécédents bien fâcheux. Sous la Révolution, il avait, d'une manière peu connue mais certaine, participé aux massacres de Septembre. Cela n'était pas pour effrayer ni dégoûter Fouché qui l'employa dans ses journaux, et particulièrement dans la feuille dont il était le propriétaire : le *Journal des hommes libres*. Comme Méhée ne manquait pas d'audace, il se permit d'attaquer les ministres et de s'en prendre à la politique de Bonaparte lui-même. Celui-ci en exprima son mécontentement à Fouché, dans une séance du Conseil d'État, le 24 messidor an IX.

« Comment ! dit-il à Fouché, on me laisse faire un journal par un Méhée, un homme qui a fait le 2 Septembre ! J'ai le tout signé de sa main ! »

On essaya de s'en débarrasser en l'impliquant dans la conspiration d'Arena, machinée par la police. Il fut arrêté, puis relâché, mais il rentra bientôt en grâce à cause des services qu'il rendit dans les affaires Pichegru et Cadoudal.

Il fut admis dans la police personnelle de Napoléon. C'est sans doute à cette qualité que fait allusion l'ordre consulaire de l'arrestation du duc d'Enghien, le 10 mars 1804.

« Le citoyen Méhée, actuellement à Strasbourg, donnera des renseignements. »

Ne nous étonnons pas trop de la médiocrité morale de quelques journalistes employés par Napoléon. Il les plaçait dans un journal comme il les aurait placés dans n'importe quel service pour lui secondaire.

Il avait l'habitude d'accepter tous les services, sans regarder aux personnes, aux opinions, aux antécédents.

Au fond, il n'avait d'autre considération pour les hommes que celle que pourrait avoir un chef d'atelier pour ses ouvriers. Pourvu qu'ils fussent capables de remplir la besogne spéciale qui leur était confiée, il ne s'inquiétait jamais du reste.

MICHAUD

C'est l'illustre historien des croisades. Quoiqu'il fût au fond du cœur un royaliste convaincu, il finit, comme bien d'autres, par subir l'attraction de l'astre impérial.

Pour le retenir par la reconnaissance, Napoléon, qui estimait fort son caractère et son talent, le fit placer sur la liste des bénéfices, lors de la répartition des actions de la *Gazette de France*. L'Empire tomba avant que Michaud eût le temps de se compromettre à fond. La Restauration le retrouva ardent royaliste.

SUARD

Suard, c'est le *Publiciste*. Ces deux noms évoquent le souvenir d'un talent vigoureux et d'un vaillant journal.

Déjà, depuis le commencement de la Révolution, Suard était en possession d'une grande réputation dans la littérature et dans la politique. A l'avènement de Bonaparte, le *Publiciste* occupait une place importante. Il était fort répandu dans la société, et très goûté par les gens d'esprit. Le talent de ses rédacteurs, la qualité de sa clientèle, attirèrent bientôt l'attention de Bonaparte et de Fouché. Suard était difficile à séduire. Il manifestait, avec la prudence que commandaient les circonstances, une certaine défiance contre le nouveau gouvernement. On l'avertit avec ménagement du danger qu'il courait, et, comme il n'aimait pas les aventures, il prit peur. Il renonça à la direction de son journal et adressa directement à Bonaparte une lettre dans laquelle il décrit, avec une timide sincérité, son état d'âme actuel :

« Quelque important que soit pour moi le succès du *Publiciste*, je n'ai pas voulu me charger de la direction, afin de ne pas fortifier les préventions déjà existantes, par celles que pourraient y ajouter des inimitiés personnelles. »

C'est une allusion aux sentiments bien connus de Fouché à son égard. Et il ajoute sagement :

« Je respecte tout gouvernement par cela même qu'il est établi. Je l'aime dès qu'il m'offre tranquillité et sûreté. Je trouve ces deux biens dans votre gouvernement. »

Suard exprime là l'opinion que presque tous les Français de cette époque éprouvaient à l'égard du Premier Consul.

Suard demande, en terminant, à Bonaparte de se

faire seul juge des accusations formulées contre le *Publiciste*.

Il comptait sans la susceptibilité aiguë du Premier Consul qui ne trouvait jamais les journalistes assez dociles et qui s'irritait de la moindre critique. Suard lui donna à ce sujet, dans une nouvelle lettre, un conseil que Bonaparte n'était guère propre à écouter.

« C'est, lui dit-il, encourager la satire que de s'y montrer sensible, et c'est un moyen de force que de se confier à sa force. »

Sage recommandation à l'adresse des hommes politiques de tous les temps.

Quelle que fût la prudence des rédacteurs du *Publiciste*, ils éveillèrent maintes fois la défiance de Napoléon. Nous en trouvons de nombreux témoignages dans la *Correspondance*. C'est en vain que le gouvernement essaya de se les attacher. Ils gardèrent, jusqu'à la disparition du *Publiciste*, en 1811, une indépendance relative.

En une circonstance tragique, après l'exécution du duc d'Enghien, Suard s'honora grandement par une protestation qui mérite de figurer parmi les plus nobles pages de la presse française.

Quand le drame de Vincennes fut accompli, Bonaparte sentit autour de lui l'indignation publique.

Ses meilleurs amis gardaient un silence accusateur. Il essaya de ramener l'opinion. Un jour, il envoya quelqu'un à Suard, pour le prier à sa manière, c'est-à-dire impérieusement, de faire l'apologie du crime en l'expliquant. C'était Fouché qui était chargé de ce message.

Suard se redressa fièrement contre cette tentative de séduction. Il répondit par une belle protestation qu'il faut citer pour l'honneur du journalisme sous Napoléon.

« J'ai soixante-treize ans ; mon caractère ne s'est pas plus assoupli avec l'âge que mes membres ; je veux achever ma carrière comme je l'ai parcourue !

« Le premier objet sur lequel vous m'invitez à écrire est un coup d'État qui m'a profondément affligé, comme un acte de violence qui blesse toutes mes idées d'équité naturelle et de justice politique.

« Le second motif du mécontentement public porte sur l'intervention notoire du gouvernement dans une procédure judiciaire, soumise à une cour de justice. J'avoue encore que je ne connais aucun acte du pouvoir qui doive exciter plus naturellement l'inquiétude de chaque citoyen pour sa sûreté personnelle. Vous voyez que je ne puis redresser un sentiment général que je partage. »

Comment cette belle leçon fut-elle reçue ? On ne le sait pas au juste.

Elle ne fit sans doute qu'augmenter la haine de la presse chez Bonaparte.

Il convient d'associer à la mémoire de M. Suard celle de sa femme qui fut pour le *Publiciste* une collaboratrice active et persévérante. Elle rédigeait à elle seule le feuilleton du journal en signant tour à tour ses articles de toutes les lettres de l'alphabet.

Elle prétendait ainsi produire la même illusion qu'obtint ce soldat de l'antiquité qui, défendant seul une redoute pendant la nuit, se montrait partout à la fois en imitant les cris et les différentes voix de toute une compagnie.

TISSOT

Celui-ci est un véritable homme de lettres, talent et caractère également purs.

Il accepta, de Savary, la tâche honorable de lui signaler les ouvrages de littérature et d'art qui méritaient l'attention publique, et les encouragements du gouvernement impérial.

« Plus tard, dit Savary, l'Empereur me donna l'ordre de lui confier la rédaction de la *Gazette de France.* »

Il était de ceux que le génie de Napoléon avait séduits.

En effet, la chute de l'Empereur, en 1814, lui causa une douleur si profonde que ses cheveux blanchirent subitement.

Initié à beaucoup de secrets d'État, il prévit le retour d'Elbe et reprit la direction d'un journal pendant les Cent-Jours.

CHAPITRE V

JOURNALISTES-FONCTIONNAIRES

Napoléon était un grand découvreur d'hommes. Il avait un tact particulier pour discerner ceux qui pouvaient le servir.

Alors que la plupart des princes se laissent aller à des sympathies ou à des antipathies, il savait se dégager de tout sentiment personnel, et employer les gens suivant leur utilité ou leur capacité, sans éprouver pour eux ni haine ni amour. Que vaut cet homme? Que puis-je en tirer? C'était sa seule préoccupation.

« Il était, a dit Gœthe, comme un juif qui parcourt le monde tenant à la main une pierre de touche avec laquelle il frotte chacun des passants, et vérifie ensuite si c'est de l'or, de l'argent ou du cuivre. »

C'est dans cette disposition d'esprit, réaliste et utilitaire, qu'il envisageait les journalistes. Il les détestait en masse, sauf à se les attacher quand il le pouvait, et quand ils en valaient la peine.

Il était trop avisé pour ne pas savoir qu'il se rencontre dans cette profession, plus que dans beaucoup d'autres, des intelligences alertes, des esprits vifs, prompts et adroits.

Leur seul défaut, à son point de vue, est le goût de l'indépendance qu'ils ont par une sorte de vocation et par la pratique du métier.

Cela déplaisait fort à Napoléon, mais, placé comme il l'était à la tête de tout, pouvant distribuer à son gré argent, honneurs et fonctions, il était en mesure de racheter cette indépendance et de la payer un bon prix. Il discerna promptement ceux dont le caractère se prêtait à ce genre de corruption, soit par goût de l'action, soit par une admiration sincère pour celui que l'Europe entière reconnaissait comme le premier homme de l'époque. Chez plusieurs d'entre eux, l'asservissement prit même la forme noble du dévouement. On peut croire à leur sincérité, car il n'est pas vrai que l'unique ressort de l'humanité soit l'intérêt.

D'ailleurs, en approchant de Napoléon, il était difficile de se soustraire au charme de sa séduction toute-puissante.

La servilité était alors volontaire et honorable.

Quelques-uns, après avoir, sur son invitation, quitté le métier de journaliste, comptèrent parmi ses collaborateurs les plus intimes et les plus directs. Leurs noms rivalisent presque avec les plus hautes illustrations militaires. Tels : Maret, duc de Bassano, Rœderer, Fontanes, Regnault Saint-Jean-d'Angély.

Sans doute, ils empruntent une partie de leur éclat à l'astre principal autour duquel ils gravitaient, mais chacun d'entre eux possédait un mérite propre et une valeur individuelle.

Leurs physionomies appartiennent au cadre de Napoléon journaliste. Elles relèvent de notre sujet.

MARET

C'est le premier qui se présente dans cette galerie. Il fut, entre tous, le plus fidèle, le plus sincère dans le dévouement. Dès l'aube du Consulat, jusqu'au déclin de l'Empire, il vécut à côté de son maître dans l'intimité la plus complète. Il remplit avec abnégation le plus dur des services, aveuglément soumis au caprice du plus exigeant des maîtres.

Maret était un journaliste de race et de vocation ; il était entré dans le métier par goût autant que par nécessité de vivre.

Il fit son apprentissage auprès du célèbre Panckoucke, le premier des Panckoucke, celui qui fonda le *Moniteur* en 1789. Ce Panckoucke était un homme fort original, grand entrepreneur de journaux et de publications diverses, très libéral, très expert en affaires, écrivain lui-même et journaliste de talent. Il évita, avec une rare habileté, les écueils de toute nature que la Révolution plaça sur le chemin des journalistes, écueils qui s'appelaient la faillite ou la guillotine.

Un des premiers éléments du succès du *Moniteur* dès 1789 fut le soin avec lequel il rendait compte des débats parlementaires. L'attention de la France et de l'Europe était fixée sur l'Assemblée nationale. A cette époque, il n'y avait pas une tribune des journalistes, comme celle qui existe aujourd'hui, dans laquelle on peut, à son aise, prendre des notes ou même rédiger un article. On entrait à l'Assemblée comme on voulait, ou plutôt comme on pouvait, c'est-à-dire comme tout le monde. Les journalistes étaient réduits à rédiger de mémoire. On les appelait « des notateurs ».

Panckoucke, en bon directeur de journal toujours à l'affût des capacités, avait remarqué une modeste publication qu'un certain Maret avait fondée pour son compte et qui s'appelait le *Bulletin de l'Assemblée nationale*. Il fit venir Maret et lui persuada d'abandonner sa petite gazette pour l'annexer au *Moniteur*.

Cette transaction eut lieu le 2 février 1790. Et on peut dire que c'est elle qui décida la fortune du *Moniteur*.

Maret resta au *Moniteur* jusqu'à la clôture de l'Assemblée constituante.

Il avait établi son cabinet de travail dans un petit hôtel, fort modeste, hanté par des gens peu fortunés, l'*hôtel de l'Union*, rue Saint-Thomas-du-Louvre.

C'était en 1792, sous la Législative.

Parmi les locataires de l'hôtel, un des plus simples, et aussi l'un des plus mal vêtus, était un jeune officier d'artillerie, du grade de lieutenant ; il semblait par son accent être un étranger, et il l'était presque, la Corse, sa patrie, ayant obtenu depuis peu ses grandes lettres de naturalisation française.

C'était le lieutenant Bonaparte. Il était âgé de vingt-deux ans. Il avait publié une lettre au député Buttafuoco, laquelle avait fait quelque bruit dans les cercles politiques. Dans ses moments de loquacité, il se montrait ardent révolutionnaire, jacobin fanatique. Il était passionné pour la politique. A table d'hôte, il fit la connaissance de Maret, et c'est sans doute celui-ci qui le fit assister à une séance de l'Assemblée législative le 29 mai 1792.

La séance de ce jour ne manquait point d'intérêt. Des motions violentes furent faites contre les émigrés. Un régiment, le 46e, offrit de l'argent pour les frais de la guerre. Des soldats invalides furent admis à la barre. La tribune retentit de toutes sortes de déclamations belliqueuses. Avec quelle attention Bonaparte dut suivre le débat!

Les deux jeunes gens furent séparés par la vie. Ils s'en allèrent, chacun de son côté, Maret dans quelque vague situation diplomatique, Bonaparte vers Toulon, l'Italie et l'Égypte. Ils se retrouvèrent en 1799.

Maret était, de six ans, l'aîné.

Dès le lendemain du 18 Brumaire, le Premier Consul fit de Maret son secrétaire d'État et le chargea tout particulièrement, en sa qualité d'ancien journaliste, des rapports quotidiens avec le *Moniteur*.

Il fut pour ainsi dire, comme nous l'avons montré dans le chapitre du *Moniteur* sous le Consulat, le secrétaire de rédaction du journal officiel dont Bonaparte était le directeur absolu, exigeant et minutieux.

Maret était l'écrivain confidentiel de Bonaparte, celui qui savait le mieux coudre et rendre en phrases grammaticales ses sorties et ses improvisations politiques.

Un contemporain nous dit :

« L'Empereur appréciait la lucidité, l'ordonnance, la facilité de rédaction de M. Maret, ne souffrait pas que nul autre traduisît sa pensée, soit dans le *Moniteur*, soit dans ses correspondances politiques. Certain de sa prudence éclairée, de son esprit raisonnable, de sa parfaite discrétion, il le consultait sur tout et le chargeait aussitôt de l'exécution des projets qu'il venait d'arrêter.

« Quand on pense à tout ce qui se passait dans une journée de Napoléon, on s'étonne qu'il eût trouvé, dans la même personne, l'esprit de toujours bien comprendre sa pensée, le temps et le talent de la transcrire. »

A Sainte-Hélène, Napoléon rendit à Maret un suprême hommage qui vaut un brevet d'immortalité :

« Maret était un homme très habile, d'un caractère doux, de fort bonnes manières, d'une probité et d'une délicatesse à toute épreuve.

« C'était le grand notaire de l'Empire. Par lui, je faisais parvenir mes décisions et mes volontés dans toutes les directions et partout ! »

RŒDERER

Celui-là est une autre espèce d'homme. Tout aussi dévoué que Maret, il se laisse moins absorber. Maret se gardait d'exprimer une opinion. Rœderer au contraire prenait figure de conseiller, et il se faisait écouter.

A l'avènement de Bonaparte, c'était déjà un personnage. Il était essentiellement journaliste, par nature et par goût. Il avait débuté dans le *Journal de Paris*, y rendant compte des séances de la Convention. Sa spécialité était l'économie politique : « Les contributions ou la mort, c'est ma devise », disait-il familièrement. On peut le considérer comme le type du journaliste conservateur, défenseur résolu de l'autorité. Il était donc, par prédestination, l'homme de Bonaparte.

Devenu propriétaire du *Journal de Paris*, il publia dans cette feuille, le 25 juillet 1796, un article qui fit sensation, sur les rapports du gouvernement avec les généraux.

Cet article prophétisait la mainmise du militaire sur le civil.

A ce titre, il attira l'attention de Bonaparte, qui se trouvait alors en Italie. Au retour de l'expédition, Bonaparte s'arrangea pour faire la connaissance de Rœderer. L'entrevue eut lieu, à dîner, chez Talleyrand, le 13 mars 1798. Le général lui dit :

« Je suis charmé de faire votre connaissance. J'ai pris la plus grande idée de votre talent, en lisant un article que vous avez fait contre moi, il y a deux ans. »

— Contre vous, général? Je ne me rappelle pas !

— « Si fait, c'est au sujet des contributions levées en pays ennemi. Vous aviez grande raison, en principe; mais vous étiez en erreur de fait, car je faisais ce que vous demandiez que je fisse. »

Au 18 Brumaire, Rœderer fut un adroit courtier entre Bonaparte et les partis politiques. Comme il excellait dans l'art de préparer l'opinion publique, ce fut lui qui fut chargé de la rédaction des proclamations.

Il fit, en faveur du coup d'État, une campagne habile autant qu'ardente dans le *Journal de Paris* dont Maret était propriétaire avec lui. Leurs deux noms figuraient en manchette. Maret avait acheté sa part cinquante-trois mille francs.

Voyant que le domaine de la politique était jalousement gardé par le gouvernement, ils s'avisèrent de donner à leur journal un caractère littéraire et même un peu fantaisiste.

Rœderer et Maret! On devrait penser qu'ils constituaient à eux deux une garantie sérieuse pour le Premier Consul? Il n'en était rien, cependant, au regard de cet ombrageux caractère.

Il s'en ouvrit à eux, dans un moment de bonne humeur. Il demanda à Rœderer pourquoi le *Journal de Paris* était si mauvais, avec deux noms comme le sien et celui de Maret.

Maret répondit : « Nous sommes propriétaires du journal, point rédacteurs! »

Rœderer répliqua de son côté : « On vous dit qu'il est mauvais; il ne faut pas croire cela! »

— Ah! reprit Bonaparte, vous pensez que je suis comme les princes et que je ne sais que ce qu'on me dit. Je lis ce journal moi-même. Tenez, une belle chose à mettre dans le *Journal de Paris* ce serait une lettre que m'a écrite Louis XVIII, et ma réponse. La lettre est fort belle, vraiment fort belle. Mais j'ai ma réponse en conséquence, elle est fort bien aussi !

— Général, cela me fait frissonner !

— Vous avez tort. Livrer la France à Louis XVIII serait l'action d'un traître.

Après les avoir alléchés par la promesse d'une si précieuse primeur, il la garda pour lui. Les deux lettres furent, comme de raison, réservées au *Moniteur*.

Malgré l'intérêt qu'il prenait à la lecture du *Journal de Paris*, Bonaparte ne tarda pas à mettre son secrétaire d'État, Maret, dans l'obligation de s'en séparer.

Maret le fit connaître à Rœderer par cette lettre du 18 décembre 1800.

« Le Premier Consul vient, mon cher Rœderer, de m'adresser des plaintes très amères sur quelques articles inconsidérément insérés dans le *Journal de Paris*. L'article relatif à la prétendue mission des grands vicaires de l'archevêque de Paris a déterminé l'explosion. Le Premier Consul a exigé que je fisse retirer mon nom de l'annonce du *Journal de Paris*. J'en ai pris l'engagement avec lui, et je vous prie, mon cher Rœderer, de donner les ordres nécessaires pour que cet engagement soit rempli.

« Le Premier Consul désire aussi, mon cher Rœderer, que, par un nouvel article, vous fassiez sentir que le précédent n'a été inséré sans réflexions que parce qu'on avait lieu de croire que l'énoncé du fait suffirait pour en démontrer l'absurdité.

« Je vous embrasse, mon cher Rœderer.

« Hugues-B. Maret. »

Cette rigueur n'altéra en rien la bienveillante confiance que Bonaparte accordait à Rœderer. Il le conserva comme son confident le plus intime et le plus fréquent de sa pensée. Il en fit pour ainsi dire son porte-parole devant l'opinion publique.

« — Eh bien, citoyen Rœderer, lui disait-il au Conseil d'État, nous vous avons donné le département de l'esprit ! »

Il lui gardait cependant quelque rancune de ce qu'il avait conservé un culte pour la liberté de la presse. Rœderer soutenait en effet que, si elle donne lieu à des abus, les lois sont bien suffisantes pour les réprimer.

Bonaparte se vengeait en lui décochant l'épithète de *métaphysicien*. C'était, dans sa bouche, le comble du dédain.

REGNAULT SAINT-JEAN-D'ANGÉLY

Celui-là fut aussi le confident et le défenseur de tous les projets de Bonaparte, et, plus tard, de Napoléon.

Nous avons raconté, en son temps, qu'il entra

dans l'intimité du général pendant l'expédition d'Italie. Il rédigea, sous son inspiration, le *Courrier de l'armée d'Italie.*

C'était un brillant causeur, un rédacteur d'une rare souplesse, parfois guindé ; dans les circonstances graves, il prenait volontiers un ton solennel. Travailleur infatigable, toujours prêt à écrire, il lui suffisait de quelques heures pour rendre fidèlement les pensées de son maître.

FONTANES

C'est un des grands noms de l'époque impériale. Fontanes fut un journaliste de la première heure, au moment même où naquit le journalisme français, en 89.

Il s'affirma dès lors comme un modéré, ce que nous appelons aujourd'hui un centre droit. Son journal s'appelait le *Modérateur*. Il disparut promptement dans la tourmente.

Après le 9 Thermidor, il s'associa avec la Harpe et l'abbé de Vauxcelles, pour la fondation du *Mémorial*, historique, politique et littéraire. Il prit une part active dans le mouvement réactionnaire de cette époque, tout en gardant l'équilibre de l'esprit et la modération du caractère.

Il est probable que ce fut à l'occasion de ce *Mémorial* qu'il se fit connaître et apprécier par Bonaparte. Il publia, en effet, dans ce journal, le 15 août 1797, une lettre à l'adresse du jeune général, dans laquelle il prophétisait la destinée du conquérant d'Italie et se déclarait son admirateur enthousiaste, sans se laisser tromper par les apparences du moment.

Il faut se souvenir qu'à ce moment le général lançait d'Italie les proclamations les plus comminatoires contre les ennemis de la République, et qu'il était soupçonné de préparer un nouveau Vendémiaire contre les royalistes et les Clichyens, dont Fontanes était assez rapproché.

La lettre portait cette adresse :

« *A Bonaparte.*

« Brave Général !

« J'ai déjà annoncé que je ne vous craignais pas, quoique vous commandiez quatre-vingt mille hommes et qu'on veuille nous faire peur en votre nom. Vous aimez la gloire et cette passion ne s'accommode pas de petites intrigues et du rôle de conspirateur subalterne auquel on voudrait vous réduire. Je crois bien que votre conduite n'est pas conforme aux règles d'une morale très sévère, mais l'héroïsme a ses licences et Voltaire ne manquerait pas de vous dire que vous faites votre métier d'illustre brigand, comme Alexandre et Charlemagne. Cela peut suffire à un guerrier de vingt-neuf ans...

« Savez-vous que dans mon coin, je m'avise de vous prédire de grands desseins. Ils doivent, si je ne me trompe, changer les destinées de l'Europe et de l'Asie...

« En habile homme, vous avez soin de ne pas vous brouiller avec les opinions religieuses.

« Vous préparez de mémorables événements à l'histoire.

« Vous aimez les lettres et les arts. C'est un nouveau compliment à vous faire.

« J'aime fort les héros, s'ils aiment les poètes. »

Ces délicates et clairvoyantes flatteries, tournées avec une verve piquante, passèrent certainement sous les yeux de Bonaparte. Elles font prévoir les faveurs et les honneurs dont Fontanes fut comblé dans la suite.

Fontanes continua ce rôle de courtisan éclairé ; parfois il l'exagéra. Il fut le plus zélé des serviteurs du régime. Ce journaliste, devenu haut fonctionnaire de l'État, fut le grand et solennel distributeur des adulations les plus hyperboliques.

Il poussa si loin l'esprit de servilité que Fouché lui-même en fut offusqué. Quoique duc d'Otrante et ministre à tout faire, Fouché était censé représenter l'esprit et la tradition de la Révolution.

Or, Fontanes avait fait dans les *Débats* un éloge outré d'un livre de Molé qui était l'apologie du despotisme.

Fouché s'en plaignit à l'Empereur. Fontanes fut blâmé publiquement. Comme il s'excusait sur le désir qu'il avait eu d'encourager un beau talent dans un beau nom, l'Empereur lui dit :

« Pour Dieu, monsieur de Fontanes, laissez-nous au moins la République des lettres ! »

Il est juste cependant de tenir compte à Fontanes de l'attitude qu'il eut après l'exécution du duc d'Enghien.

Dans un discours public, il avait loué les nouvelles lois du gouvernement. Le *Moniteur*, qui ne se gênait avec personne, substitua le mot *mesures* au mot *lois*.

Dans la circonstance, le mot *mesure* pouvait s'appliquer au drame récent de Vincennes.

Fontanes se fâcha, demanda impérieusement un erratum, insista après un premier refus, et finalement obtint satisfaction complète.

C'est probablement la seule excuse que publia jamais le *Moniteur* de Napoléon !

RÉAL

Oserons-nous rattacher aux journalistes-fonctionnaires cet ancien jacobin, proscripteur des girondins, procureur de la Commune, ami de Méhée, devenu comte du nouvel Empire, conseiller d'État, policier émérite, valet à tout faire, vautré dans la plus plate courtisanerie ?

Bonaparte était allé le chercher dans le journalisme où il s'était signalé, à défaut de talent, par la souplesse et la complaisance.

Réal avait fait son stage de journaliste, après Thermidor, dans le *Journal des Patriotes*, pour le compte de Barras et de Tallien.

Après Vendémiaire, il fit, dans ce même journal, une vigoureuse campagne en faveur du général. Il prit, à la suite de Brumaire, du service dans l'administration et dit adieu au journalisme.

Ce commis, prêt à toute besogne, obéissait ponctuellement aux ordres de son maître, sans jamais interroger sa conscience, en supposant qu'il en eût une. Il a sa part de responsabilité dans l'exécution du duc d'Enghien.

CHAPITRE VI

LA POLICE DE LA PRESSE
FOUCHÉ-SAVARY

« Napoléon trouvait du profit dans ces lettres subordonnées qu'il avait mises à la caserne, qui lui présentaient les armes, qui sortaient lorsqu'on criait : hors la garde ! qui marchaient en rang et qui manœuvraient comme des soldats. Toute indépendance semblait rébellion à son pouvoir ; il ne voulait pas plus d'émeutes de mots et d'idées qu'il ne souffrait d'insurrections. »

Ces éloquentes paroles de Chateaubriand s'appliquent tout aussi bien à la presse qu'à la littérature de l'époque impériale. Elles définissent admirablement la situation faite aux journaux, placés sous la surveillance directe de la police, au même titre, et plus sévèrement encore, que les jeux et les prostituées de la rue.

Aux uns et aux autres, la tolérance était accordée avec mille précautions, au travers de tracasseries sans nombre. Mais les rigueurs les plus arbitraires étaient réservées à la presse.

Napoléon la surveillait lui-même, de haut, avec la plus minutieuse attention et il ne s'en remettait à personne de ce soin. Cependant, comme il se gardait de tout contact personnel avec les gazetiers, objets de son mépris et de sa défiance, il délégua successivement à deux personnages les fonctions de gardes-chiourme.

Ces despotes subalternes furent : d'abord Fouché, jusqu'en 1810 ; plus tard, Savary : tous deux ministres de la police.

FOUCHÉ

Dès le début du Consulat, Fouché se trouvait tout désigné à Bonaparte. Mêmes idées sur la presse, même aversion, même haine, même mépris ; chez Fouché, moins de hauteur, mais plus de cynisme

Ce roué de la Révolution était devenu, sans transition, le roué du gouvernement. Prenant toujours le parti du fort contre le faible, ne voyant la justice que dans le succès, il convenait et s'adaptait admirablement à Napoléon.

Fouché lui avait frayé le chemin et pris les devants. Étant ministre de la police, au temps de la campagne d'Égypte, il avait déjà la réputation d'une forte poigne ; il avait, d'un coup, supprimé onze journaux, saisi leurs presses, arrêté les rédacteurs, sans distinction de royalistes ou de jacobins.

C'était donc un collaborateur tout indiqué pour le Premier Consul.

Il ne se contentait pas de détester la presse. Il cherchait à l'avilir. Il appelait cela « le régime des antidotes ». Entendez qu'il se servait d'un journal contre un autre. Les payant tous les deux, il les lançait l'un contre l'autre, pour les discréditer mutuellement. C'est ce qui arriva avec la *Gazette de France* et le *Journal des hommes libres*.

Ce dernier était la propriété personnelle de Fouché qui l'avait payé de ses propres deniers, car Fouché avait tenu à avoir lui aussi, comme Bonaparte, son journal particulier, son *Moniteur*. A la tête du *Journal des hommes libres* il avait placé un mouchard de la plus vile espèce, Méhée de la Touche. A la tête de la *Gazette*, il y avait Thurot, dont la moralité ne valait guère mieux. Méhée faisait le jacobin et Thurot le royaliste.

Ils s'aguichaient et s'invectivaient des deux bouts de l'opinion. Et ce spectacle amusait la galerie aux dépens des journalistes.

Il arriva un jour que Bonaparte, aigri contre les jacobins dont le langage déparait la bonne tenue du Paris consulaire, voulut supprimer le *Journal des hommes libres*. Grande colère de Fouché, de Fouché le seul homme qui osât parler librement à Napoléon, le contredire et subir ses incartades avec un sang-froid imperturbable. Il alla aux Tuileries, s'écria qu'il répondait des jacobins, que la mesure était impolitique et qu'elle amènerait de funestes résultats. L'entrevue fut violente. Bonaparte et Fouché crièrent très haut, jurèrent aussi très fort : « on entendait, du dehors du cabinet, des foutre et des bougre, » a dit un témoin ; bref, Fouché eut le dessus. L'interdit fut levé et le *Journal des hommes libres* reparut au bout de trois jours.

Fouché avait sur les autres ministres une supériorité par laquelle il s'imposait à l'esprit de Napoléon.

Il était son principal informateur. Le maître était obligé de voir par les yeux du ministre. Chaque jour, en effet, Fouché écrivait au chef de l'État ce qu'il avait appris par la nuée d'espions qu'il entretenait dans toutes les classes de la société. Ces bulletins quotidiens sont le véritable journal de l'époque ; libre, celui-là, disant tout, ne reculant devant aucune indiscrétion, aucune délation, mais réservé à l'usage personnel et exclusif de Napoléon. Peu ou point de commentaires : uniquement des faits. Napoléon répétait constamment à ses ministres ou collaborateurs de tout rang : « Pas de phrases, des faits. »

De ces bulletins quotidiens, il existe, déposée aux Archives nationales, une collection de trois mille sept cents cahiers ! Ils ont une valeur incomparable, car c'est là-dessus que se formait tous les matins l'opinion de Napoléon ; et, chez cette nature impulsive, le chemin était court de l'opinion à l'action.

C'est à la plupart de ces bulletins que correspondent telles et telles lettres concernant les journaux dont nous avons parlé dans un précédent chapitre. Par ce système de délation quotidienne, Fouché attisait la haine et la défiance de son maître.

Frédéric Masson a bien raison quand il écrit :

« Fouché a les journaux. Il fait l'opinion et il s'en rend compte. »

Il y a aussi de bonnes raisons pour que Fouché ait les journaux. C'est qu'il les paye, sur son budget secret, alimenté par les jeux et les fournisseurs.

Ce fut même une des raisons de sa disgrâce définitive survenue en 1810.

Une exception fut faite pour les *Débats*. Napoléon comprit que c'était donner trop de force à Fouché que de lui céder complètement la direction de l'esprit public. Il mit hors de sa tutelle et loin de ses griffes le journal des Bertin auquel il donna, pour plus de sûreté, à titre de censeur et de directeur, un des ennemis personnels de Fouché, Fiévée.

Fouché personnifiait dans le nouveau régime l'esprit et les intérêts de la Révolution que battait en brèche Fiévée.

Bien que le cabinet de l'Empereur cherchât à ravir les journaux au ministre de la police, celui-ci contribua pour la plus grande part au système de compression qui permit à Napoléon de dire, en pleine séance du Conseil d'État, le 11 avril 1809 :

« La presse est dans l'esclavage le plus absolu. »

Au contraire de Napoléon qui finit par admettre la liberté de la presse, — il est vrai qu'il était alors à Sainte-Hélène, — Fouché mourut dans l'impénitence finale. Quelques mois avant sa mort, le 3 août 1819, il écrivait au roi Jérôme cet aveu plaisant :

« J'avoue que je suis un grand coupable d'avoir entravé la liberté de la presse. Si vous avez sous la main un bon confesseur qui se sente le courage de m'absoudre de tous les péchés que j'ai commis à ce sujet pendant dix ans de ministère, faites-moi le plaisir de me l'envoyer. »

SAVARY

Celui-là est aussi un premier rôle ; comme Fouché, il mérite la vedette, mais nous n'entendons parler ici que du policier, car il convient de mettre à part, et fort au-dessus de Savary, l'homme d'État qu'était Fouché.

C'est en 1810, au mois d'août, que, à la suite d'une disgrâce retentissante, Fouché dut céder à Savary le ministère de la police générale.

Savary, militaire de profession, va donc avoir la presse. Il est juste de reconnaître tout de suite qu'il eut la main beaucoup moins lourde que Fouché. C'était une sorte de gendarme avec lequel il ne fallait certes point badiner ; mais, par moments, il avait de la jovialité, de la bonne humeur, et une certaine facilité de caractère. Les journalistes en furent surpris et enchantés, tant cette manière d'être contrastait avec la brutalité et le mépris hautain de son rude prédécesseur.

Tout d'abord, au lieu de les tenir à distance, comme Fouché, il les admit dans une sorte d'intimité.

Il organisa pour eux, à la Préfecture même, ce qu'on appelait alors les déjeuners à la fourchette de Savary, déjeuners très courus, car la chère était bonne et la liberté grande. C'était probablement le seul endroit de Paris où l'on parlât librement de l'Empereur, et le cas était d'autant plus piquant que cela se passait devant l'un des ministres les plus dévoués et les plus fanatiques du régime. Savary a pu dire que jamais, peut-être, l'Empereur n'a entendu des vérités aussi fortes que celles qu'on exprimait à ces déjeuners ; et il ajoute qu'aucun des convives n'eut jamais à en craindre les conséquences.

Bien entendu, Fouché ne se priva pas de plaisanter ces déjeuners où « se réunissaient habituellement, dit-il, les publicistes à gages et les journalistes qui aspiraient à recevoir des directions et des gratifications. C'est là, ajoute Fouché, que Savary, excité par des traits d'esprit de commande et par les fumées d'un large déjeuner, leur intimait des ordres sur la tendance que chacun devait donner à la littérature de la semaine.

« La direction de cette partie morale du ministère de la police était confiée au poète Esménard, écrivain d'un vrai talent, mais si décrié, que j'avais cru devoir le tenir bride en main tout le temps que je l'avais mis en œuvre. Abusant bientôt de sa supériorité et de sa position, il mena le nouveau ministre en flattant ses passions et ses écarts. J'avais respecté le savoir et les lettres ; mon successeur, feignant de s'ériger en protecteur des académies, les traita militairement, leur imposa ses propres candidats, et n'eut rien de plus pressé que d'avilir avec scandale les organes du savoir et de l'opinion.

« J'avais respecté la propriété des journaux : Savary l'envahit avec audace et en partagea les actions à ses familiers et à ses suppôts.

« C'est ainsi que, par la dégradation des journaux, il se priva d'un des principaux leviers de l'opinion. »

La pudeur de Fouché est quelque peu exagérée, mais il est bien certain que dans les dernières années de l'Empire, les journaux étaient tombés si bas dans l'opinion qu'on ne les lisait plus guère et qu'on ne croyait plus un mot de ce qu'ils disaient. Était-ce bien la faute de Savary ? N'était-ce pas plutôt la conséquence du système inauguré par Napoléon et soigneusement entretenu par Fouché lui-même ?

Comme entrée de jeu, Savary ordonna par décret du 10 octobre 1810 la fusion du *Publiciste* et de la *Gazette de France*. Cette mesure, dit-il avec une sorte de goguenardise, est avantageuse aux journaux, parce qu'elle les oblige à faire des économies !

En effet, les douzièmes, qui avant la fusion rapportaient à peine neuf mille francs, rapportèrent dans la suite treize à quatorze mille francs.

Bonne opération pour le gouvernement, qui prélevait une forte rançon !

Mais les abonnés de chaque journal ? Et les rédacteurs réduits de moitié ? Savary n'en avait cure !

Les idées que Savary apporta dans la direction de la presse étaient extrêmement simples.

Napoléon lui reprochait de mal surveiller les journaux. Savary répond que la raison n'est point difficile à trouver : c'est qu'il y en a trop.

Et tout de suite il propose d'en réduire le nombre. Six pour Paris, ce sera bien suffisant !

D'autre part, les journaux autorisés à Paris passent pour être l'organe du gouvernement. Il faut donc, dit Savary, les assujettir à un examen sévère avant de les livrer à l'impression. Et chaque journal fut soumis à une autorisation préalable, dont le libellé indique avec une clarté parfaite les étroites limites dans lesquelles le rédacteur pourra se mouvoir.

« Sous la stricte condition, dit ce libellé, que le journal sera purement administratif, et en fait de nouvelles politiques, ne pourra que copier le *Moniteur*. »

Et avec une candeur de fonctionnaire modèle, il développe ses vues sur une presse gouvernementale de tout repos :

« Quant aux hommes de lettres, dont l'existence est attachée à la rédaction des journaux, il serait plus utile et plus honorable pour eux d'être choisis et payés par le gouvernement, que de l'être, comme ils le sont, par des propriétaires équivoques dont ils sont obligés de flatter les passions et de servir l'esprit de parti. Cet arrangement, sans diminuer leurs ressources et sans provoquer aucune dépense nouvelle, garantirait au souverain la fidélité de tous ceux qui écrivent dans les feuilles périodiques, et l'influence nécessaire que le talent exerce sur l'opinion ne serait jamais abandonnée aux calculs secrets de la malveillance ou de la cupidité. »

Cette manière de voir conduisait directement à la confiscation. Rien ne pouvait mieux convenir à l'Empereur.

Savary nous raconte lui-même et avec une curieuse inconscience comment, de la simple surveillance des rédacteurs, on aboutit logiquement à la suppression même de leur propriété.

« A l'époque de l'avènement de l'Empereur au pouvoir, dit-il, ces feuilles étaient des propriétés particulières, et, à différentes époques de la Révolution, les différents partis se les étaient rendues plus ou moins favorables.

« L'Empereur leur reconnaissait trop d'importance pour les négliger, et il avait trop de tact pour ne pas avoir remarqué que, dans le cas où la fortune l'abandonnerait, ils pourraient devenir un moyen puissant entre les mains de ses ennemis. Il avait trop de fierté pour transiger avec eux et ne voulut pas même donner de suite aux propositions qui lui en furent faites par mon administration.

« C'était sa première lecture de chaque jour, et, chaque fois qu'il croyait y remarquer quelque chose d'obscur, il l'interprétait contre son gouvernement et je recevais des semonces à cette occasion.

« Comme je n'y pouvais rien, cela se répétait souvent.

« Enfin, un jour, un article de Geoffroy qui était plaisant, mais rédigé dans un mauvais esprit, fit éclater la bombe.

« L'Empereur résolut de prendre une mesure générale ; ne voulant pas avoir l'air de sévir contre une feuille particulièrement, il s'empara des feuilles publiques, leur donna une autre organisation, et en gratifia des personnes dont il était content. Cela était bien un peu arbitraire. Quand on lui en fit l'observation, il répondit :

« Ce serait une chose fort commode que d'avoir
« des journaux occupés seulement à signaler les exac-
« tions, les concussions et à censurer les désordres.
« Avec une publicité telle, on pourrait se dispenser
« d'avoir une police. Mais, au lieu de cela, il n'y a pas
« de camouflets qu'ils ne donnent à l'administration,
« et, toujours sans le vouloir sans doute, au profit des
« étrangers qui nous épient. »

« Napoléon ajouta :

« Que devais-je faire? En les laissant aller, je n'au-
« rais bientôt plus assez de la Grande Armée pour
« m'opposer au mal qu'ils ne cessent d'occasionner.
« D'ailleurs on verra à indemniser les propriétaires. »

En attendant la confiscation de la propriété des journaux, Savary s'entendait fort bien à en tirer, à défaut de considération, de très jolis revenus pour l'État. C'est un résultat qui ne pouvait manquer de plaire à Napoléon, car ce souverain aimait bien entendre, suivant son expression favorite, le bruit des écus tombant dans les caisses de l'État.

Ainsi, d'une note de police du 4 septembre 1811, il résulte que le gouvernement prélève sur les quatre journaux politiques paraissant à Paris : le *Journal de l'Empire*, les *Petites Affiches*, le *Journal de Paris*, la *Gazette de France*, c'est-à-dire sur les plus importants de l'époque, un impôt équivalent à deux cent quarante-six mille francs. Ce produit était consacré à des pensions en faveur des gens de lettres et de leurs familles.

Il faut ajouter à ce premier impôt de....	246 000 fr.
Le timbre qui rapporte	572 011 »
Les frais de poste	203 034 »
Au total, les journaux de Paris payent, en cette année 1811	1 021 045 fr.

La carrière de Savary dans la police de la presse fut marquée par un incident qui fit grand bruit à l'époque, et auquel l'Empereur sembla attacher beaucoup d'importance.

C'est l'incident Czernischeff. Ce Czernischeff était un aide de camp de l'empereur Alexandre. Sous le couvert de ses fonctions diplomatiques, il faisait tout simplement de l'espionnage à Paris.

Savary avait pénétré ce personnage et l'avait dénoncé. Mais Napoléon ne le crut pas ; il parut, au contraire, prendre sous sa protection spéciale le jeune Russe.

« Le hasard voulut, dit Savary, que le jour même d'un des retours de ce jeune officier à Paris, parut dans les journaux un article un peu cinglant qui portait durement sur lui au sujet des missions si fréquentes qu'on lui voyait remplir. »

L'article n'avait été inséré qu'après avoir passé par la censure diplomatique.

Il était d'Esménard, censeur du *Journal de l'Empire* dans lequel avait paru l'article en question, le 12 avril 1811.

On se plaignit à l'Empereur de l'inconvenance de la publication et du mauvais effet qu'elle avait produit dans la société parisienne. Napoléon parut le croire, se fâcha, envoya une lettre *ab irato* à Savary, le 14 avril, lui enjoignant de renvoyer de ses bureaux le sieur Esménard, censeur, de l'éloigner à quarante lieues de Paris, et de suspendre Étienne de ses fonctions pendant quinze jours.

Après avoir sévi contre les journalistes, Napoléon s'en prit au ministre de la police. Savary raconte la scène :

« Comment, me dit-il, vous tolérez, vous faites faire des publications de cette espèce, vous qui, lorsque vous étiez chez les Russes, m'avez dix fois écrit pour vous plaindre des écrits qui n'avaient pas, à beaucoup près, l'amertume de celui que vous avez lancé. Vous savez combien ils sont faciles à blesser ; vous devez donc les ménager ; vous le devez surtout, vous qui me parlez de paix toute la journée. Ou bien auriez-vous changé ? Voudriez-vous me faire faire la guerre ? Mais vous savez que je ne la veux pas, que je n'ai rien de prêt pour la faire. Aidez-moi donc à l'éviter ; toute autre manière de faire ne me servirait pas. »

Cette grande indignation n'était, on le sait maintenant, qu'une comédie.

Napoléon avait fourni lui-même le sujet de l'article satirique. Il disgracia pour la forme Esménard, l'exila à Naples, couvert d'or et comblé de faveurs secrètes.

Le tour était joué. Czernischeff n'osa plus espionner et la cour de Russie n'eut aucun prétexte pour se fâcher.

Napoléon journaliste ne manquait pas d'astuce, et il connaissait toutes les ficelles du métier. Il joua fort bien la comédie du directeur désavouant publiquement l'article qu'il a lui-même inspiré en secret.

CHAPITRE VII

NAPOLÉON ET LES « DÉBATS »

Dans la carrière de Napoléon journaliste, le chapitre de ses démêlés avec les *Débats* est peu honorable pour sa mémoire.

Toutes les injustices s'y rencontrent : tracasseries, persécutions, arrestations, et, enfin, la suprême iniquité de la confiscation.

Rien n'excuse ce traitement infligé à la glorieuse maison des *Débats* qui abritait les intelligences les plus élevées et les caractères les plus nobles de l'époque.

Dans ce journal, tout déplaît à Napoléon.

Le titre, d'abord ! Les *Débats?* Qu'est-ce que cela veut dire, si ce n'est la libre discussion des affaires publiques, comme au temps de la Révolution ? Il faut effacer ce souvenir. Aussi va-t-il bientôt débaptiser le journal et lui donner un titre qui sera l'enseigne de sa dépendance administrative : le *Journal de l'Empire.*

Les propriétaires ne lui déplaisent pas moins. Ces Bertin, ce sont pourtant d'honnêtes gens, la fleur de la bourgeoisie française. Nul ne l'ignore, mais, pour Napoléon, ce sont des royalistes ; ils conspirent en faveur des Bourbons, ses concurrents au trône. Aussi, pour eux, l'exil, la ruine, l'expulsion, la spoliation. Sans vergogne, Napoléon mettra la main sur cette propriété qu'ils ont créée avec tant d'intelligence et de travail, et il ne leur donnera pas la moindre indemnité.

Il n'est pas jusqu'au succès même des *Débats* qui n'excite sa rancune et sa jalousie. Il ne s'écrivait rien dans ce journal qui n'eût le privilège d'occuper le public. Un article suffisait pour mettre un auteur en réputation. Alors que le *Moniteur*, son journal à lui, ne fait pas ses frais, les *Débats* possèdent, à eux seuls, plus d'abonnés que tous les autres journaux de Paris et ils rapportent plusieurs centaines de mille francs par an.

Enfin, les rédacteurs eux-mêmes provoquent chez lui de véritables accès de fureur qui se traduisent par des brimades continuelles. La raison? C'est que ces gens d'esprit et de talent ne se laissent point éblouir par les triomphes du moment; ils entretiennent dans l'opinion publique une lueur, si imperceptible qu'elle soit, d'indépendance. Or, l'Empereur, homme de goût et d'esprit, s'exaspère de ne point réussir à rallier cette petite élite intellectuelle qui lui fait échec dans l'opinion des classes élevées. Il tient à cette estime beaucoup plus qu'il ne le dit. Il parle beaucoup de son amour pour le peuple, mais il s'irrite de l'hostilité des salons de Paris, tous abonnés aux *Débats*.

Auprès de Napoléon, le journal des Bertin rencontre un ennemi personnel, tout aussi acharné, mais plus perfide. C'est Fouché.

Dans les notes de police qu'il adresse chaque jour

à Napoléon, Fouché dénonce et dénigre sans cesse les *Débats*. Il se place habilement sur le terrain politique qui tremble encore sous les pieds de Napoléon.

Il lui écrit un jour :

« Le *Journal des Débats*, toujours fidèle à son plan, prêche avec une audacieuse persévérance l'intolérance et la proscription de tous les hommes de la Révolution. Les bons articles qu'on y lit depuis quelque temps y ont été insérés par ordre. »

Il est de fait que, dans l'ordre de choses actuel, Fouché représentait le parti de la Révolution, et que les *Débats* se trouvaient dans le camp opposé. Avec une grande habileté, ils se donnaient l'air de défendre uniquement le goût, et ils se réclamaient des traditions du siècle de Louis XIV. C'en était assez pour les faire suspecter de royalisme. Quand ils attaquaient ce qu'ils appelaient, par un prudent euphémisme, l'esprit philosophique, chacun savait ce qu'ils voulaient dire.

L'esprit philosophique, c'était le régime actuel, issu de la Révolution, soutenu par les hommes de la Révolution.

Quelle habileté il fallut aux Bertin pour manœuvrer au travers de tant d'écueils, pour sauver l'équipage et conserver cette précieuse cargaison de libéralisme !

C'est à partir de 1805 que se déchaîne, à grands fracas, dans la correspondance de Napoléon, sa mauvaise humeur contre les *Débats*. Nous avons déjà cité, au chapitre de l'Empereur-journaliste, ces lettres me-

naçantes, furibondes, où il n'est question que de châtiments, suppressions, arrestations, confiscation, surveillance de police. De tous les coins de l'Europe où
l'appelle sa politique aventureuse, il fulmine en éclats
indignes de son génie. Il traite les rédacteurs de ce
journal de « polissons sans talents ». Il fait changer le
titre du journal. Il oblige l'un des Bertin à se retirer
de la direction. Les critiques des rédacteurs, ce sont
des « bêtises ». Ils n'ont pas « le sens commun ». Les
deux Bertin sont de « vieux coquins ». Il les a rem-
placés par un censeur, et il dit bientôt que celui-là est
« un sot qui se laisse diriger par la clique ». Une
autre fois ce même censeur, Étienne, est traité « de
grand imbécile ». En 1810, il n'est pas loin de considérer les Bertin comme des espions payés par l'Angleterre, et il parle de les expulser à cinquante lieues
de Paris.

L'attitude des *Débats* justifiait-elle cette méfiance,
cette colère, ces menaces, ces outrages?

Assurément, leur opposition était sérieuse. Cette
résistance exercée sous le paravent de la critique littéraire, abritée sous les vieilles traditions de souvenirs classiques, avait pour but de conserver quelques
anciennes franchises nationales, menacées par le despotisme militaire.

A ce titre, les *Débats* étaient, pour cette époque, une
des rares libertés qui restaient au pays.

Cependant, quelle prudence, quelle timidité même
dans cette opposition! Rien de plus bénin que cette
petite guerre de professeurs et de lettrés.

Veut-on savoir comment ils exprimèrent leur indignation sur l'exécution du duc d'Enghien?

Dans le numéro où parut la sentence, à la quatrième page, tout en bas d'une colonne, on lit une traduction en vers d'un fragment de Silius Italicus, dans lequel Pacuvius, sénateur de Capoue, conjure son fils de renoncer au dessein qu'il avait formé d'assassiner Annibal.

Cette allusion à une page de l'histoire romaine ne pouvait être comprise que par un petit nombre de gens instruits.

Une autre fois, en 1808, il s'agissait d'objets d'art rapportés d'Italie pour être placés dans les musées nationaux. Que disent les *Débats?*

« Il est arrivé de Grenoble une partie de la collection des statues antiques de la villa Borghèse.

« On imprime en ce moment une traduction de la harangue de Cicéron contre les vols de Verrès, intitulée : *Les Statues.* »

C'était ingénieux, inoffensif, à la portée seulement d'un public restreint.

Voilà jusqu'où allait leur audace !

Sans doute, Napoléon n'était pas homme à s'effaroucher de ces fines épigrammes, décochées par des plumes délicates.

Ce qui l'inquiétait, c'était la personnalité même des Bertin en qui il voyait des agents des Bourbons, de cette dynastie disparue, presque oubliée, qui était pourtant son unique concurrente.

Cette préoccupation finit par troubler son jugement empreint pourtant, en général, de bon sens et d'indulgence.

Qu'était-ce donc, au fond, que ces Bertin? Et quel était leur crime aux yeux de Napoléon?

Politiquement parlant, ils s'étaient conduits, à son égard, en gens de bonne foi.

Quand, le 23 janvier 1800, ils achetèrent pour deux cent mille francs les *Débats*, les Bertin virent tout d'abord dans le Premier Consul l'homme qui se proposait de réaliser leurs propres idées d'un gouvernement de modération et de conciliation. Ils le soutinrent; ils allèrent jusqu'à le mettre sur le même rang que Washington.

Leurs illusions furent promptement dissipées.

Bonaparte ne tarda pas à donner des signes évidents de l'esprit de domination qui finit par entraîner sa chute. Les Bertin lui retirèrent leur confiance. En outre, comme nous l'avons dit, ils avaient, auprès de Bonaparte, un ennemi mortel en la personne de Fouché. Celui-ci, en 1801, fit arrêter et emprisonner l'aîné des Bertin, comme royaliste, conspirateur et espion! Fouché prétendit que Bertin avait vendu à l'Angleterre une copie des articles secrets du traité de paix récemment conclu entre la France et la Russie!

Bertin, sorti de prison, passa en Italie, laissant la direction du journal à son frère, Bertin de Vaux.

Ce dernier ne trouva pas davantage grâce aux yeux de Napoléon.

En mai 1805, dans une note adressée à Fiévée, l'Empereur dit :

« Que l'on est prévenu contre le *Journal des Débats* parce qu'il a pour propriétaire Bertin de Vaux, vendu aux émigrés de Londres; que cependant on n'a pris encore aucun parti ; que l'on est disposé à conserver le *Journal des Débats*, si on me présente pour mettre à la tête de ce journal des hommes en qui je puisse avoir pleine confiance.

« Le titre de *Journal des Débats* est aussi un inconvénient ; il rappelle le souvenir de la Révolution. Il faudrait lui donner celui du *Journal de l'Empire*, ou tout autre analogue. Il faut que les propriétaires du journal présentent quatre rédacteurs sûrs et des propositions pour acheter la rédaction de quelques journaux. Il sera possible, avec cette garantie, de consolider leur propriété et de la rendre aussi solide qu'un fond de terre. »

Dans un rapport que Rœderer avait adressé à l'Empereur, les Bertin étaient en effet accusés d'être vendus aux Anglais.

« Le *Journal des Débats*, était-il dit dans ce rapport, a commencé avec trois mille abonnés payés par l'Angleterre ; le ministre de la police (Fouché) m'a dit cela dix fois. Il ne les a pas perdus ; donc il travaille encore sur son premier plan. »

C'est en vain que Fiévée, ami personnel des Bertin, intervint auprès de l'Empereur. Il eut beau dire que Bertin de Vaux ne s'occupait que de l'administration du journal, on ne l'écouta point.

Il fallut subir le changement de titre ; quant à racheter, à titre de compensation, les journaux qu'on voulait supprimer ou accaparer, les Bertin s'y refusèrent noblement.

Ils proposèrent d'abandonner au gouvernement deux douzièmes de leurs bénéfices; la police en emploierait elle-même le produit à des dédommagements pour les journaux supprimés ou à des pensions pour des hommes de lettres.

Au lieu de ces deux douzièmes, l'Empereur, s'adjugeant, comme il convenait, la part du lion, en prit trois pour le gouvernement et deux pour Fiévée qui fut nommé, par arrêté du 29 vendémiaire, rédacteur du *Journal de l'Empire*.

Le reste fut laissé, comme par grâce, aux propriétaires.

Fiévée fut un rédacteur en chef éclairé et bienveillant. Les abonnés augmentèrent; les trois douzièmes donnés à la police formèrent un bénéfice important; en sorte que les autres cinq douzièmes, restant aux propriétaires, ne pouvaient que faire envie.

Aussi, un nouveau pas fut-il bientôt fait dans la voie de l'expropriation.

Fiévée ne voulut pas en être complice; il se retira en juillet 1807, et fut remplacé par Étienne.

Celui-là avait la main dure; il ne fut pas le censeur bienveillant et conciliant qu'avait été Fiévée.

Étienne aux *Débats*, c'était la police dans la rédaction.

Un règlement rédigé par le ministre de la police fut notifié aux Bertin. Ce règlement déterminait, avec les détails les plus minutieux, le mode de surveillance que le rédacteur en chef, Étienne, devait exercer sur tous les articles.

Le nombre des rédacteurs était fixé à douze.

Ils devaient recevoir du rédacteur en chef les ouvrages dont ils avaient à rendre compte et ils étaient obligés de lui envoyer, avant de faire l'article, une analyse de ces ouvrages, afin qu'on pût juger s'il était bon ou mauvais d'en rendre compte dans le journal.

A partir du jour où Étienne s'installa au journal, les Bertin ne s'occupèrent plus que de la gestion matérielle.

Mais cela ne pouvait apaiser les jaloux et les ennemis, Napoléon en tête.

On résolut de leur enlever la propriété même du journal.

L'occasion cherchée depuis longtemps se présenta en 1810.

A cette époque, Mme de Staël, exilée à Blois, voulut publier son livre : *De l'Allemagne*, chez l'imprimeur Mame ; l'éditeur était Nicolle.

Ce Nicolle était un ami d'enfance des Bertin, leur compagnon de luttes politiques sous le Directoire et l'associé des deux frères dans plusieurs entreprises littéraires, politiques ou autres.

Le livre de Mme de Staël, une fois tiré, fut saisi chez l'imprimeur et chez l'éditeur.

La police prétendit alors que les Bertin étaient les véritables propriétaires de la librairie, et Nicolle leur prête-nom.

On ajoutait que par leur influence personnnelle, ils avaient obtenu du *Journal de l'Empire* la promesse d'insérer un article de M. de Féletz sur le livre de Mme de Staël.

La police vit là un excellent prétexte pour expulser

les Bertin de la rue des Prêtres, et leur ravir leur propriété.

Le ministre de la police était Savary. Bertin de Vaux lui écrivit que ni lui ni son frère n'étaient intéressés dans la librairie Nicolle. Savary ne répondit pas.

Il préparait en secret l'odieuse mesure de confiscation dont la responsabilité appartient, d'une manière certaine, à Napoléon. N'avait-il pas écrit à Savary, le 25 octobre 1810 :

« Faites-moi une proposition pour le *Journal de l'Empire*, de manière que la direction de ce journal soit confiée à l'intérêt particulier qui le ferait marcher mieux que tout autre mobile. Mais il faut que ce soit des particuliers de l'opinion desquels je ne puisse douter. »

Savary fit donc diligence. Il n'eut pas à se mettre en frais d'imagination. On commencerait par dire : ce journal est à nous, et le butin serait partagé entre un certain nombre de parts distribuées entre ces « particuliers » parfaitement sûrs dont parle Napoléon dans sa lettre.

Qui donc oserait protester contre ce brigandage? Personne, les Bertin moins que tout autre, car, ils le savaient, au premier mot, c'était la prison ou l'exil.

Comme il fallait, tout de même, colorer de quelques phrases sonores ce vol effronté, voici les considérants qui furent placés en tête du décret de confiscation. Ils sont d'un cynisme rare :

« Le 18 février 1811.

« Considérant que les produits des journaux ou feuilles périodiques ne peuvent être une propriété qu'en conséquence d'une concession expresse faite par nous ;

« Considérant que le *Journal de l'Empire* n'a été concédé par nous à aucun entrepreneur ;

« Que les entrepreneurs actuels ont fait des bénéfices considérables par suite de la suppression de trente journaux, bénéfices dont ils jouissent depuis un grand nombre d'années, et qui les ont indemnisés bien au delà de tous sacrifices qu'ils peuvent avoir faits dans le cours de leur entreprise ;

« Considérant d'ailleurs que non seulement la censure, mais tout moyen d'influence sur la rédaction d'un journal ne doivent appartenir qu'à des hommes sûrs, connus par leur attachement à notre personne et par leur éloignement de toute correspondance et influence étrangère ;

« Nous avons décrété et décrétons ce qui suit :

« Article premier. — L'entreprise du *Journal de l'Empire* est concédée à une société d'actionnaires qui sera composée de vingt-quatre actions.

« Art. 2. — Les bénéfices de l'entreprise seront en conséquence partagés en vingt-quatre parties égales, formant autant de parts d'actions.

« Art. 3. — Sur les vingt-quatre actions, huit seront attribuées à l'administration générale et perçues par notre ministre de la police. Leur produit sera affecté à servir les pensions qui seront données par nous sur le produit desdites actions à des gens de lettres, à titre d'encouragement et de récompense.

« Art. 4. — Les seize autres actions seront distribuées par nous à des personnes pour récompense des services qu'elles nous auront rendus.

« Art. 5. — Ceux de nos sujets en faveur de qui nous en aurons disposé jouiront, leur vie durant, de la part des bénéfices revenant à chaque action. A leur décès, lesdites actions rentreront à notre disposition, pour être données de la même manière.

« Art. 6. — Les actionnaires auront l'administration de l'entreprise, approuveront les marchés et toutes dépenses quelconques; nommeront l'imprimeur, le caissier, l'agent comptable et les collaborateurs. Le ministre de la police aura un commissaire pour représenter les actionnaires des huit actions retenues.

« Art. 7 — Notre ministre de la police est chargé de l'exécution du présent décret.

« Napoléon.

« *Par l'Empereur,*
Le Ministre secrétaire d'Etat,
« Duc de Bassano. »

Sur les vingt-quatre actions, huit étaient retenues au profit du gouvernement, et mises entre les mains du ministère de la police. Elles étaient représentées aux assemblées générales par un commissaire du gouvernement.

Les bénéficiaires des seize autres parts se partagèrent ces dépouilles sans un geste de dégoût ; ils se nommaient : Boulay de la Meurthe, Bérenger, Corvetto, Réal, Fiévée, Mounier, Rémusat, Costaz, Saulnier, Denon, Treilhard, Bausset, de Gérando, Desmarets.

Ce dernier était le rusé directeur de la division spéciale de police secrète, le confident intime, le bras droit de Fouché. Il était bien naturel que la police eût sa part de butin.

Le cadeau fait à ces personnages, aux dépens des Bertin, était d'importance : chaque part était évaluée à vingt mille francs. Le titulaire devait en profiter sa vie durant.

On ne s'en tint pas là ! La rapacité du gouvernement fut poussée au delà de toute vraisemblance. Tout fut pris comme butin de guerre, jusqu'à l'argent qui était en caisse, jusqu'à une somme que Bertin de Vaux avait entre les mains, jusqu'aux meubles qui garnissaient les bureaux de rédaction.

Cette iniquité criante, cette mise à sac d'une maison honorable entre toutes, s'opérèrent sans que l'opinion s'émût, tant les caractères étaient avilis en ces dernières années de l'Empire.

La gloire militaire couvrait la servitude ; la flatterie publique dissimulait la petitesse de ce régime despotique.

Pour les Bertin, l'abominable décret de Napoléon était la ruine, absolue, totale.

De protestation publique, il ne pouvait être question. Mais nous savons aujourd'hui, par une lettre de Bertin l'aîné, avec quelle noblesse d'âme il reçut le coup :

« C'est le 18 février dernier, écrit-il à un ami, que nous avons reçu, sans autre formalité, cet arrêté qui nous dépouille et qui investit de notre propriété seize personnes parmi lesquelles, etc...

« Remarquez que j'aurais pu raisonnablement me flatter de la durée de cette propriété, puisque, depuis cinq ans, elle était reconnue par un arrêté moyennant la concession de cinq douzièmes faite au gouvernement.

« Remarquez encore que nous n'avions pu ni mériter ni démériter, puisque le rédacteur était nommé par le gouvernement et qu'il eût même suffi que nous parussions nous intéresser à quelqu'un pour qu'il fût maltraité dans le journal le lendemain, témoin mon ami Chateaubriand.

« Enfin la chose paraissait si solide à tout le monde que, quinze jours avant, j'aurais trouvé deux cent mille francs de ma part.

« Tout est fini. On nous a mis à la porte sans nous rendre compte du mois commencé, sans même nous payer de notre mobilier, et, je vous le répète, on n'a même pas articulé un prétexte !

« Adieu ! Ne vous affligez pas trop de mon sort ; j'ai plus de force qu'il n'en faut pour le supporter avec résignation, et même *cum dignitate.* »

C'était, avons-nous dit, la ruine pour les Bertin ; mais l'affaire était bonne pour le gouvernement, car le journal ne cessa de prospérer.

En 1813, il avait vingt-trois mille abonnés et une vente de deux cents numéros par jour. C'était beaucoup pour l'époque ; vingt-trois mille abonnés de choix comme ceux-là, ce serait encore beaucoup aujourd'hui.

Cependant, la déesse Némésis approche.
Voici 1814 : la chute, l'abdication.
Dès le lendemain, les frères Bertin, armés de gourdins comme autrefois la jeunesse dorée du Club de Clichy, reprennent possession de leur maison de la rue des Prêtres.

Leur premier soin fut de restituer au journal son glorieux titre des *Débats*. Ils firent composer pour le premier numéro de cette résurrection, une demi-feuille, tout émaillée des cris de : « Vive le Roi ! » qui remplissaient alors Paris.

Quand la roue de la fortune ramena pour cent jours Napoléon aux Tuileries, les *Débats* redevinrent, du jour au lendemain, le *Journal de l'Empire*.

Les frères Bertin partirent pour Gand à la suite du Roi, et M. Étienne reprit leur place.

Quand enfin la tragédie impériale prit fin, les Bertin rentrèrent rue des Prêtres en même temps que Louis XVIII rentrait aux Tuileries.

Ils firent alors paraître une note d'une belle simplicité qui résume l'histoire des *Débats* sous l'Empire :

« Un gouvernement nouveau qui d'abord ne fut pas précisément absolu, quoique depuis il soit devenu si monstrueusement despotique, imposait par sa nature même la loi d'une modération favorable au langage du bon sens et aux discussions du goût. »

On ne saurait mieux définir le rôle et le genre des *Débats* pendant le Consulat et l'Empire.

CHAPITRE VIII

NAPOLÉON SE FAIT FAIRE UN JOURNAL POUR LUI SEUL

Napoléon eut un jour une idée fort originale.

Après avoir imposé le silence ou l'obéissance passive à tous ceux qui tenaient une plume, étant désormais le seul journaliste qui pût écrire librement, il voulut avoir à lui seul, pour son usage exclusif, et à ses frais, un journal dont il serait, lui, le seul lecteur, le seul abonné.

En permettant qu'on lui parlât librement, mais en secret, il rétablissait pour lui seul la liberté de la presse.

Il n'en profita guère !

Comme il se connaissait en hommes, il confia la rédaction de ce journal à un écrivain dont le talent et le jugement méritaient cette distinction.

Le personnage choisi pour communiquer ainsi, seul à seul, avec le maître du monde, était Fiévée.

Situation sans exemple de sujet à souverain !

L'historien de la Restauration Alfred Nettement a décrit ce curieux épisode du journalisme sous Napoléon :

« Fiévée, dit-il, entretenait avec l'Empereur une correspondance où il lui parlait librement, sans aucune espèce de contrainte, de contrôle, ni de réserve, des affaires du moment et de l'état de l'opinion publique ; ses lettres roulaient sur tous les points de la politique intérieure ou étrangère.

« Cette licence accordée par un homme de génie à un homme d'esprit n'est pas si extraordinaire qu'elle peut le paraître au premier abord.

« Napoléon sentait les avantages de la presse indépendante, tout en craignant ses inconvénients. Quel parti prit-il? Il profita de l'occasion favorable qui lui faisait rencontrer un homme qui avait assez d'amour-propre pour oser penser, même avant et après l'Empereur, et une estime assez grande de lui-même pour préférer son avis à celui de Napoléon, et il permit à cet homme de faire ce que personne ne pouvait faire alors : un journal indépendant, consciencieux, libre. Seulement le journal resta manuscrit entre celui qui l'écrivait et l'abonné solitaire pour lequel il était écrit.

« Fiévée fit pour l'Empereur ce qu'on fait ordinairement pour le public. Sa correspondance est la véritable gazette politique de l'époque. Vous ne trouvez ailleurs que des opinions de commande et une phraséologie censurée, émondée et corrigée par la police.

« Ainsi, les rôles étaient intervertis. Le souverain recevait la vérité toute nue et le public ne la recevait qu'altérée.

« Bonaparte, comme un puissant égoïste qu'il était, avait pris pour lui tous les avantages du journalisme et en avait laissé les inconvénients à la France. Il avait voulu qu'on traitât le souverain comme on traite ordinairement le public, et qu'on traitât le public comme on traite ordinairement un trône. »

Qu'était-ce donc que cet hommme hardi qui osait s'entretenir en tête-à-tête avec le maître du monde, le toiser, pour ainsi dire, d'un regard assuré, lui donner des conseils, lui prodiguer des avertissements, et, plus d'une fois, lui adresser de solennels reproches ?

Fiévée, avant d'entrer en relations avec Napoléon, en 1802, était déjà un vieux journaliste de métier. Il avait été imprimeur sous la Révolution, et, comme tant d'autres, arrêté, emprisonné, ruiné. Pour occuper ses loisirs forcés, il avait écrit un roman : *la Dot de Suzette*, qui eut un succès prodigieux. Ce roman nous paraîtrait aujourd'hui insipide, mais il plut aux contemporains, à l'égal de *Paul et Virginie* ou de *Manon Lescaut*.

Sa renommée était telle que, plus tard, à sa première présentation à Bonaparte, celui-ci s'écria :

« Ah! oui! L'auteur de la *Dot de Suzette!* »

Après le 18 Brumaire, il écrivit dans le *Mercure* quelques articles. Bonaparte les remarqua, et, comme il cherchait partout des hommes de valeur, il s'informa de Fiévée.

Il écrivit à Rœderer le 12 mars 1802 :

« Je prie le citoyen Rœderer de me faire connaître le personnel, les mœurs et les idées politiques du citoyen Fiévée et ce qu'on pourrait faire pour utiliser ses talents : il m'a paru en avoir beaucoup. »

Rœderer amena Fiévée aux Tuileries. Le journaliste se présenta avec l'aisance d'un homme du monde ;

il était jeune, à peine deux ans de plus que Napoléon ; grand de taille, bien fait, avec une belle physionomie ; il plut immédiatement ; on sait que l'Empereur n'était pas insensible à ce genre de séduction.

Pour commencer, et pour l'éprouver, le Premier Consul lui proposa un voyage d'études en Angleterre.

« Plus j'étudie l'Angleterre dans les livres, dit-il, moins je m'en fais une idée. Allez, voyez. Ce que vous m'en écrirez, je le croirai. Vous enverrez vos lettres chez l'ambassadeur qui sera prévenu et vous y mettrez des numéros, pour que je sache s'il m'en prend ou s'il s'en égare. »

A son retour d'Angleterre, Bonaparte proposa à Fiévée de continuer sa correspondance et de lui écrire librement sur les événements, les personnes et les choses.

Pour ce travail il alloua à Fiévée mille francs par mois sur sa cassette particulière.

La correspondance dura onze années !

Lavalette, directeur des postes, servait d'intermédiaire. Le bulletin de Fiévée était expédié directement à Napoléon, soit aux Tuileries, soit sur les champs de l'Europe ; lui seul l'ouvrait, et, seul, le lisait.

Fiévée nous raconte lui-même, avec une fierté qui ne semble point déplacée, comment les choses se sont passées :

« Des relations personnelles, dit-il, ont eu lieu, pendant onze années, entre Bonaparte, premier consul, empereur, et moi.

« Ce travail montrera Bonaparte sous un aspect nouveau, habituellement simple et quelquefois coquet dans ses conversations ; voulant et acceptant la vérité dans sa plus sincère expression ; malgré des faiblesses et des caprices, traitant avec considération quiconque mettait la considération en première ligne, et fidèle jusqu'au dernier moment à l'engagement que je lui avais fait prendre, avant de m'engager moi-même, de ne jamais me sacrifier, même quand j'aurais tort, aux ennemis que devait fatalement m'attirer la position que j'acceptais.

« Plusieurs fois, j'ai essayé de rompre cette liaison, sans pouvoir y parvenir.

« Il était plus fin que moi, et l'obstination ne lui manquait pas.

« On ignorait ce que contenait cette correspondance, mais on savait qu'elle existait ; il ne s'en cachait pas, ni moi non plus.

« Si son cabinet lui a été fidèle, aucune de mes notes n'a dû être communiquée à qui que ce soit et j'ai toujours été d'une réserve absolue à ce sujet.

« On m'attribuait donc les pensées qu'il jetait quelquefois en avant et qui ne lui étaient pas habituelles, ce qui n'était pas toujours une supposition.

« Je concevais fort bien que cette correspondance dût être insupportable aux gens en place.

« Ce que je n'avais pas prévu, c'est que cette correspondance durerait aussi longtemps.

« Il est difficile de croire au succès constant d'un homme qui veut à la fois soumettre les rois et enlever aux peuples leur nationalité, vaincre une révolution avec des révolutionnaires et fonder en France un gouvernement, sans comprendre les conditions de la monarchie et ce que les mœurs et les intérêts exigent maintenant de liberté. »

Il apparaît bien dans ces lignes que Fiévée se piquait d'une certaine indépendance vis-à-vis de son impérial client. Ce rôle d'avocat consultant était dans ses goûts, car il n'aimait pas l'action; il avait de l'antipathie même pour le simple mouvement. Il faisait de la politique en amateur. Quand le moment était difficile, il prétextait un grand amour de la campagne pour prendre du repos, loin des Tuileries. L'Empereur lui disait alors : « Oui, je sais bien, vous préférez vivre à la campagne ! »

Fiévée a écrit quelque part cette remarque :

« Il n'y a personne qui ne soit apte à recevoir de l'argent. »

Malgré ce scepticisme, il faut dire, à son honneur, qu'il ne paraît pas avoir recherché les satisfactions de cette nature.

Il est vrai que sa fortune personnelle et la simplicité de sa vie le mettaient à l'abri du besoin.

Ce qu'il écrivait à Napoléon.

Cette correspondance, qui comprend trois volumes, a été publiée en 1836. Elle roule uniquement sur des sujets politiques.

Elle est souvent obscure, pour la postérité du moins ; elle est pleine de sous-entendus qui, sans doute, étaient fort clairs sur le moment ; elle touche souvent à la déclamation philosophique ; parfois elle prend l'allure d'un prône ou d'un réquisitoire ; aucune pensée légère, aucune saillie spirituelle, ce qui eût certainement déplu à Napoléon ; des flatteries habiles à l'adresse de celui dont il reconnaît la supériorité sur lui-même autant que sur les autres hommes, mais jamais rien qui ressemble au langage d'un courtisan.

Sainte-Beuve a défini son genre d'esprit : « Observateur, écrivain froid, aiguisé et mordant, très distingué sans fraîcheur d'imagination, conseiller-né sans désir ni ambition... »

Le portrait est frappant !

Une première impression se dégage de cette lecture : c'est la conviction où était Fiévée et qu'il ne dissimulait guère, du caractère éphémère de la puissance de Napoléon.

En bien des endroits, il blâme sa politique et lui adresse des vérités déplaisantes.

Napoléon ne s'en plaignit qu'une fois, par ces simples mots qu'il lui lança en passant :

— « Vous êtes sévère ! »

Les préférences de Fiévée allaient à la forme monarchique et à l'unité du gouvernement ; c'était, au fond, de quoi satisfaire le goût personnel de Napoléon.

Le journal de Fiévée est une suite d'articles composés dans la forme sérieuse et raisonneuse des articles politiques qui caractérisent encore de nos jours la manière des *Débats* et du *Temps*. Même souci de la langue, même modération, même fermeté dans le jugement.

A le lire aujourd'hui, on demeure confondu de la lucidité avec laquelle il regarde passer les événements et de la liberté d'esprit avec laquelle il critique les fautes de Napoléon sans jamais s'écarter du respect dû au génie de l'homme. Les faiblesses du régime impérial, telles que les historiens les ont depuis lors signalées, Fiévée les dénonce au jour le jour, sur l'heure même, sans ménagement, et il prédit vainement, hélas! les déplorables conséquences qu'elles entraînèrent.

Comment, en lisant ces avertissements d'un homme dont il reconnaissait la distinction et la clairvoyance, Napoléon n'a-t-il jamais paru en tenir compte? Cet aveuglement ne se comprend guère, car Fiévée n'était point un de ces pamphlétaires que l'on a le droit de mépriser. Chez lui, la raison, le bon sens, la sagesse s'imposent avec une évidence aveuglante.

Le recueil de sa correspondance est un véritable manuel du gouvernement modéré et sensé.

En politique intérieure, il condamne le despotisme de Napoléon, les tripotages de sa police avec les journaux, la domestication de la presse, maladresse et malheur à la fois, dit-il expressément; il prêche la modération et la clémence dans les affaires de Moreau et de Pichegru qu'il qualifie textuellement de « gaffes »; sur le drame de Vincennes, il garde un silence significatif qui équivaut au plus énergique des blâmes; dès 1804, au début même de l'Empire, il met Napoléon en garde contre sa chance; il lui dit que l'admiration est le sentiment qui dure le moins; il lui déclare qu'à cette heure, malgré l'éclat de sa position, il n'a personne pour lui; en 1805, au plus fort de la colère de Napoléon contre les *Débats*, il défend courageusement le journal et ses directeurs; ce sont, dit-il, de grands seigneurs envers les gens de lettres; il reproche à l'Empereur ses tracasseries contre ce journal qui est le premier de tous par le succès et le talent; il accuse son injustice et ses traquenards, inspirés par un esprit étroit et mesquin.

« Je ne comprends pas, dit-il, l'union de la ruse et de la force. »

Il entre en guerre ouverte contre Fouché à qui on laisse les journaux; il dénonce ce ministre « qui peut faire et défaire l'opinion du jour »; il reproche à l'Empereur de s'occuper de tout, de toucher à tout; dès 1807, il lui dit hautement que la désaffection arrive. « Napoléon, ajoute-t-il, ne saura jamais faire que du pouvoir ! »

En 1808, il crie gare à propos des démêlés avec le pape; il est dangereux de toucher à la religion; il faut se dépêcher de faire la paix avec Rome.

En 1812, il s'étend longuement sur la conspiration Mallet; on a tort de la considérer comme une folie; elle est symptomatique; elle démontre que tout repose sur la tête seule de l'Empereur. Mallet, un fou? pas tant, mais un audacieux ! Que l'Empereur revienne bien vite de Moscou, s'il le peut ! En 1813, Fiévée prévoit la dissolution de l'Empire, la désorganisation totale, l'effondrement prochain ; le gouvernement est à la merci des combats.

Et voici qu'il apprend que l'Empereur, violant le secret promis, a laissé prendre connaissance de sa correspondance. Là-dessus, d'un coup, Fiévée rompt avec Napoléon.

En politique extérieure, le correspondant de Napoléon a la partie belle. Les fautes commises par Napoléon, sur ce domaine, éclataient par leur énormité aux yeux de tous les contemporains, si peu clairvoyants qu'ils fussent.

Dès 1803, Fiévée dénonce les périls de la politique de conquêtes ; il prévoit qu'elle amènera les coalitions continentales ; il blâme les campagnes de presse du *Moniteur* et les écarts de plume du journaliste consulaire ; il renouvelle, pendant la campagne d'Austerlitz, ses anathèmes contre l'esprit de conquête ; la victoire ne l'éblouit pas. Plus tard, au moment de Bayonne, il prévoit l'élan du patriotisme espagnol. Quand vient, dans la même année, la guerre avec l'Autriche : « Deux guerres à la fois, dit-il, c'est trop ! Personne ne s'intéresse à la conquête du monde ! »

Il blâme énergiquement le blocus continental. Il rappelle l'exemple de Charles XII, « un fou », quand Napoléon s'enfonce, lui aussi, dans les steppes de Russie. Enfin, en 1813, il dit nettement qu'il n'y a plus d'illusions à se faire, que la France est vaincue, qu'il faut prendre ses résolutions en conséquence !

« Je le répète, dit-il, tous les signes précurseurs des grandes catastrophes existent ! »

Il n'y eut jamais journaliste plus clairvoyant et plus attristé ; comme il n'y eut jamais héros plus aveugle et plus entêté que son impérial lecteur !

Napoléon lut-il lui-même tout ce que lui écrivait Fiévée ? Sans aucun doute, car il possédait une faculté prodigieuse de liseur, prenant connaissance par lui-même de tout ce qu'il recevait. Il le disait, un jour, à l'un de ses frères : « Je lis moi-même toutes les pièces et je crois que je connais la valeur des mots. »

Il arriva même, une fois, que l'abonné unique de Fiévée lui fit une réponse directe et personnelle ; elle équivaut à un véritable article de Napoléon, c'est une réplique de journaliste à journaliste, sur une question de journal.

Fiévée avait adressé à l'Empereur, en juin 1805, une correspondance, extrêmement remarquable par la noblesse du sentiment et l'élévation de la forme, sur les tracasseries dont on abreuvait la presse, et surtout les *Débats* et les frères Bertin.

La vivacité de ces critiques émut l'Empereur ; il dicta à Lavalette, intermédiaire habituel entre lui et Fiévée, les lignes suivantes, dont Fiévée exigea la copie, car il voulait la présenter aux propriétaires des *Débats*.

Note de l'Empereur.

« M. de Lavalette verra M. Fiévée et lui dira qu'*on* a lu sa notre trente-troisième ; que les plaintes qu'il porte relativement aux journaux ne doivent point

être attribuées à la police ni à ses entours, comme il se l'imagine ; mais, qu'en lisant le *Journal des Débats* avec plus d'attention que les autres, parce qu'il a dix fois plus d'abonnés, on y remarque des articles dirigés dans un esprit tout favorable aux Bourbons et constamment dans une grande indifférence sur les choses avantageuses à l'État ; que *l'on* a voulu réprimer ce qu'il y a de trop malveillant dans ce journal ; que le système est d'attendre beaucoup du temps ; qu'il n'est pas suffisant qu'*ils* se bornent aujourd'hui à n'être pas contraires ; que *l'on* a le droit d'exiger qu'*ils* soient entièrement dévoués à la dynastie régnante et qu'*ils* ne tolèrent pas, mais combattent tout ce qui tendrait à donner de l'éclat ou à ramener des souvenirs favorables aux Bourbons ; que *l'on* est prévenu contre le *Journal des Débats* parce qu'il a pour propriétaire Bertin de Vaux, homme vendu aux émigrés de Londres ; que cependant « l'on
« n'a encore pris aucun parti, que *l'on* est disposé à
« conserver le *Journal des Débats*, si l'on ME présente
« des hommes en qui JE puisse avoir confiance, et,
« pour rédacteurs, des hommes sûrs qui soient pré-
« venus contre les manœuvres des Anglais et qui
« n'accréditent aucun des bruits qu'ils répandent ».

« Un censeur a été donné au *Journal des Débats* par forme de punition : le feuilleton de Geoffroy a été soustrait à la censure, ainsi que la partie littéraire ; mais l'intention n'est point de le conserver, car alors il serait officiel et il est vrai de dire que si *le bavardage des journaux a des inconvénients, il a aussi des avantages.*

« La nouvelle relative au duc de Brunswick était

certainement donnée avec malveillance, et l'on peut citer mille autres articles du *Journal des Débats* faits dans un mauvais esprit. *Il n'y a pas d'autres moyens de donner de la valeur à la propriété du* Journal des Débats *que de le mettre entre les mains d'hommes d'esprit attachés au gouvernement.*

« Toutes les fois qu'il parviendra une nouvelle désagréable au gouvernement, elle ne doit point être publiée jusqu'à ce qu'on soit tellement sûr de la vérité, qu'on ne doive plus la dire, parce qu'elle est connue de tout le monde. Il n'y a point d'autre moyen d'empêcher qu'un journal ne soit point arrêté. Le titre du *Journal des Débats* est aussi un inconvénient, il rappelle des souvenirs de la Révolution ; il faudrait lui donner celui de *Journal de l'Empire* ou tout autre analogue.

« Il faut que les propriétaires de ce journal présentent quatre rédacteurs sûrs et des propositions pour acheter la rédaction de quelques journaux. Il sera possible avec cette garantie de consolider leur propriété et de la rendre aussi solide qu'un fond de terre. »

Fiévée fait suivre cette note de quelques lignes d'une délicieuse ironie.

Il raconte que dans une conversation qu'il eut avec l'Empereur, il avait essayé de combattre certaines préventions, mais que, lorsqu'il avait des préventions, il n'en revenait jamais.

« Pour chasser cette humeur qui n'était pas contre moi, mais qui rendait l'entretien pénible, j'eus recours à la flatterie la plus hardie qu'il fût possible de risquer, en lui répondant : « Que je concevais un bon « bourgeois affirmant que, lorsqu'il avait des préven- « tions, il n'en revenait pas, puisqu'il les avait pro- « bablement prises lui-même ; mais que, quand on « était né sur le trône, on ne pouvait guère avoir « contre de simples particuliers des préventions que « celles qu'on avait reçues. »

« *Né sur le trône* passa aussi naturellement qu'il avait été dit et ses expressions devinrent plus douces. »

Fiévée fait observer que la note de l'Empereur est remarquable sous deux rapports : le premier, par l'impossibilité où se trouve l'Empereur de parler du journal sans passer aux hommes avec si peu de transition, que le pronom *ils* arrive sans qu'on puisse savoir à quoi il se rapporte ; le second que, après avoir mis de l'affectation à ne se montrer que sous la particule *on*, le pronom *je* se produit tout naturellement.

Dans une autre circonstance, Fiévée ne se gêne pas pour donner à l'Empereur une leçon de tact, et il le fait d'une façon détournée, pleine de délicatesse. Le *Moniteur*, dans un article évidemment écrit sous la dictée de l'Empereur, lui avait cherché querelle ; par la même occasion, et comme pour donner le change, Fouché était pris à partie. *On*, c'est-à-dire l'Empereur, fit ordonner à Fiévée de reproduire l'article dans le *Journal de l'Empire* dont il était, pour le moment, rédacteur en chef. Fiévée s'y refusa. « Passe encore que l'Empereur attaque Fiévée, dit-il, mais que le chef de l'État attaque un de ses ministres dans son propre journal officiel, voilà une faute de convenance. » Et il lui cite un joli mot de Louis XIV qui donnait rarement son opinion personnelle sur son entourage, afin d'éviter les froissements.

Un jour on annonce au Roi la mort d'une femme de sa cour.

« Puisqu'elle est morte, dit-il, je peux dire maintenant qu'elle était bien laide ! »

Et Fiévée ajoute :

« Si un ministre a des torts, pourquoi l'imprimer officiellement? S'il est humilié, il s'en vengera. Il faut procurer de bonnes nuits à son ministre de la police pour qu'il ne soit jamais tenté de vous en procurer de mauvaises. »

Cette leçon a d'autant plus de saveur que Fiévée était l'ennemi déclaré de Fouché.

La vengeance de Fouché et de Talleyrand, si durement humiliés par Napoléon, prouva plus tard combien le journaliste avait raison.

Le nom de Fouché revient souvent sous notre plume ; c'était, avons-nous dit, l'ennemi personnel de Fiévée.

Comme on peut le supposer, le ministre de la police, l'homme de France le mieux informé, n'ignorait point que Fiévée correspondait directement avec l'Empereur et qu'il était fortement daubé dans cette correspondance. Il est plaisant de voir comment il traite à son tour Fiévée. Dans ses *Mémoires* dont l'authenticité est contestable, mais dont l'inspiration directe n'est pas douteuse, tant ils conservent, si l'on peut dire, l'odeur morale de Fouché, il dit :

« Vers cette époque (1802) apparut dans la fabrication des écritures occultes le pamphlétaire Fiévée, d'abord agent des agents de Louis XVIII, puis agent de Lucien à Londres lors des préliminaires, d'où il avait écrit d'un ton tranchant et suffisant force pauvretés sur les ressorts et le jeu d'un gouvernement qu'il était hors d'état de comprendre. Mis à la gratification pour quelques rapports qui, du cabinet, me parvinrent anonymes, il s'enhardit et, profitant de la faveur de Lavalette qui régissait les postes, il fit arriver au chef de l'État les premiers essais d'une correspondance devenue ensuite plus régulière. Épiant l'air du bureau, il dissertait à tort et à travers sur Charlemagne, sur Louis XIV, sur l'ordre social, parlant de reconstruction, d'unité de pouvoir, de monarchie, toutes choses incompatibles, bien entendu, avec les jacobins, même avec ce qu'il appelait, d'un air capable, les hommes forts de la Révolution. Tout en recueillant les bruits de salon et de café, le correspondant officieux forgeait mille historiettes contre moi, contre la police générale dont il faisait un épouvantail : c'était le mot d'ordre. »

Certes Fiévée détestait Fouché, mais il ne méconnaissait point sa haute valeur politique.

« Je n'ai jamais compté, a-t-il écrit plus tard, que deux hommes d'État sous le règne de Napoléon :

celui qui l'a vendu et celui qui l'a livré. L'un et l'autre avaient de loin calculé sa chute et le parti qu'ils en pourraient tirer. »

A l'honneur de Fiévée, il faut reconnaître que lui aussi ne montra pas moins de clairvoyance ; mais il ne pensa jamais à en tirer ni une vengeance, ni un profit personnel.

Fiévée n'était pas l'unique correspondant secret de l'Empereur ; il y en avait bien d'autres ; on cite de Montlosier sur l'administration ; Mme de Genlis sur la littérature ; Desrenaudes sur les affaires intérieures, et même Barrère, le fameux conventionnel. Ce dernier eut peu de succès auprès de Napoléon. Il le trouvait creux, boursouflé et parfois niais. Par pitié, après avoir mis fin à cette correspondance, l'Empereur le plaça à la tête d'une feuille qui prit le titre de *Mémorial anti-britannique* avec des appointements de cinq cents francs par mois que lui remettait Méneval. La rédaction déclamatoire, et sans solidité, du journal, les niaiseries couvertes par des mots sonores, ne tardèrent pas à déplaire et le journal disparut.

Chacune des correspondances secrètes coûtait à Napoléon cinq cents francs par mois.

Si modique que fût la somme, Napoléon en avait-il pour son argent ? C'est douteux, car ceux qui écrivent aux princes mentent aussi bien que ceux qui leur parlent.

Fiévée est une noble et rare exception.

CHAPITRE IX

CONVERSION TARDIVE A LA LIBERTÉ DE LA PRESSE

Consul ou empereur, Napoléon n'a jamais dissimulé sous des formules hypocrites son opinion sur la liberté de la presse.

Dès son avènement, quelques aspirations libérales avaient réussi à se faire jour, malgré le silence à tous imposé ; il les arrêta court. Au moment du vote pour le Consulat à vie, en 1804, plusieurs personnages importants avaient promis leur adhésion, mais ils y mettaient cette condition que la liberté de la presse serait rétablie.

Bonaparte dit à ce sujet à Thibaudeau, à la Malmaison :

« La liberté de la presse ? J'aurais de suite à mes trousses trente journaux royalistes et quelques journaux jacobins. Il me faudrait gouverner encore avec une minorité, une faction, et recommencer la Révolution, tandis que tous mes efforts ont tendu à gouverner avec la nation. »

Il mit aussitôt à l'ordre du jour une formule nette

et claire à l'usage des directeurs de journaux. Ils seraient inexcusables, s'ils s'en écartaient.

« Les informations doivent être prises exclusivement dans le *Moniteur*. Toute nouvelle désagréable ou désavantageuse pour la France, les journaux doivent la mettre en quarantaine, parce qu'ils doivent la soupçonner dictée par les Anglais.

« D'une façon générale, les journaux ne doivent parler que des événements heureux pour le gouvernement. »

Il dit un jour, dans une conversation familière avec Fiévée :

« Toutes les fois qu'il parviendra une nouvelle désagréable au gouvernement, elle ne doit pas être publiée, jusqu'à ce qu'on ne doive plus la dire parce qu'elle est connue de tout le monde. »

Ce système de compression et d'étouffement ne pouvait être maintenu que par la force brutale. Aussi, dès que la puissance de Napoléon fut abattue, une double évolution se produisit : d'une part, protestation générale et soudaine en faveur de la liberté que personne n'avait défendue jusque-là ; d'autre part, reconnaissance tardive de cette liberté par Napoléon lui-même.

Déjà, dans son premier exil à l'île d'Elbe, écrivant à l'un de ses partisans, il lui recommande de se ménager l'appui des hommes de plume, des hommes de lettres, de ces journalistes qu'il méprisait tant naguère.

« Il faut vous assurer des hommes de lettres... Ils sont vains et avides... leur puissance est vaste.

« Je crois qu'au moyen des journaux une seule plume pourrait finir par soulever le monde, tandis qu'une seule épée n'y parviendrait jamais.

« Portez aussi les jeunes gens à écrire pour moi ; les lyres vierges sont les plus honorables. »

Ces chantres de sa renommée ne lui ont pas manqué, mais seulement après sa mort : Hugo, Lamartine, Béranger, et tous les romantiques épris d'une gloire qui n'était plus dangereuse.

Le grand homme dut se contenter, pendant son existence, des piètres poètes officiels, tels que le Toulousain Baour-Lormian à qui il dit un jour, par ironie sans doute :

« Vous faites les vers comme Racine, mais vous péchez par les caractères. »

C'est en 1814, après la première chute, que les journalistes songèrent à réclamer leur liberté.

Ils furent bientôt et cruellement punis de ne pas avoir protesté plus tôt. Ils eurent à subir une servitude plus humiliante que celle de Napoléon.

Le premier jour de l'entrée des alliés à Paris, le 31 mars, les rédacteurs des divers journaux furent invités à parler dans le sens de la révolution nouvelle. Et cet ordre était signé :

Le Général prussien,
SACKEN,
gouverneur de Paris.

Voici les Cent-Jours. Napoléon sait mieux que personne combien son triomphe est incertain.

Il a appelé dans son conseil des hommes jadis rejetés ou négligés, Fouché, Carnot. Ceux-là l'obligent à proclamer la liberté légale de la presse.

Il y eut, pendant cette période, une explosion de libéralisme, chacun sentant qu'il avait prise sur le maître affaibli.

Des pourparlers eurent lieu entre Napoléon et les libéraux. C'était, de part et d'autre, un jeu. Personne n'était de bonne foi. Tout le monde trichait. Cependant il y avait une différence dans la façon de jouer : Napoléon y apportait de la souplesse, de la finesse, des ressources infinies ; il faisait semblant d'accepter des opinions qu'il ne partageait pas ; mais parfois il se rebiffait, revenant à son penchant et à ses habitudes, lui, l'autocrate de la veille.

A Benjamin Constant, il disait :

« La liberté de la presse ? Je veux tout cela. La liberté de la presse surtout ! L'étouffer est absurde. Je suis convaincu sur cet article ! Apportez-moi vos idées. Des discussions politiques, des élections libres, des ministres responsables, la liberté de la presse. Je veux tout cela ! La liberté de la presse surtout ! »

Comment purent-ils se regarder sans rire ?

Tout le monde se mêla de la comédie, jusqu'à Fouché. Ne nous dit-il pas plus tard qu'il travailla ardemment à la conquête de la liberté de la presse, en 1815.

« Cette liberté, dit-il, parmi nous si agitatrice et qui n'en est pas moins la mère de toutes les libertés, venait d'être reconquise. Je n'y avais pas peu contribué, en présence même de son plus grand ennemi. »

Fouché ajoute, et là il dit vrai :

« Je m'emparai des journaux et je devins ainsi seul maître de l'esprit public. »

A la fin, convaincu de son impuissance, Napoléon s'abandonna.

Était-ce dégoût ou lassitude?

A ceux qui s'opposaient au rétablissement de la liberté de la presse, il répondit :

« Messieurs, c'est apparemment vous autres que vous voulez défendre, car, pour moi, désormais, je demeure étranger à tout cela. La presse s'est épuisée sur moi pendant mon absence ; je la défie bien à présent de rien produire de neuf ou de piquant contre moi ! »

C'est alors que parut le décret du 25 mars supprimant la censure et la direction de la presse au ministère de la police.

La police reçut l'ordre d'agir avec mansuétude, mais les journaux restaient sous sa surveillance, et Fouché prit soin de placer auprès de chacun d'eux un agent chargé d'en inspirer la rédaction.

On vit alors, au milieu de cette comédie, un intermède piquant : Napoléon donnant une leçon de libéralisme à Fouché.

Ce dernier, repris sans doute par ses vieilles habitudes, avait fait saisir le *Censeur européen*. Napoléon l'apprend, fait rendre les exemplaires confisqués, et permet leur mise en circulation. Fouché en demeura penaud.

C'est dans le fameux *acte additionnel*, si mal accueilli par l'opinion publique, que Napoléon se résigna, non sans humeur, à proclamer solennellement la liberté de la presse, dans les termes suivants :

« Article 64.

« Tout citoyen a le droit d'imprimer et de publier en signant, sans aucune censure préalable, sauf la responsabilité légale après la publication, par jugement par jurés, quand même il n'y aurait lieu qu'à l'application d'une peine correctionnelle. »

En conséquence, chacun reprit sa plume. Journaux, pamphlets, chansons, circulaient sans obstacle et sans crainte. Tout le monde prévoyait la chute prochaine de Napoléon. On ne se gênait plus. Lui, il laissait faire : « Je les aurai bien tous à moi, murmurait-il, si j'ai la victoire ! »

La restauration si imprévue de la liberté de la presse par Napoléon eut son écho à la Chambre des communes anglaises.

On y discutait, le 25 mai 1815, sur la question de savoir si l'Angleterre, comme le proposait lord Castlereagh, devait se joindre aux puissances alliées dans la guerre à outrance proclamée au Congrès de Vienne contre Napoléon.

Le célèbre orateur anglais Grattan, bien que faisant partie de l'opposition, se rallia à la proposition du ministère, et dit :

« Ces messieurs disent que Bonaparte a donné la liberté de la presse, c'est-à-dire, il a donné la liberté de publication, sauf poursuites et punitions selon le bon plaisir d'un chef militaire ; c'est-à-dire qu'il a donné aux Français la liberté de se pendre eux-mêmes. »

Napoléon, dans son dernier discours public, à l'ouverture de la première session de l'Empire libéral, devant les deux Chambres réunies, avait dit, en effet :

« La liberté de la presse est inhérente à la Constitution actuelle ; on n'y peut rien changer sans altérer tout notre système politique ; mais il faut des lois répressives, surtout dans l'état actuel de la nation. »

C'est à ces lois répressives que faisait allusion l'orateur de la Chambre des communes, et surtout au caractère de Napoléon et de son gouvernement.

En effet, il faut bien le dire, ce n'est que contraint et forcé par les circonstances que Napoléon faisait ses premiers pas dans la carrière du libéralisme.

Il se débattait en vain contre les garanties constitutionnelles qu'il était obligé de promettre : « On m'attache, depuis que je suis blessé ! »

Cri de l'aigle !

Et quand il avait, en maugréant, bégayé quelques mots de libéralisme « dont chaque syllabe mettait en colère son épée », il disait à ses intimes : Attendons ! Si je suis le plus fort !

Fouché, lui aussi, avait peine à vivre dans cette nouvelle atmosphère de liberté.

Le 16 juin, pendant que Napoléon se battait en Belgique pour le salut suprême, les deux Chambres reçurent du duc d'Otrante la communication d'un rapport sous forme d'Exposé de la situation morale de la France.

La conclusion de ce travail, très pessimiste, était une proposition de demander aux Chambres des lois plus sévères pour réprimer la licence de la presse, et comme il disait par un euphémisme singulier : « pour circonscrire la liberté individuelle ».

Pendant les Cent-Jours, la collaboration de Napoléon au *Moniteur* fut forcément limitée.

Il y fit insérer une communication directe à propos de la falsification des lettres de Murat, falsification qui était le fait de M. de Blacas. Napoléon avait en ce moment-là une autre raison fort légitime d'en vouloir à M. de Blacas.

Il le raconta lui-même à O'Meara :

« Lorsque j'arrivai à Paris après mon retour de l'île d'Elbe, je trouvai dans les papiers particuliers de M. de Blacas une lettre écrite de l'île d'Elbe par une des femmes de chambre de ma sœur Pauline et qui paraissait avoir été dictée dans un moment d'aigreur... M. de Blacas avait fait falsifier cette lettre, en y ajoutant des histoires abominables, jusqu'à dire que j'avais couché avec ma sœur, et, en marge, était écrit de la main du faussaire : *à imprimer.* »

Napoléon fit alors insérer dans le *Moniteur* du 14 mai 1815 cette note qui semble contenir une allusion à la lettre attribuée à la servante de Pauline :

« Les falsificateurs royaux ne supposaient pas que les archives où ils puisaient redeviendraient archives impériales ; que le comte de Blacas, dans une fuite précipitée, abandonnerait celles de son maître et ses papiers les plus secrets, et donnerait ainsi les moyens de mettre au grand jour, non seulement la basse intrigue que nous dévoilons aujourd'hui, mais tant d'autres qui ont employé tant de temps et tenu une si grande place dans un régime de quelques mois. »

Vers la fin de sa vie, dans la sérénité de l'exil, Napoléon parut se convaincre que la liberté de la presse est une condition nécessaire des sociétés modernes. Il en fait l'aveu solennel dans l'admirable testament qu'il dicta quelques jours avant sa mort, le 17 avril 1821 ; il y a là des pages d'une haute éloquence, d'une étonnante prescience et d'une sublime inspiration :

« Mon fils sera obligé de régner avec la liberté de la presse. C'est une nécessité aujourd'hui. Il ne s'agit pas, pour gouverner, de suivre une théorie plus ou moins bonne, mais de bâtir avec des matériaux qu'on a sous la main. Il faut subir les nécessités et en profiter. La liberté de la presse doit, entre les mains du gouvernement, devenir un puissant auxiliaire pour faire parvenir dans tous les coins de l'Empire, les saines doctrines et les bons principes. L'abandonner à elle-même, c'est s'endormir à côté d'un danger.

« A la paix générale, j'aurais institué une direction de la presse, composée des plus hautes capacités du pays, et j'aurais fait parvenir jusqu'au dernier hameau mes idées et mes intentions. Aujourd'hui, il est impossible de rester, comme il y a trois cents ans, tranquille spectateur de la transformation des sociétés ; il faut, sous peine de mort, ou tout conduire, ou tout empêcher. »

Déjà, dans les dernières années de son Empire, causant familièrement avec Narbonne dont il faisait volontiers son confident, il lui disait :

« Ce que j'ai fait, j'ai dû le faire, car il n'y avait que moi, moi tout entier, pour succéder à la Révolution et tenir la place. Mais, après moi, je comprends autre chose, un gouvernement de tempérament et d'équilibre. »

CHAPITRE X

UNE CONCURRENCE AU « MONITEUR » PAR LOUIS XVIII

S'il est un titre de journal qui appartienne en propre à quelqu'un, c'est bien celui du *Moniteur* à Napoléon.

Aussi, pendant les Cent-Jours, fut-il extrêmement surpris d'apprendre que Louis XVIII, réfugié à Gand, y faisait paraître un journal sous ce titre : le *Moniteur universel*.

Quelle dut être son indignation, lui qui n'aimait ni la concurrence ni le plagiat, lui qui, en 1808, écrivait au roi de Westphalie qui avait créé un journal officiel pour son royaume nouveau-né : « Rien n'est mauvais comme votre singerie du *Moniteur* de France. »

On fit sans doute observer à Louis XVIII que, s'il pouvait disputer à Napoléon le trône de France, il n'était vraiment pas en droit de lui ravir ce titre du *Moniteur* dans lequel, depuis quinze années, la France et l'Europe étaient habituées à chercher sa parole et sa pensée.

Louis XVIII eut le bon esprit de céder. Il changea le titre du *Moniteur* en celui de *Journal universel*.

Il prit, comme Napoléon, la haute main sur la rédaction. Rien n'y passait qui ne fût autorisé ou approuvé par lui. Il entendait ainsi, à l'égal de Napoléon, faire acte de souveraineté.

Les frais d'impression étaient pris sur sa cassette personnelle, à défaut de trésor public.

Il plaça à la tête du journal le premier journaliste du temps, Bertin l'aîné, demeuré sans emploi depuis que sa propriété des *Débats* avait été confisquée par décret impérial.

Bertin avait, à ses côtés, une équipe remarquable de journalistes de profession ou d'occasion, Jaucourt, Beugnot, de Vaublanc, Lally-Tollendal, et le plus illustre de tous, Chateaubriand, qui se moque agréablement de ses collègues dans les *Mémoires d'outre-tombe*.

Par un cumul qui ressemblait fort à une sinécure, Chateaubriand était en même temps ministre de l'Intérieur par intérim. Comme ministre, il n'avait rien à faire. Il passait les journées à se promener mélancoliquement, avec son portefeuille flasque et vide sous le bras. Les autres rédacteurs ne manquaient pas non plus de loisirs; on allait souvent, en bande, faire de petits déjeuners dans les guinguettes du voisinage. On y mangeait, paraît-il, un poisson blanc, fort délicat, pêché dans les rivières de Gand.

C'est dans ces déjeuners du poisson blanc que la rédaction du *Journal* de Gand discutait l'article du jour et faisait provision d'anathèmes contre cet aventurier de Bonaparte. On l'appelait couramment Caïn, Genséric, Attila, flibustier, assassin; on le comparait à Santerre.

Pour des gens d'esprit, ce répertoire d'injures est bien médiocre.

C'est dans le premier numéro du journal de Louis XVIII que parut (le 14 avril), le mot si fameux et si imprudent, dit par le maréchal Ney au roi : « Je ramènerai Bonaparte dans une cage de fer. »

Le journal de Louis XVIII mena une vive campagne contre le *Moniteur* de Napoléon et contre le *Journal de l'Empire,* l'ancien *Débats.*

Il appelait le premier : le *Menteur universel.*

Il n'en fallait pas tant pour réveiller en Napoléon le vieux polémiste. Il fit donner, avec sa fougue habituelle, ses deux principaux corps d'armée, son *Moniteur* et le *Journal de l'Empire,* ramené et rallié par force depuis le 20 mars.

Par une ruse de guerre, qui manquait peut-être de loyauté, mais non d'adresse, on affecta, à Paris, de confondre le journal de Louis XVIII avec un autre journal tout à fait indépendant et qui s'imprimait également à Gand sous le titre de : *Journal de Gand.*

Or, l'organe de Louis XVIII se piquait de libéralisme, tandis que le *Journal de Gand* était imprégné de réaction et d'absolutisme.

Cette confusion, habilement exploitée, ne pouvait que nuire à la cause des Bourbons, en même temps qu'elle plaisait aux libéraux de Paris, encore hésitants.

De là, grande colère, bien justifiée, des rédacteurs du journal de Louis XVIII. Ils disent que : « Ses éditeurs ont hésité s'ils ne l'appelleraient pas le *Moniteur véridique,* pour marquer tout à la fois, et en deux mots, la ressemblance et la différence des deux journaux officiels de France *intra* et *extra muros.* Un esprit de modération les a portés à ne vouloir pas régulièrement dire, neuf fois par mois, à leurs antagonistes : vous ne faites que mentir, et ils ont adopté le titre modeste et inoffensif de *Journal universel*. »

En général, les articles de Gand ne sont point signés. Il en est un cependant qui nous semble porter la marque de Chateaubriand, tant à cause de la forme que de la nature même de la protestation qu'il contient.

Le journal de Louis XVIII s'était vanté de voir se multiplier ses abonnés en peu de temps ; il se glorifiait « du talent supérieur et de la grande célébrité de ses collaborateurs ».

Le rédacteur, en qui nous devinons Chateaubriand, s'exprime ainsi :

« Le *journaliste impérial* de Paris n'a pu supporter cette dernière phrase, et voici comment il s'y est pris pour discréditer la nouvelle publication dont le succès lui faisait tant peur ! Il a commencé par qualifier successivement de *Journal du comte de Lille* les deux journaux distincts qui circulent dans la ville de Gand, et à la faveur de cette qualification appliquée à l'un et à l'autre, il a cité comme extraits de notre *Journal universel* des passages entiers qu'il transcrivait du *Journal de Gand*.

« Le journaliste impérial a l'impudence d'attribuer au *Journal universel* les théories absolutistes contre la liberté de la presse qui sont dans le *Journal de Gand*. Il va donc prendre dans un autre journal des pages entières pour nous faire dire le contraire de ce que nous pensons.

. . . .

« Le *Journal de l'Empire* a menti sciemment, impudemment.

« *Trucidare, auferre, rapere, falsis nominibus imperium appellant*. Massacrer, piller, mentir, voilà ce qu'ils appellent gouverner. »

On sait que Chateaubriand citait fréquemment Tacite. N'avait-il pas joué les Tacite contre Napoléon?

Il ne tarda pas à surprendre son impérial contradicteur en flagrant délit d'une nouvelle falsification infiniment plus grave que celle dont il vient d'être question.

Le *Journal universel* publia, le 12 mai 1815, le célèbre Rapport sur l'état de la France, signé par le comte de Chateaubriand, ministre plénipotentiaire de Sa Majesté Très Chrétienne près la cour de Suède.

Ce Rapport, dans lequel Napoléon était comparé à un chef de Mamelucks, proclamait hautement l'adhésion royale au principe de la liberté de la presse inséparable de tout gouvernement représentatif.

C'était un coup direct au libéralisme nouveau-né, et déjà suspect, du Napoléon converti des Cent-Jours!

Napoléon sut que des numéros contenant ce Rapport avaient pénétré à Paris et y causaient une grande sensation. D'ailleurs, il surveillait de près son royal confrère de Gand, car il avait l'œil à tout, surtout en matière de presse.

Il chercha donc à parer le coup. Ne pouvant tout de même supprimer le Rapport, il résolut de le publier à son tour, mais en le falsifiant.

Chateaubriand releva, avec une légitime indignation, l'incorrection de Napoléon.

« Bonaparte, dit-il, agit ou laissa agir, en cette circonstance, d'une manière peu digne de lui ; il en falsifia des lambeaux, ce qui fit que Chateaubriand était censé proposer à Louis XVIII le rétablissement des droits féodaux, la reprise des biens nationaux, etc., etc. Comme si l'impression de la pièce originale dans le *Moniteur* de Gand, à date fixe et connue, ne confondait pas l'imposture. Mais, on avait besoin d'un mensonge d'une heure. »

Si distinguée que fût la rédaction réunie par Louis XVIII, son journal était mal vu à Vienne, où se jouaient les destinées des Bourbons.

Talleyrand le trouvait « mal fait, mal rédigé, sans art ». Il écrit le 17 mai à M. de Jaucourt :

« Le journal déplaît généralement. Souvent il est injurieux, ce qui est du moins inutile et ordinairement nuisible. »

La leçon était juste et méritée.

Cependant le royal directeur du *Journal de Gand* n'était point un novice en matière de journalisme. Louis XVIII en avait fait, comme Napoléon, mais en amateur.

C'était un prince lettré, nourri des classiques, spirituel, habile à saisir les nuances.

En sa jeunesse, il s'était adonné au genre léger. Il cultivait le madrigal. Il eût été un excellent collaborateur à l'*Almanach des Muses*, au *Bouquet du Parnasse*. On citait de lui, pour caractériser sa manière, ces petits vers à Mme de Montesson à qui il avait envoyé un filet tissu d'or et d'argent :

> A vous ! charmante enchanteresse !
> A Montesson ! L'envoi s'adresse ;
> Docile à mon avis follet
> Avec confiance osez tendre
> Sur-le-champ ce galant filet,
> Et quelque grâce va s'y prendre !

Cette préciosité venait tout droit de l'Hôtel de Rambouillet, de Voiture, de Scudéry. L'ancienne société française s'y délectait.

Il serait injuste de juger Louis XVIII sur ce folâtre échantillon. Ce prince avait, au fond, un esprit ferme, un jugement sûr, de rares facultés d'observation, mais il aimait la petite littérature ! Quand il fut solidement assis, pour la seconde fois, sur le trône de France, il se plut, de temps à autre, à jeter vers ou prose, incognito, dans les boîtes de journaux.

Le directeur du *Nain jaune*, Cauchois-Lemaire, nous l'apprend, et son associé Merle nous le confirme dans ses *Mémoires*.

Il y est dit que Louis XVIII, devenu roi, fut l'un des premiers abonnés du *Nain jaune*, qu'il en lisait assidûment tous les numéros, qu'il y envoya plusieurs fois des articles très bien tournés, fort spirituels et passablement malins, écrits de sa main royale et dont « il nous fut aisé de reconnaître l'auteur ».

« Ces articles nous arrivaient, ajoute M. Merle, par la bouche de fer, boîte placée à la porte du cabinet littéraire de M. Cauchois-Lemaire. »

Le plus piquant de l'histoire, c'est que ce petit journal auquel Louis XVIII envoyait secrètement sa copie, était franchement bonapartiste et ne se gênait pas pour l'appeler un Robespierre cul-de-jatte, sans doute pour riposter aux royalistes qui avaient appelé Napoléon un Robespierre à cheval.

Pour donner à Louis XVIII toute sa valeur de journaliste, il convient d'ajouter qu'il savait, au besoin, graver sa pensée dans le style le plus net et le plus mordant. Nous en donnerons ici un exemple frappant.

C'est le portrait qu'il s'amusa un jour à faire, et qui parvint, par une indiscrétion voulue, au *Nain jaune*, d'un prince qu'il abhorrait parce qu'il devinait en lui son rival et son successeur, le duc d'Orléans, plus tard Louis-Philippe Ier.

C'était une tradition de l'ancienne société française que cette manie de faire les portraits de toutes les personnes avec lesquelles on se trouvait en relations.

On va voir avec quelle finesse Louis XVIII a peint la double face de son cousin Louis-Philippe, qui s'appelait alors le duc d'Orléans :

« Le duc d'Orléans a reçu une éducation excellente. On l'a élevé en homme, et il le doit à une femme : c'est le chef-d'œuvre de Mme de Genlis.

« Il débuta prince, puis il se fit jacobin ; ensuite soldat, citoyen des États-Unis d'Amérique, maître de mathématiques, voyageur pédestre, plus tard hôte de l'Angleterre, naturalisé Sicilien, sollicitant en

Espagne un rôle quelconque, et, en définitive, redevenu prince du sang, il porta successivement les noms de duc de Valois, de duc de Chartres, d'Égalité et de duc d'Orléans.

« C'est un prince sage, si économe qu'il semble être avare : il n'en est rien. Son seul désir, c'est que sa nombreuse famille soit riche. Je ne l'ai jamais aperçu où je l'aurais voulu. Est-ce sa faute, ou la mienne?

« Depuis sa rentrée, il est chef de parti, et il n'en fait mine. Son nom est un drapeau de menaces, son palais un point de ralliement. Il ne se remue pas, et cependant je m'aperçois qu'il chemine. Cette activité sans mouvement m'inquiète. Comment s'y prendre pour empêcher de marcher un homme qui ne fait aucun pas? C'est un problème qu'il me reste à résoudre. Je voudrais bien n'avoir pas à en laisser la solution à mon successeur. »

Ce portrait est assurément un chef-d'œuvre de malice et de vérité.

Si nous transportions sur le domaine de l'art le parallèle que nous avons établi entre Napoléon et Louis XVIII, considérés tous deux comme journalistes, nous serions amenés à conclure que Napoléon, comme portraitiste, l'emporte de haut sur son royal concurrent.

Dans les œuvres de Napoléon, il existe toute une série de portraits tracés avec une vigueur merveilleuse, dans le genre illustré par Tite-Live, Salluste et Tacite, ces grands peintres de l'antiquité.

Qu'il suffise de rappeler ici les portraits de Masséna, de Murat, de Kléber, de Ney, parmi les plus admirables !

Enfin, disons-le, la collaboration de Napoléon au *Moniteur* avait, tout de même, une autre allure que celle de Louis XVIII au *Nain jaune*.

CONCLUSION

L'ESPRIT EST PLUS FORT QUE L'ÉPÉE

Lorsque, au début de son gouvernement, Napoléon supprima la liberté de la presse, il était en droit de croire que cette mesure était nécessaire, autant pour sa sûreté personnelle que pour le salut de la France épuisée par une longue série de révolutions.

Ce calcul paraît justifié pour les premières années du Consulat. Mais il est permis de penser qu'il eût été plus habile de desserrer progressivement l'étau, à mesure que s'affermissait l'autorité du nouveau régime.

Une liberté sage et mesurée n'eût point empêché Napoléon de réaliser les plus belles de ses œuvres : la réorganisation administrative, le Concordat, le Code civil, la pacification du territoire ; elle eût, peut-être, rendu impossibles les fautes graves qui amenèrent sa chute : l'exécution du duc d'Enghien, la guerre d'Espagne, celle de Russie, les conquêtes interminables, le despotisme effréné, toutes choses auxquelles l'opinion publique aurait fait obstacle, si elle avait pu librement s'exprimer.

Comme l'a dit Thiers, s'il y avait eu quelque liberté de langage dans les corps de l'État et dans les journaux, un conquérant aveuglé n'aurait pas pu perdre en Espagne, en Russie, en Allemagne, un million de Français, nos frontières et lui-même.

Qui sait s'il n'eût pas suffi d'un écrivain de génie, tel que Chateaubriand, parlant haut et fort, pour tenir en échec le despotisme et la folie des conquêtes, car, en fin de compte, l'esprit est plus fort que l'épée !

Napoléon en fit lui-même l'aveu dans cet exil où il retrouva la sagesse et le bon sens que la nature lui avaient donnés, mais que l'abus du pouvoir avait obscurcis :

« Savez-vous ce que j'admire le plus dans ce monde? dit-il.

« C'est l'impuissance de la force pour organiser quelque chose.

« Il n'y a que deux puissances dans le monde : le sabre et l'esprit. J'entends par esprit les institutions civiles et religieuses. A la longue, le sabre est toujours battu par l'esprit. »

TABLE DES MATIÈRES

PREMIÈRE PARTIE
AVANT BRUMAIRE

	Pages
Avant-propos.	I
Chap. Ier. — Napoléon écrivain.	3
— II. — Quelle sorte de journaliste fut Napoléon.	18
— III. — Journaliste et pamphlétaire.	23
— IV. — Général et politicien.	33
— V. — Journaliste et polémiste en Italie.	39
— VI. — Les deux journaux de Bonaparte en Italie.	67
— VII. — Journaliste et imprimeur en Égypte.	79

DEUXIÈME PARTIE
PENDANT LE CONSULAT

Chap. Ier. — La presse étranglée ou muselée ou domestiquée.	95
— II. — La presse clandestine.	114

		Pages.
Chap. III. —	Comment il lisait les journaux.........	118
— IV. —	Le *Moniteur*. Fondation du journal officiel......................	123
— V. —	Témoignages sur la direction effective de Napoléon au *Moniteur*...........	128
— VI. —	La collaboration matérielle de Napoléon au *Moniteur*....................	133
— VII. —	Lisons le *Moniteur* du Premier Consul...	141
— VIII. —	Les journaux officieux du Premier Consul...............................	196
— IX. —	Le lion et le moucheron : Peltier contre Bonaparte......................	200

TROISIÈME PARTIE
PENDANT L'EMPIRE

Chap. Ier. —	Lisons le *Moniteur* de l'Empereur......	229
— II. —	Un article de Napoléon contre Tacite....	308
— III. —	Metternich veut faire une concurrence au *Moniteur*.....................	319
— IV. —	Le personnel des journalistes au temps de Napoléon.....................	330
— V. —	Journalistes-fonctionnaires	350
— VI. —	La police de la Presse : Fouché-Savary...	364
— VII. —	Napoléon et les *Débats*...............	378
— VIII. —	Napoléon se fait faire un journal pour lui seul........................	393
— IX. —	Conversion tardive à la liberté de la Presse...........................	410
— X. —	Une concurrence au *Moniteur* par Louis XVIII.....................	420
Conclusion. —	L'esprit est plus fort que l'épée........	431

PARIS
TYPOGRAPHIE PLON-NOURRIT ET Cie
8, RUE GARANCIÈRE

A LA MÊME LIBRAIRIE

Napoléon intime, par Arthur-Lévy. 15ᵉ édit. Un volume in-8°. 8 fr.
(Couronné par l'Académie française, prix Thérouanne.)

Napoléon et la paix, par Arthur-Lévy. 4ᵉ édit. Un vol. in-8°. 8 fr.
(Couronné par l'Académie française, prix Thérouanne.)

Correspondance militaire de Napoléon Iᵉʳ, extraite de la Correspondance générale et publiée par ordre du ministre de la guerre. Dix vol. in-18. Prix de chaque volume. . . . . 3 fr. 50

Correspondance de Napoléon Iᵉʳ, publiée par ordre de l'empereur Napoléon III, suivie des Œuvres de Napoléon Iᵉʳ à Sainte-Hélène. Trente-deux forts volumes in-8°. Prix de chaque volume. . . 6 fr.

L'Avènement de Bonaparte, par Albert Vandal, de l'Académie française. I. *La Genèse du Consulat. — Brumaire. — La Constitution de l'an VIII.* 18ᵉ édition. Un vol. in-8°. . . . . 8 fr.
II. *La République consulaire* (1800). 12ᵉ édition. Un vol. in-8°. . 8 fr.

Histoire de mon temps. **Mémoires du chancelier Pasquier,** publiés par M. le duc d'Audiffret-Pasquier, de l'Académie française.
Première partie : *Révolution, Consulat, Empire.* 1789-1815. Trois volumes in-8°. Prix de chaque volume. . . . . 8 fr.
Deuxième partie : *Restauration.* — I. 1815-1830. Trois volumes in-8°. Prix de chaque volume. . . . . 8 fr.

Murat lieutenant de l'Empereur en Espagne (1808), d'après sa correspondance inédite et des documents originaux, par le comte Murat. 2ᵉ édition. Un vol. in-8° avec un portrait en héliogravure et deux fac-similés d'autographes. . . . . 7 fr. 50
(Couronné par l'Académie française, prix Thiers.)

Lettres et documents pour servir à l'histoire de Joachim Murat (1767-1815), publiés par S. A. le prince Murat. Avec une introduction et des notes par Paul Le Brethon, archiviste-paléographe, bibliothécaire à la Bibliothèque nationale.
I. *Lettres de jeunesse. — Campagnes d'Italie et d'Égypte. — Corps et armée d'observation du Midi.*
II. *Armée d'observation du Midi* (suite). *— République cisalpine. — République italienne* (1801-1803).
III. *Gouvernement de Paris* (1804-1805).
IV. *Campagne d'Autriche* (1805). *— Gouvernement de Paris. — Duchés de Clèves et de Berg. — Grand-duché de Berg. — Campagne de Prusse* (1806).
V. *Campagne de Pologne* (1806-1807). *— Grand-duché de Berg* (1807-1808). *— Lieutenance de Murat, grand-duc de Berg, en Espagne* (1808).
VI. *Lieutenance de Murat, grand-duc de Berg, en Espagne. Royaume de Naples.* (Avril-juillet 1808-1ᵉʳ février 1809).
Six volumes in-8°. Prix de chaque volume . . . . 7 fr. 50

La Solution des énigmes de Waterloo, par E. Lenient. Un fort volume in-8°. . . . . 12 fr.

PARIS. TYP. PLON-NOURRIT ET Cⁱᵉ, 8, RUE GARANCIÈRE. — 22839.

Majoration temporaire de 30 °/₀ sur le prix des volumes à 3ᶠ50
Majoration temporaire de 20 °/₀ sur les volumes d'autres prix.
(Déc. synd. février 1918)

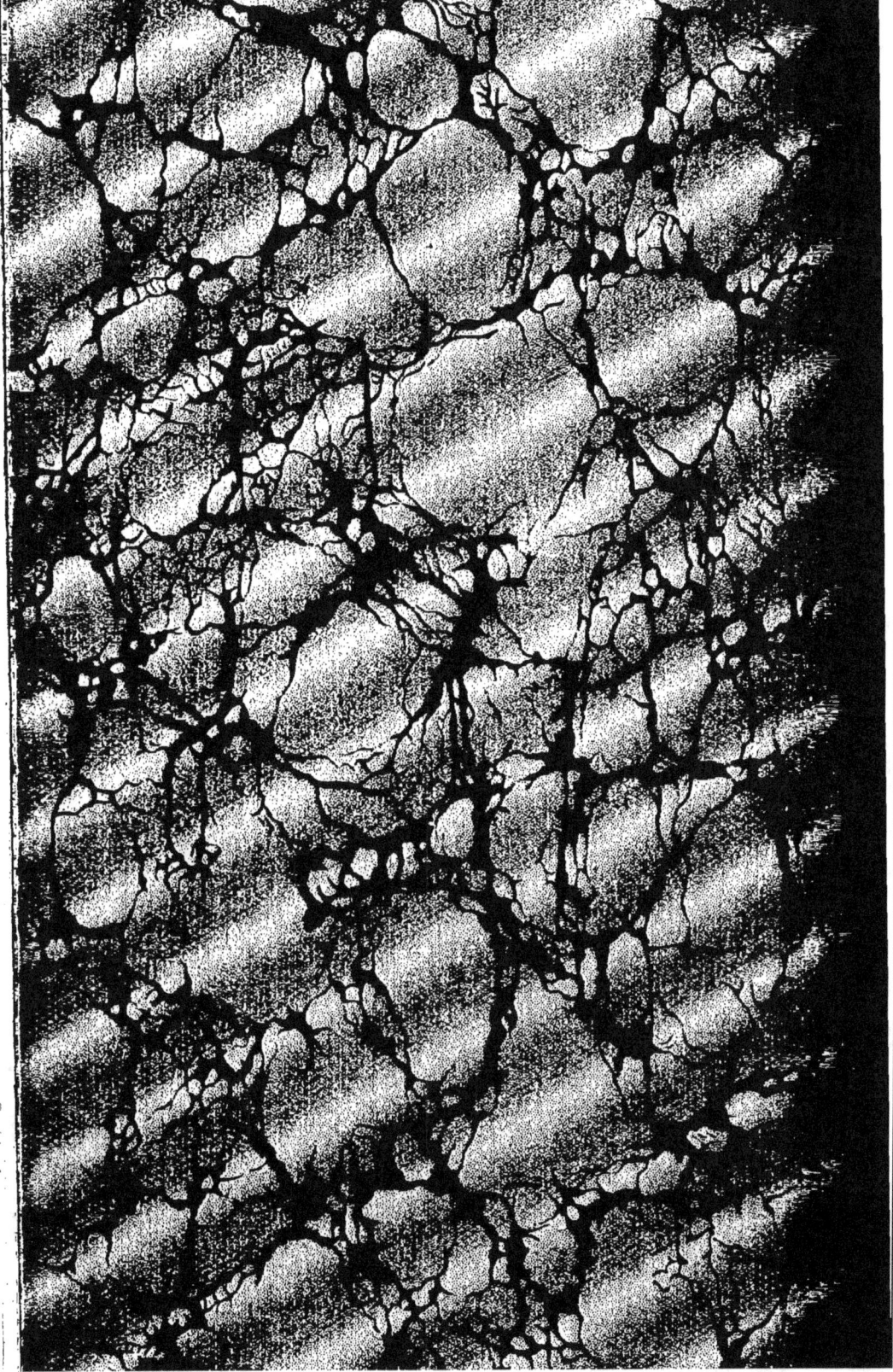

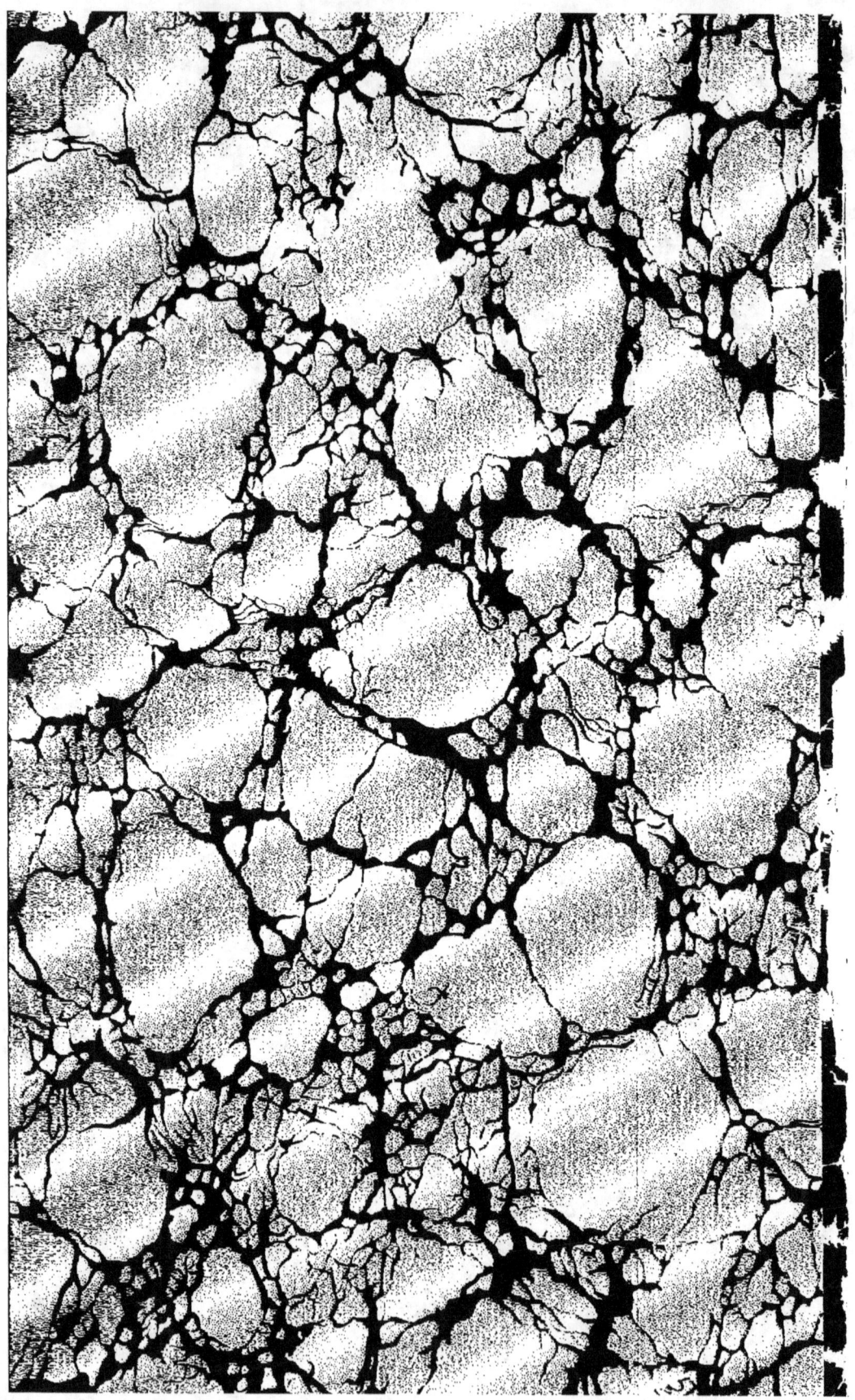

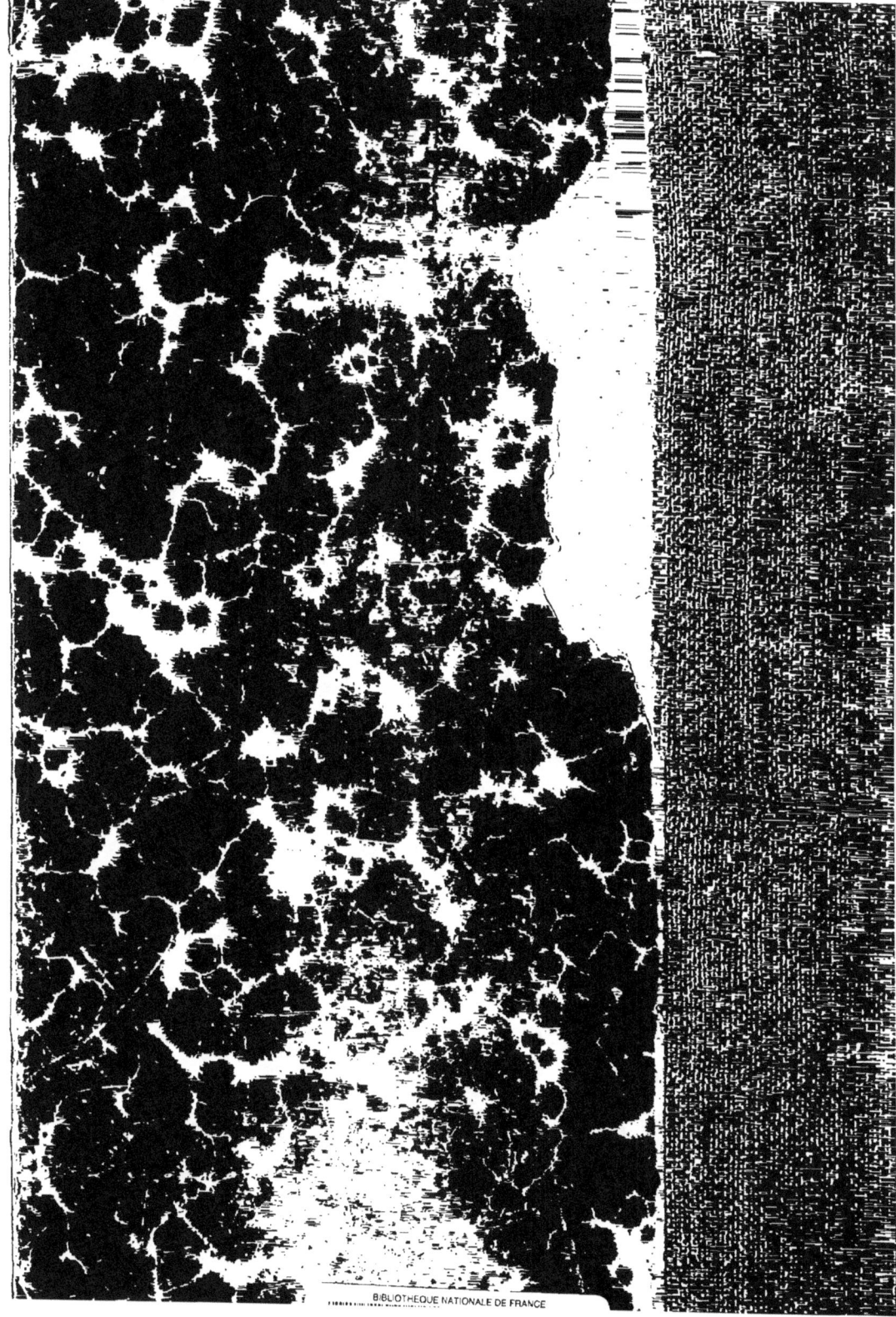

www.ingramcontent.com/pod-product-compliance
Lightning Source LLC
Chambersburg PA
CBHW070532230426
43665CB00014B/1662